VIE DE LA RÉVÉRENDE MÈRE
MARIE-CLAIRE

Conformément aux décisions d'Urbain VIII, nous déclarons que les mots *saint* et *sainte*, ou autres noms de ce genre, n'ont, sous notre plume, d'autre valeur que celle que leur donne notre piété filiale.

La R. M. Marie-Claire

VIE

DE LA RÉVÉRENDE MÈRE

MARIE-CLAIRE

SUPÉRIEURE

DE LA MAISON-MÈRE DU T. S. CŒUR DE MARIE

Gloire au Cœur Immaculé de Marie.

PARIS

LIBRAIRIE VICTOR LECOFFRE

Rue Bonaparte, 90.

—

1905

APPROBATION

LETTRE DE S. G. MONSEIGNEUR BERTHET

ÉVÊQUE DE GAP

AUX RELIGIEUSES DU T. S. CŒUR DE MARIE

Gap, le 11 septembre 1904
En la fête du Très Saint Nom de Marie.

MA RÉVÉRENDE MÈRE,

Je viens de parcourir avec un vrai intérêt et une grande édification la vie de la Révérende Mère Marie-Claire, que vous vous proposez de publier. On sent qu'elle a été écrite par le cœur d'une sœur et d'une fille et que l'affection l'a inspirée. En lui succédant dans la direction de la Congrégation du Saint-Cœur de Marie, vous désirez que sa bienfaisante action s'exerce encore au milieu de vous, et c'est à cette fin que vous voulez placer, sous les yeux de vos chères filles, cette vivante image de la

*perfection religieuse. Je ne puis que vous louer de
ce pieux dessein et applaudir à cette publication.*

*Après avoir lu cette vie si édifiante et si sur-
naturelle, je comprends mieux les instances filiales
de vos sœurs et de leurs anciennes élèves pour que
cette douce et ferme physionomie de leur ancienne
supérieure ne soit pas laissée dans l'oubli. Connais-
sant ce trésor, elles savaient que, revivant dans un
livre, elles y puiseraient de nouveau des enseignements, des conseils, des directions et des exemples
qui les feraient aller à Dieu avec une plus grande
ardeur. La plupart d'entre elles ne doivent-elles pas,
à celle qu'elles avaient toujours appelée avec bonheur leur Mère très aimée, d'avoir donné à leurs
pensées, à leurs sentiments et à leurs actions, une
élévation qui les a fait sortir de la trop ordinaire
vulgarité, en les rendant plus vigoureusement chrétiennes ?*

*Ce sera donc pour toutes une vraie bonne fortune
que de voir revivre, dans ces pages, celle qui s'est
dévouée à leur éducation avec tant d'amour et qui,
en la dirigeant avant tout par les pensées de la foi,
n'a cependant rien négligé pour lui donner une
valeur intellectuelle, en rapport avec les exigences
de notre temps. Les preuves s'en dégagent nombreuses
dans cette vie, avec un relief indiscutable.*

Pour vous, ma Révérende Mère, et pour vos chères

Sœurs, ce sont, si je puis m'exprimer ainsi, les jours héroïques des premiers temps de votre Institut qui sont rappelés ici. Alors, on se donnait sans compter et on s'immolait sans réserve à la sublime tâche de sa sanctification personnelle. On vivait de sacrifices et on n'avait pas peur d'en mourir. On y trouvait un parfum et une énergie qui préparaient mieux les âmes à la si noble fonction d'éducatrices. On avait la conviction, et tout la justifiait, que là seulement on puisait cette générosité d'action et de dévouement nécessaire pour élever les âmes selon le Cœur de Dieu et à la hauteur des devoirs qui les attendaient dans le cloître ou dans le monde. Heureux temps ! temps bénis ! Plus heureux ceux qui les ont vécu !..

Puissent du moins ces fortifiants exemples donner à toutes un nouvel élan et une égale émulation dans l'amour de la règle, qui est la discipline de l'âme, dans l'amour de l'abnégation, du travail, du devoir et de la piété solide, afin que reviennent ces jours féconds des commencements de votre chère Congrégation. Nulle part on ne trouvera un modèle plus parfait de la vraie Religieuse du Saint-Cœur de Marie.

Que si la tempête, qui menace d'éloigner de ce cloître aimé les âmes qui y vivent dans la paix du Seigneur, sans autre ambition que de se donner et de se dévouer, devait achever son œuvre néfaste et vous disperser à travers le monde, ce livre dira du moins aux générations futures ce qu'étaient celles qui, après y avoir abrité leur jeunesse et leur vertu, ont dû subir l'exil pour avoir trop aimé les âmes et leur pays !... On y verra que celles qui habitaient cette demeure, fermée à tout ce qui est du monde, n'étaient point, ainsi que le clament ceux qui ne les connaissent pas, des âmes molles, des oisives ou des rêveuses, mais bien des vaillantes et des âmes supérieures qui s'appliquaient avec un zèle admirable et sans craindre aucune comparaison, à donner à leurs élèves toutes les connnaissances nécessaires et utiles. Elles avaient, de plus, la noble ambition de former des femmes fortes et capables de leur faire honneur au milieu de la société, parce qu'elles voulaient surtout créer en elles des convictions fermes et des vertus solides.

L'attachement que leur ont voué leurs anciennes élèves et l'affectueuse reconnaissance qu'elles leur témoignent en toute circonstance et quelle que soit la situation qu'elles occupent, suffit à les défendre contre toute attaque malveillante.

Peut-être, un jour qui n'est pas éloigné, regrettera-t-on la disparition de ces foyers de lumière et de vertu. Puisse-t-on alors leur rendre assez de justice pour les faire revivre, et que leurs ruines *accumulées ne soient pour personne le plus cruel des remords !*

Pour vous, ma Révérende Mère et mes chères Sœurs, vous vous consolerez et vous vous fortifierez par les conseils et les exemples que vous laisse votre très regrettée Mère Marie-Claire, sachant bien que là où elle a trouvé le secret des vertus qu'elle a si vaillamment pratiquées, vous puiserez celles que Dieu demande de vous.

Agréez, ma Révérende Mère, la nouvelle assurance de mon paternel dévouement en Notre-Seigneur.

† PROSPER AMABLE.
Evêque de Gap.

GLOIRE AU CŒUR IMMACULÉ DE MARIE !

Il y a quelques années, la Mère bien-aimée, dont nous essayons d'esquisser le portrait, traçait elle-même celui d'une autre Mère que le Ciel venait de nous enlever. Elle mettait tout son cœur dans ce travail ; Dieu le bénit, et bien des âmes ont trouvé dans cet ouvrage consolation dans leurs peines, encouragement au bien, progrès dans la perfection. Puisse-t-il en être ainsi de la modeste biographie que nous offrons aujourd'hui à nos chères enfants du Saint-Cœur ! Puissent-elles y reconnaître cette Mère au cœur si bon, si dévoué qui les aima jusqu'à la fin, d'une affection si tendre, et dont les conseils et les exemples furent toujours pour elles lumière et édification ! O Marie Immaculée, c'est à vous que nous dédions cette humble notice ! daignez la bé-nir ! Que ce petit grain de sénevé, fécondé par votre regard, doux soleil vivifiant, devienne un de ces arbres dont l'ombre salutaire peut servir de rafraî-chissement dans les lassitudes de la vie !

VIE DE LA RÉVÉRENDE MÈRE
MARIE-CLAIRE

CHAPITRE PREMIER

Enfance d'Augustine. Son séjour au pensionnat.

C'est le 24 février 1830, que naquit à Gap, (Hautes-Alpes), de Jean-Ange Moynier et de Madeleine Martin, l'enfant qui devait plus tard se nommer la Révérende Mère Marie-Claire.

Dieu sembla la mettre, dès le jour de sa naissance, sous la protection d'un des Princes de son Eglise. Quand venait ce doux anniversaire, nous ne manquions pas, en fêtant l'apôtre saint Mathias, de remercier le Ciel de l'incomparable don qui nous avait été fait en ce beau jour !

Cette enfant bénie reçut au baptême le nom d'Augustine : nom du plus heureux augure, car son saint Patron devait lui communiquer cette flamme généreuse qui rayonna sur tant d'âmes. Elle eut pour marraine sa sœur aînée, celle qui fut la Révérende Mère Marie du Cœur. Celle-ci se plut à lui donner de bonne heure ces pieux enseignements qui ont sur la vie entière une influence décisive. Elle lui apprenait la vie des Saints, dans un grand livre orné d'images ; la jeune enfant, pensive et sérieuse, était ravie de reconnaître et de nommer ses chères saintes. Arrivait-elle, par exemple, au martyre de sainte Ursule, elle ne manquait pas de mettre son doigt sur l'image en s'écriant : *Tutule ! Tutule !* En nous racontant ce trait, notre Mère reposait son regard et sa pensée sur cette bonne Mère Marie-Ursule, la compagne si dévouée de sa vie religieuse. Au foyer paternel, tout fut pour la petite Augustine aliment pour la piété, exemples de vertus.

Elle était la neuvième des onze enfants qu'eut sa pieuse mère ; mais déjà, trois de ces petits anges étaient devenus dans le Ciel les protecteurs de la famille. A l'âge de trois ans, Augustine perdit son aïeule. Si elle ne put, comme ses sœurs aînées, profiter de ses conseils et de ses exemples, elle eut du moins ses soins délicats, ses baisers maternels, et surtout ses ferventes prières.

Deux ans plus tard, la chère marraine d'Augustine la quittait pour le monastère dont elle devait être la fondatrice et la Mère bien-aimée. Puis, ce fut le tour de la douce Angèle qui, elle aussi, voulut abriter dans le cloître ses angéliques vertus. Peu d'années après, Augustine entrait elle-même au couvent pour y commencer son éducation.

Ses maîtresses ne tardèrent pas à reconnaître son exellent naturel et les heureuses qualités dont elle était douée. Sa mémoire sûre, son intelligence précoce, lui rendaient l'étude facile et agréable ; volontiers, elle y aurait consacré le temps des jeux. Parfois, on la surprenait, pendant les récréations, se livrant à une lecture instructive. Déjà, les pensées de foi dominaient son jeune esprit ; à la première page de son livre d'étude, se trouvaient ces mots : *Quand j'étudierai, Jésus sera mon maître!*

Sa raison précoce savait discerner aussi le vrai courage. Elle nous disait plus tard : — Lorsque je lisais l'histoire ancienne, j'étais enthousiasmée par le mâle courage des soldats spartiates. Ses étonnants progrès dans les sciences faisaient l'admiration. de ses maî-

tresses et de ses compagnes. A certains moments surtout, ses élans pour la piété n'étaient
pas moins vifs. Un jour, pendant que ses
compagnes se livraient aux délassements de
leur âge, notre Révérende Mère du Cœur la
trouva près du Saint-Sacrement. « Que fais-
tu donc là, Augustine ? lui dit-elle. — Je fais
ma méditation, lui répondit l'enfant avec un
grand sérieux. » Elle était alors dans sa sep-
tième ou huitième année.

Si la jeune élève avait l'estime et l'affection
de ses maîtresses, elle était également chérie
de ses compagnes ; quelques-unes essayaient
de la rendre complice de leurs espiègleries,
elles y réussirent quelquefois. Il y avait, près
des cours de récréation, un beau poirier dont
les excellents fruits furent pour elles l'occasion d'une tentation séduisante. Mais, tandis
qu'elles essayaient de les prendre, peut-être
aperçurent-elles l'ombre d'une maîtresse ou
eurent-elles quelque autre crainte, on ne sait ;
toujours est-il que, dans un effort maladroit,
la superbe branche cassa, et les jeunes étour-
dies s'enfuirent toutes, laissant là branche et
poires, témoins de leur méfait. Elles s'attendaient à une pénitence exemplaire. De plus,
c'était jour de confession. Les jeunes coupables
se présentèrent au saint Tribunal, la confu-
sion sur le front et la contrition dans l'âme.

« Quand ce fut mon tour, nous racontait l'une d'elles, à peine me trouvai-je près du confesseur, que des sanglots s'échappèrent de ma poitrine. « Qu'avez-vous, mon enfant ? me dit alors le bon M. Borel, directeur des élèves.

— Mon père, lui répondis-je en sanglotant de plus belle, je suis une de celles du poirier ! »

Le repentir était si profond que les maîtresses se montrèrent indulgentes.

Le beau jour de la première communion arriva vite pour Augustine ; ses heureuses dispositions permirent de le devancer. Ce fut le 7 juin 1840, qu'elle s'approcha du banquet des Anges.

Elle devait avoir deux compagnes de son bonheur, mais, par diverses circonstances, le grand jour fut différé pour les deux autres, et elle se trouva seule l'objet de la cérémonie. Qui pourrait raconter ce que Jésus dit à son âme dans cette première rencontre ? Elle nous avoua plus tard que sa vocation religieuse remontait à cette époque ; elle avait demandé à Notre-Seigneur, ou de la faire mourir ou de lui donner cette précieuse vocation. La journée finit trop tôt à son gré. Le soir, on la trouva pleurant tristement au pied d'un oratoire : « Que faites-vous là, ma chère enfant ? lui dit une de ses maîtresses. — Je pleure parce que mon beau jour est passé ! »

Ce jour, elle l'inscrivit en léttres d'or dans ses bons souvenirs. Quand elle fut maîtresse, elle aimait à nommer à ses chères élèves les grands jours de sa vie ; ceux de sa première communion, de sa confirmation, de sa réception d'Enfant de Marie, de sa prise d'habit, de sa profession. « Quant au plus beau jour, ajoutait-elle, il n'est pas encore passé ; devinez, chères enfants, quel sera cet heureux jour? » Et comme elles en nommaient plusieurs : « Vous ne devinez pas, mes enfants ; le plus beau, le plus heureux de mes jours sera celui de ma mort! »

Le temps de son éducation s'écoula calme et doux, comme les années passées au foyer paternel ; c'étaient toujours des mères qui veillaient sur ses pas, des sœurs chéries qui partageaient ses jeux.

Mais déjà, à cet âge, Augustine avait ce désir de faire du bien qui devait aller toujours en grandissant. Elle forma, avec quelques-unes des plus sages, une petite association, sorte de communauté enfantine qui avait ses règles et ses pratiques. Quoique la plus jeune, Augustine était toujours supérieure, et on lui obéissait ponctuellement. A certains moments, elle réunissait son jeune auditoire et le captivait par ses paroles enthousiastes : « Nous sortions de là comme d'un ser-

mon », nous disait une de ses compagnes, aujourd'hui religieuse dans notre communaute.
Un jour une maîtresse voulut assister à une
de ces petites réunions ; elle en fut édifiée.

Le besoin du sacrifice se faisait sentir à ces
jeunes âmes ; on inventait de petites industries que la discrétion ne guidait pas toujours ;
on ajoutait au règlement : Office de la Sainte
Vierge, visite au Saint-Sacrement ; et parfois
l'une d'elles faisait la méditation à haute
voix. La lecture de la vie des Saints les ra-
vissait : « Quand j'entendais l'histoire de
saint Alexis, nous disait notre Mère, j'étais
transportée d'admiration ; j'aurais voulu faire
comme lui ! » Bientôt l'attrait de la solitude
se fit sentir : on résolut de se faire ermite ;
mais où se retirer ? Chacune donna son avis,
enfin Augustine proposa la campagne de ses
parents : « Il y a, dit-elle, un endroit bien
solitaire qui favorisera notre recueillement.
— Mais, objecta l'une d'elles, qui nous portera
notre nourriture ? — Soyez tranquille, répondit la jeune supérieure, Dieu y pourvoira ! »
Charmants projets qui devaient faire sourire
les anges ! Si toutes ces fleurs ne se chan-
gèrent pas en fruits, elles eurent du moins un
parfum qui embauma ces jeunes existences.

Plusieurs des compagnes d'Augustine se
consacrèrent plus tard à Dieu dans la vie re-

ligieuse. Mais, parmi ses amies d'enfance, il y en avait une qui tenait le premier rang ; cette amitié, contractée dès les premières années, se continua jusqu'au tombeau. Malgré la diversité de leur vocation, les deux amies furent toujours l'une pour l'autre deux sœurs bien-aimées ; les joies et les peines, tout était commun. Et quand la mort de notre Révérende Mère vînt briser un lien si fort, l'amie qui restait nous écrivit d'Algérie : « C'est la meilleure moitié de moi-même que j'ai perdue. »

Nelly R., la jeune fille qui fut si intimement unie à notre Mère, avait, elle aussi, des qualités exceptionnelles, une intelligence remarquable, un caractère franc et généreux, une nature vive, enjouée, un de ces cœurs qu'on a si bien nommés, des cœurs d'or. Un attrait irrésistible porta, dès le début, les deux jeunes filles l'une vers l'autre. C'est Nelly qui va nous faire l'histoire de cette amitié si pure et si fidèle.

Après la mort de notre Révérende Mère, nous lui écrivîmes pour lui demander quelques souvenirs de leur enfance et de leur jeunesse ; voici la relation qu'elle nous envoya ; nous la reproduisons dans toute sa fraîcheur, et embaumée du parfum exquis d'une vraie affection :

« Quelle douce tâche, ma sœur bien aimée, de parler de toi, mais aussi quelle frayeur que ma plume ne soit pas à la hauteur de mon cher sujet ! C'est la tienne qu'il me faudrait, avec toute sa perfection, cette perfection vraiment inimitable qui était le reflet de toute la beauté de ton âme. Je parlerai quand même, c'est un si grand besoin pour mon cœur, que lui seul m'inspirera ; c'est lui aussi qui te demande de me bénir avant de commencer, de bénir aussi le déclin de ma pauvre existence, afin que bientôt je sois près de toi et de ceux que j'ai tant aimés !

« J'ai connu ma chère Augustine à mon entrée au Saint-Cœur, où je vins un an après elle ; nous avions le même âge, et nous avons été bientôt poussées l'une vers l'autre par un élan irrésistible ; âme, cœur, sympathie, tout ce qui en nous pouvait sentir, aimer et comprendre, s'est fondu en un seul tout ; nous étions amies, nous étions sœurs pour toujours !

« Elle était plus avancée que moi et bien plus sage aussi, c'est vous dire combien j'étais fière de son affection, et combien ses conseils m'étaient précieux et indispensables. Avec quelle bonté, quelle simplicité, quelle *humbleté*, (un mot à elle qu'elle disait en riant si volontiers), elle me les donnait ! D'une nature vive, ardente, généreuse jusqu'aux plus grands sacrifices, toute d'élans et toujours bons, d'une intelligence supérieure, douée comme personne, et par-dessus tout, une âme angélique; à douze ans, elle montrait ce qu'elle serait plus tard. Toujours la première de sa classe, et quelle classe! Non seulement composée d'élèves plus âgées qu'elle, mais douées aussi d'une façon remarquable sous tous les rapports: Honorine Gaduel, Fanny Colomb et d'autres noms encore; l'orgueil et le triomphe du pensionnat que cette classe d'Augustine.

« Mais aussi quelles maîtresses pour de telles élèves! De vrais puits de science, une manière d'instruire, d'enseigner, d'apprendre, qui était à elles, uniquement à elles, ces chères et si parfaites maîtresses. Notre vénérable Mère du Cœur, de si douce et si affectueuse mémoire, la séraphique Mère Marie-des-Anges, notre admirable Sœur Marie-Louise, douce, humble, intelligente et spirituelle, — toutes trois sœurs d'Augustine, — et la bonne et pieuse Mère Marie-François, avec son continuel sourire de béatitude, cachant beaucoup de savoir et non moins de vertus. Mon cœur d'enfant reconnaissante sentirait le besoin de les nommer toutes; mais aujourd'hui, c'est de ma sœur Augustine que je veux parler, de cette âme d'élite que j'ai connue dans toute sa beauté, de ce cœur tendre et dévoué et toujours si consolant pour l'amitié, de cet esprit étincelant et primesautier, qui vous tenait sous le charme, ayant toujours à propos le mot qui frappe juste, qui fait rire la galerie, mais, hélas ! qui flagelle la personne atteinte. Toutefois, elle ne se permettait cela que lorsque sa sainte indignation était à son comble, devant des élèves incorrigibles ; et encore, retenait-elle souvent par vertu bien des traits spirituels et malins, que l'espièglerie de son âge avait si grande envie de décocher à celles de ses compagnes qui lui étaient peu sympathiques, (et pour cause !) Mais, quand elle s'était emportée plus qu'elle n'aurait voulu, quel affreux chagrin ! quelle frayeur d'avoir trop manqué à la charité ! Alors, c'étaient des regrets et des larmes que j'avais beaucoup de peine à calmer, à essuyer.

« Comme nous n'avions rien de caché l'une pour l'autre, que nous lisions à livre ouvert dans les plus profonds replis de notre cœur, c'est toujours ensemble que nous déplorions nos faiblesses. Mais quand madame Marie-des-Anges, la perfection vivante, nous appelait toutes les deux, nous sentions, même sous son sourire, qu'il y avait de doux reproches, doux, mais énergiques ; alors nous tremblions de lui avoir déplu, nous l'aimions tant ! C'était ordinairement le vendredi soir, pour nous préparer à la communion du dimanche, qu'elle venait vers nous; ah ! quelles douces et suaves choses sortaient de cette bouche inspirée ! J'ouvre ici une parenthèse afin de parler de sa bonté pour nous.

« Voyant toute l'affection qu'Augustine et moi nous avions l'une pour l'autre, et ne voulant ni nous séparer ni nous laisser enfreindre le règlement au sujet des amitiés particulières, elle nous dit un jour, pour encourager notre sagesse, qu'elle se mettrait en tiers dans notre amitié. Quel grand honneur pour nous, mais aussi quelle force pour corriger nos défauts et devenir des élèves modèles ! Elle voulait faire de nous de petites perfections ; ai-je besoin d'ajouter que mon Augustine seule a atteint le but !

« Elle fut reçue enfant de Marie au début de l'association, malgré son jeune âge ; aussi ne l'appelait-on que le petit Benjamin, le petit saint Jean de la pieuse phalange. Que de transports, en cette belle âme, le jour de sa réception ! Quelle ardeur dans sa piété ! Elle entraînait à sa suite, servant d'exemple aux plus âgées, qui toutes avaient les yeux sur elle pour l'admirer et l'imiter. Ce jour, elle vint à moi, toute rayonnante, illuminée de céleste joie. « Il faut, me dit-elle, consacrer notre affection à la sainte Vierge, et pour cela lui écrire et mettre nos résolutions de nous aimer toujours en Dieu et pour Dieu, dans une des statues du pensionnat.» Nous choisîmes la plus abordable, celle du réfectoire, et nous glissâmes dans la tête résolutions et serments. La plus belle promesse fut de fonder, quand nous le pourrions, un couvent à Notre Dame du Laus, pour la remercier de nous avoir envoyées l'une à l'autre. Hélas ! hélas ! belle naïveté de cet âge heureux !

« Lors de notre premier voyage au Laus, nous marquâmes l'emplacement de notre futur monastère, et il fut décidé qu'Augustine en serait la supérieure, et que je serai, moi, sa très humble assistante ; j'étais si heureuse de m'incliner devant tant de sagesse ! En attendant, les années s'écoulèrent.

« Augustine, ayant terminé son éducation, sortit du couvent. Je ne pourrais essayer de dire notre douleur ! L'une sans l'autre nous n'avions plus qu'une moitié d'âme, une moitié de cœur, et pas plus de courage que de résignation ! Et pourtant, il fallait bien qu'elle partît ; son instruction ne laissait rien à désirer ; son âme surtout, travaillée avec tant d'amour, avait acquis une grande perfection. Elle avait passé parmi nous en faisant le bien ; elle nous quittait prête pour la lutte, pour ce combat de la vie, d'où elle devait sortir si saintement victorieuse. »

CHAPITRE II

Retour dans la famille. Entrée au couvent.

Augustine avait alors quatorze ans. Elle retrouva au foyer paternel les mêmes exemples de vertu qui avaient soutenu ses premières années, elle entra généreusement dans cette voie bénie que la piété illumine et dont elle fait tout le charme.

Fidèle au règlement tracé par sa bien-aimée sœur, Madame Marie-des-Anges, la pieuse enfant de Marie se fit un bonheur et un devoir de suivre ses conseils. Une personne qui l'a connue à cette époque de sa vie, nous disait : « Je fus singulièrement frappée de sa modestie, on aurait dit un ange ! » Cette impression se renouvela plus d'une fois. Un jour qu'Augustine était allée faire un petit voyage, pour visiter une de ses amies qui habitait la campagne, les bonnes villageoises se disaient dans leur patois : Ah ! *quella bella Vierdza !* Parfois l'écho de ces flatteurs éloges parvenait jusqu'à ses oreilles ; elle en était alors très humiliée. C'est ainsi qu'un jour, assistant à une procession, elle entendit quelques personnes chuchoter à voix basse et vanter ses avantages extérieurs. En arrivant chez elle, elle se mit à sangloter. « C'est fini ! dit-elle à sa mère, je ne vais plus à aucune cérémonie publique ! »

Elle voyait peu de monde ; le cercle de sa famille et quelques amies choisies lui suffisaient. Un de ses délassements préférés était de faire de longues promenades avec l'un de ses frères, plus âgé qu'elle, mais dont le caractère sympathisait admirablement avec le sien. C'est avec ce frère bien-aimé qu'elle fit à pied le voyage de la Salette ; au retour, ses pieds meurtris et enflés durent être soignés ; mais elle était heureuse d'avoir accompli son pèlerinage de pénitence.

Augustine sentait que Dieu la voulait à lui plus parfaitement. Depuis longtemps, elle avait entendu ce premier appel, dont parle Mgr Gay : « grâce si éminente qu'il faudrait la recevoir à genoux, le front dans la poussière et le cœur embrasé. » Mais, cette vocation si belle, dont elle comprenait tout le prix, fut pour Augustine l'occasion de bien des luttes et des troubles. Dieu le permit ainsi sans doute, afin qu'elle pût, dans la suite, éclairer les âmes qui traverseraient les mêmes épreuves. Écoutons Nelly, son amie intime, nous faire le récit de ses confidences :

« Il faut vraiment que sa vocation ait été écrite au Ciel, et que les élus de sa famille qui l'y avaient précédée, l'aient soutenue, et plus tard prise par la main pour la conduire jusqu'au cloître. Que de souffrances dans cette pauvre belle âme ! que d'indécisions ! Je l'entends encore me dire : « Je sais, je sens que je me ferai religieuse ; mais est-ce bien là que le bon Dieu m'appelle ; serai-je heureuse au couvent ? » Et de là, tant de moments de défaillances, de tourments, de cruelles incertitudes qui la faisaient souffrir horriblement.

« Le temps s'écoulait n'amenant aucun changement dans ses dispositions ; de plus, elle fut demandée en mariage ; c'est alors que ses tiraillements de conscience ne lui laissaient aucun repos. Pauvre chère âme, qu'elle a souffert ! Ses visites au Saint-Cœur n'étaient plus aussi fréquentes, tant elle craignait l'influence de ses sœurs, voulant, disait-elle, décider toute seule de sa vie. D'autres fois, elle se plongeait dans la lecture, si bien qu'un

soir, ayant lu une partie de la nuit, elle s'a-
perçut tout à coup que sa gentille sœur Marie,
qui était près d'elle, était presque étouffée
par la fumée de la lampe ; déjà l'enfant avait
la figure méconnaissable ; quel désespoir et
quel regret pour Augustine ! Elle fut prise
d'un tel remords que, jamais plus, elle n'eut
à se reprocher une pareille imprudence. »

Dieu, pourtant, frappait toujours au cœur de
celle qu'il voulait toute à lui ; la jeune fille le
sentait, et, sans résister tout à fait, elle voulut
imposer à sa vocation une dernière épreuve.
Elle fit avec son frère un voyage dans le
Midi ; elle revint de cette exploration dans le
monde extérieur, plus troublée, plus per-
plexe, n'ayant plus le courage de soutenir la
lutte ; et pourtant, à Marseille, elle alla visiter une maison des Filles de la Charité de
Saint Vincent de Paul, et fit part à la supérieure de ses désirs de vie religieuse. « Quel
dommage, lui dit celle-ci, que vous ne soyiez
venue quelques jours plus tôt, nous avons eu
un départ, et je vous aurais fait englober. »
Cette supérieure avait des allures franches,
un ton décidé. Notre Mère nous amusait en
nous racontant comment elle l'avait fait tourner et retourner en tous sens, pour s'assurer
si sa constitution était bonne.

Au retour, il fallut parler à son père de ses

projets, et de son désir de devenir une fille de la Charité. Monsieur Moynier répondit : « Je ne m'oppose pas à ta vocation, mais je t'ai toujours gardée comme la prunelle de l'œil ; si je te sentais courant les rues d'une grande ville, je n'en dormirais plus. Attends jusqu'à l'âge de 25 ans, alors tu m'en parleras de nouveau. »

Ce long délai bouleversa Augustine ; elle consulta, pria, réfléchit, et trois mois après, victorieuse de ses luttes, elle entrait au Saint-Cœur, le 7 décembre 1848.

Voici la lettre que lui écrivait à cette occasion sa bien-aimée marraine, notre vénérée Mère du Cœur.

7 décembre 1848, 5 heures du matin.

« C'est donc aujourd'hui, ma bien chère enfant, le jour d'un grand sacrifice. Oui, aujourd'hui, Augustine doit accomplir cette parole que lui a fait entendre l'Esprit-Saint : « Ma fille, quitte ton peuple, oublie ton pays et viens dans le lieu que je t'ai choisi, là je fixerai sur toi un regard de complaisance et d'amour ! »

« O ma bonne petite amie, que ce langage est suave ! qu'il est consolant ! mais aussi qu'il demande du courage et de la générosité ! Je voudrais, Augustine, te dire quelque chose qui te donnât force et héroïsme.

« Et sur mes lèvres se placent encore ces paroles du bon Maître : « Celui qui veut venir après moi doit se renoncer soi-même. Celui qui quittera tout pour l'amour de moi, je lui donnerai le centuple en ce monde et la vie éternelle en l'autre. »

« Retiens ce petit mot, ma fille : *Pour l'amour de moi*; c'est là le baume consolateur que je te conjure de respirer aujourd'hui ; Pour l'amour de Jésus, quitte un frère que tu aimes tant ; une famille, où règne la tranquillité ; pour l'amour de Jésus, viens dans la solitude, dans la retraite ; pour l'amour de Jésus, viens apprendre à mourir à toi-même ; viens obéir, te renoncer, t'humilier ; pour l'amour de Jésus, viens t'offrir comme une victime toute destinée au sacrifice et à l'immolation ; qu'aucun autre motif n'entre dans ta détermination. Que ce soit pour l'amour de Jésus, que tu t'enfermes dans le Cœur de Marie ; pour son amour encore, que tu y demeures, que tu y vives, que tu y deviennes une parfaite religieuse. Courage, ma chère enfant, courage ; que le Seigneur soit avec toi, que son ange t'accompagne ; que lui-même soutienne tes pas dans le chemin que tu vas faire, et puis confiance et abandon !... Au revoir ma bien-aimée fille, je vais communier pour toi, offrir au Dieu du Tabernacle l'enfant que je tins aux fonts baptismaux ; je répondis alors pour elle, je devins sa caution, je veux être encore son aide et son appui dans la voie de la perfection

« Je te laisse au pied de la croix, regarde et prends courage !.. »

Ce qu'avait été la jeune élève au pensionnat, quelques années plus tôt, la nouvelle prétendante le fut, dans un degré plus éminent, avec ses compagnes du noviciat. En cette atmosphère si pure, si vivifiante, comment sa vertu n'aurait-elle pas grandi ? Ce printemps de la vie du cloître fut pour elle l'heureuse saison où l'on voit éclore les fleurs des vertus religieuses, où le soleil de la grâce réchauffe l'âme et lui fait produire les premiers fruits des sacrifices généreux. Elle put comprendre et goûter cette parole de Madame Louise de France : « Dans ces maisons du bon Dieu, toute l'année n'est qu'un jour de fête, tout y rit, jusqu'aux murs qui séparent du monde! » Avec un des heureux prédestinés de la vie religieuse, elle pouvait dire : « Maintenant que me voilà arrivé au sommet de la montagne, je regarde d'un œil serein les profondes vallées qui s'étendent à mes pieds. J'ai trouvé le lieu de mon repos dans la vie religieuse ; pour moi, la réalité est belle ! »

Augustine retrouvait au couvent les trois sœurs chéries qui l'y avaient précédée, et la dernière, jeune enfant qui y faisait son éducation.

Mais elle quittait un père, une mère, qui déjà trois fois avaient eu à prononcer le *oui* généreux, au départ de leurs filles, et dont le cœur saignait douloureusement à ce quatrième sacrifice !

Elle se séparait aussi de ce frère bien-aimé avec lequel elle avait vécu d'une vie si douce.

Bien des années après, en encourageant une jeune personne qui se préparait à entrer au couvent, elle lui parlait de ce dernier sacrifice qui, disait-elle, n'avait pas été le moins déchirant pour son cœur.

La jeune postulante eut le bonheur de trouver au noviciat des compagnes dont la vertu généreuse facilita son élan vers la perfection. Elle regardait cette grâce comme une des plus décives qu'elle eût reçues. Une de ses sœurs du noviciat, Mlle Césarine Burle, en religion Sœur Marie-Alphonse, avait hâte de tresser sa couronne ; quand elle se trouvait en présence d'un acte de renoncement, sa devise était : Non pas discourir, mais courir. « J'étais très souvent avec elle, nous disait notre Révérende Mère, pour les divers travaux auxquels nous nous livrions ensemble ; mais je ne me souviens pas de lui avoir vu faire un seul manquement à la Règle ». Dieu ne tarda pas à cueillir pour le Ciel un lis si pur ; Madame Marie-Alphonse mourut à la fleur de son âge, après avoir embaumé notre monastère du parfum de ses vertus.

CHAPITRE III

Prise d'habit. Profession. Années du noviciat

Le beau jour de la prise d'habit vint bientôt combler les vœux de Mlle Augustine. Ce fut le 22 août 1849, qu'elle échangea les livrées du monde pour celles de Jésus-Christ. Si nous n'avons pu recueillir les paroles ardentes qui s'échappèrent de ses lèvres dans cette première donation faite à Dieu, on peut les deviner. N'est-il pas permis de soulever discrètement le voile que Jésus met devant ses épouses, pour cacher les délices dont il les inonde, dans cet acte où l'âme dit à Notre-Seigneur : « Me voici, je suis à vous ! » et où Jésus répond en se donnant lui-même avec toutes les richesses de son amour ?

La nouvelle novice reçut le nom de Sœur

Marie-Claire. Elle sembla dès lors prendre à tâche de reproduire les admirables vertus de sa douce Patronne ; mais, entre toutes, il nous semble que la pauvreté de l'illustre Fondatrice des Clarisses, captiva surtout son cœur. Oh ! combien elle aimait cette chère vertu ! Et cet attrait alla toujours croissant, jusqu'aux dernières années de sa vie religieuse. Qu'elle était heureuse lorsqu'elle trouvait l'occasion de se dépouiller d'un de ces petits objets dont la valeur est nulle, mais dont la privation cependant peut devenir matière à sacrifice ! La pauvreté était vraiment pour elle, comme pour l'illustre Patriarche d'Assise, sa chère dame, son épouse.

Sœur Marie-Claire, novice, alla toujours se perfectionnant dans les vertus religieuses ; elle apprit à obéir parfaitement. C'est dans le moule de la sainte Règle qu'elle se forma à cette vie intérieure, à cet amour du silence qui furent toujours ses vertus de prédilection. C'est là qu'elle apprit à être, dans la vie religieuse, ce que recommandent les saints : aveugle, sourde et muette, ne s'occupant que d'une chose, se sanctifier, afin de sanctifier plus tard beaucoup d'âmes !

Dès cette époque, on put l'employer auprès des élèves comme maîtresse de classe et comme surveillante aux récréations. Il y avait en elle tant de dignité qu'on n'avait pas à craindre qu'elle se familiarisât avec les pensionnaires. Une de celles qui l'ont connue à cette époque, nous écrivait après sa mort :

« J'avais 11 ans, quand j'entrai au Saint-Cœur, c'était en octobre 1849. Madame Marie-Claire avait le voile blanc, et je me souviens, comme si c'était hier, du jour où pour la première fois, je la remarquai.

« Elle était dans toute la fraîcheur de ses 19 ans ; je me sentis attirée par cette figure si sympathique ; puis, quand je pus mieux l'apprécier, par sa bonté, sa sainteté qui rayonnait déjà, bien qu'elle fût jeune encore, je la choisis pour mon bon ange ; elle me donnait quelques conseils, je lui montrais un certain petit cahier de résolutions, et quelquefois elle y ajoutait un petit mot. »

On voit, par ces lignes, que déjà elle exerçait sur les âmes cet apostolat qui devait plus tard être si fécond en fruits de salut.

Dès le principe, elle eut le talent si difficile à acquérir, de dominer les enfants. La première fois qu'elle fut envoyée pour surveiller les élèves, l'une d'elles, un peu espiègle, voulut étudier sa nouvelle maîtresse. Elle s'approcha et demanda une explication sur une leçon qu'on lui avait donnée à apprendre. La réponse fut faite avec tant d'intelligence et d'à propos, que la jeune maîtresse fut jugée pour toujours.

A la récréation, elle charmait les enfants : « Nous étions attirées vers elle, nous disait l'une de ses élèves, commes les aiguilles sont attirées vers la pointe de l'aimant. Elle parlait peu, mais sa présence suffisait pour nous rendre heureuses, et toujours elle élevait nos cœurs vers Jésus. »

Pour alimenter sa ferveur toujours croissante, Sœur Marie-Claire empruntait souvent le langage de la poésie. Voici quelques prières trouvées dans ses notes et qui avaient été composées par elle :

EN VOYANT UNE HORLOGE :

Prends courage, mon cœur, tes moments sont comptés
Et l'horloge du temps ne s'arrête jamais !
Bientôt, bientôt peut-être, elle marquera l'heure
Où s'ouvrira pour toi l'éternelle demeure.
Pendant que tu le peux, sache aimer et souffrir,
Car l'épreuve est bien courte et doit bientôt finir.

EN FERMANT UNE PORTE :

Fermez, mon Dieu, fermez la porte de mon cœur,
Dont vous seul pour toujours êtes le possesseur ;
Qu'il soit comme celui de ma divine Mère,
Votre jardin scellé, votre pur sanctuaire !

EN RESPIRANT :

Que j'aspire, Seigneur, votre sainte présence,
Vivifiez-moi toujours d'amour et d'espérance ;
Et puis, à votre tour, aspirez-moi, Seigneur,
Et qu'en vous, pour jamais, se perde tout mon cœur !

EN ALLUMANT UN FLAMBEAU :

Que j'aime de vos dons, ce symbole, ô mon Père !
O foyer éternel d'amour et de lumière !
En nous communiquant vos feux et vos trésors,
Loin de vous appauvrir, vous brillez plus encor.
Votre clarté divine et vos flammes sacrées
Rayonnent dans l'éclat des lumières créées.
Toute grâce, tout bien, sortant de votre Cœur,
Est un nouveau flambeau qui dit votre grandeur.

EN SE DÉSHABILLANT :

Comme j'ôte à mon corps ces vêtements, Seigneur,
Enlevez, arrachez les haillons de mon cœur,
Oh ! de tout le terrestre, en moi, faites le vide ;
Le temps me porte à vous d'une aile bien rapide.
Bientôt viendra ce jour, marqué parmi mes jours,
Où je dois dire adieu à tout et pour toujours.
Oh ! faites-moi briser d'avance toute chaîne,
Pour qu'au suprême appel, je m'envole sans peine.

Après s'être formé dans son cœur un foyer
d'amour de Dieu, de zèle ardent, est-il sur-

prenant qu'elle ait su communiquer à tant de jeunes âmes l'étincelle de la divine charité ?

Le 2 février 1851 fut pour Sœur Marie-Claire le jour du contrat solennel avec Jésus.

Tous ses vœux furent comblés. Elle comprit la parole d'un grand Evêque, au sujet de cette alliance faite avec Notre-Seigneur :

« Jamais rêve d'âme blessée par l'amour divin ne lui a fait concevoir, entre elle et Jésus-Christ, une union plus divine que celle qui suit la sainte profession religieuse ! »

Avec quel bonheur elle répéta cette parole que les jeunes novices prononcent après leur acte solennel de consécration : *Jésus-Christ est ma vie, et la mort pour Lui m'est un gain !..*

Nous citerons quelques fragments de la lettre que M. Chabrand, notre Supérieur, lui écrivait avant la retraite de sa profession :

« Voici, mon enfant, ce qui doit vous occuper pendant ces jours de recueillement.

« *Votre perfection religieuse.* — Quelles sont les parties faibles de votre âme ? Quelle est actuellement votre passion dominante ? De quel côté le Seigneur vous pousse ; quelle voie il veut vous faire suivre ; quels sont vos attraits, vos goûts, vos inclinations ; ce que le Seigneur exige de vous pour une plus grande perfection ; voilà ce qu'il faut surtout examiner. Ensuite, mon enfant, vous devez vous occuper de vos trois vœux, considérer tout ce qu'il y a de grave, de sérieux, de saint dans la démarche que vous allez faire. Il ne faut pas oublier les nouvelles obligations que vous allez contracter ; ainsi, la pauvreté qui jusqu'ici n'était que de conseil, va devenir pour vous d'obligation ; la chasteté va être pour vous doublement de précepte ; l'obéissance sera également un devoir rigoureux ; vous auriez pu vivre dans une grande indépendance ; mais désormais, sous peine de péché, vous serez soumise à une volonté étrangère.

« Je sais bien que vous vous imposerez volontiers ces chaînes, que vous monterez avec courage au Calvaire, que votre immolation vous sera douce, mais toujours est-il qu'il faut bien vous rendre compte de cette démarche.

« Enfin pensez, mon enfant, que l'action que vous allez faire est un sacrifice, et que ce serait un sacrilège, si vous réserviez quelque chose de ce qui entre, par une obligation solennelle, en la possession de Dieu qui hait, dit Isaïe, *la rapine dans l'holocauste.* Cependant courage, mon enfant, ne vous troublez pas, animez-vous d'une sainte générosité, abandonnez-vous de cœur et d'âme à Celui qui vous donnera lui-même ce qui vous manque.

Vous serez heureuse, croyez-le, parce que vous aurez placé votre confiance en Dieu seul !

« Faites intervenir Marie dans vos pieux exercices; regardez-la comme les dirigeant elle-même; voyez-la souvent, pendant ces quelques jours, à l'époque de sa Présentation au Temple, au moment où, pleine d'humilité et de confiance, elle s'abandonna au divin vouloir. »

Après sa profession, Sœur Marie-Claire continua à monter constamment vers Dieu, par ces admirables ascensions dont parle le Roi-Prophète. Elle s'unissait à quelques ferventes religieuses avec qui elle ne cessait de s'exciter à la perfection.

Voici quelques lignes que nous écrivait de Beaune, après la mort de notre Révérende Mère, une de ses compagnes du noviciat :

« Nous avions obtenu, de notre vénérée Mère du Cœur, deux ou trois sœurs et moi, de causer pieusement avec Sœur Marie-Claire, novice; c'est dans ces entretiens qu'elle faisait déborder le trop plein de son cœur, et qu'elle nous insinuait une foule de petites pratiques tendant toutes à ne nous faire chercher que l'amour de Notre-Seigneur. Dans une lettre qu'elle m'écrivait à Beaune, le 18 septembre 1858, elle me rappelait ceci :

« Vous souvient-il de nos récréations ? Je n'oublie pas les doubles liens par lesquels nous nous étions unies dans le Cœur de Jésus, et notre petite société de *Dieu seul*, qui m'a laissé un si consolant souvenir et m'inspire souvent de prier pour mes chères associées. Elles avancent sans cesse vers ce but désirable où nous avons commencé de tendre ensemble. Je vois voler nos chères sœurs ; prenons garde de ne pas rester honteusement en arrière. » Cette bonne Mère continuait dans sa profonde humilité. « Depuis que nous nous sommes quittées, j'ai fait bien peu de chose, tandis que nos ferventes associées marchent toujours résolument. »

La compagne de notre Mère ajoutait :

« C'était le soir à la récréation, quand nous pouvions nous trouver ensemble, que nous parlions de toutes les choses qui pouvaient détourner notre esprit de cette dissipation où il tombe si aisément, et ranimer dans notre cœur le zèle pour notre avancement. La pureté d'intention, la fidélité à nos saintes Règles, le recueillement dans nos prières étaient toujours les vertus auxquelles nous nous excitions mutuellement. Nous nous rappelions la rapidité de la vie, la pensée de l'Éternité ; toutes ces choses qui détachent l'âme de la terre et de ses futilités. »

Pendant un voyage que cette religieuse, l'une de nos premières Mères de Beaune, fità Gap, en 1887, notre Révérende Mère renouvelait avec elle sa pieuse association, par le billet suivant :

« *Je soussignée renouvelle mes conventions avec ma chère sœur pour jusqu'au jour de l'Eternité bienheureuse.*

Sr MARIE-CLAIRE. »

Quelle ferveur dans ce noviciat ! Sœur Marie-Claire donnait à ses compagnes de pieuses pratiques. Nous en trouvons quelques-unes dans son cahier de notes intimes ; on ne les lira pas sans édification : *Semaine du Cœur de Jésus* pour le mois de juin. Pour le carême : *Semaine dans les plaies de Jésus.* Il y avait également la semaine *du Père Eternel, du Saint-Esprit, de la Reconnaissance,* celle *de la Noël, de l'Eucharistie, de la Sainte Vierge,* etc.

Son âme avançait ainsi en perfection religieuse, et toutes les novices qui l'entouraient subissaient son influence

CHAPITRE IV

Professeur.

Dès les premières années de sa vie religieuse, Sœur Marie-Claire fut chargée de la première classe ; sa haute intelligence, ses connaissances étendues, et surtout l'art admirable de bien enseigner en ont toujours fait une maîtresse hors ligne. Ses leçons n'ennuyaient jamais, tant elle savait intéresser les enfants et leur donner le goût de l'étude.

Elle faisait elle-même ce qu'elle nous recommandait plus tard, si instamment.

« Revoyez souvent, nous disait-elle, la liste de vos élèves, pour vous assurer qu'aucune n'est négligée. Ayez soin de vous examiner à la fin d'une semaine, d'un mois, d'un trimestre sur vos devoirs de maîtresse ; voyez s'ils ont été bien remplis. Si vous découvrez quelque lacune, prenez une forte résolution et recommencez avec une nouvelle énergie. »

Elle préparait sa classe avec le plus grand soin, on ne peut se faire une idée de tout le travail qu'elle a fait, en vue de ses chères élèves : notes sur la grammaire et l'orthographe usuelle ; sommaire sur les devoirs de style ; tableau d'histoire universelle ; analyses des principaux chefs-d'œuvre de nos grands écrivains, etc, etc., Et quand elle fut directrice, elle fit plusieurs cours de catéchisme, des résumés de ses exhortations aux élèves, des notes sur ce que nos meilleurs auteurs ont écrit en fait d'éducation. Elle eut fréquemment à préparer des élèves pour les examens, soit pour le brevet simple, soit pour le brevet supérieur ; mais tout en les faisant beaucoup travailler pour les matières exigées, elle étendait aussi leur instruction sur les autres connaissances non moins nécessaires à l'éducation complète d'une jeune fille. Le plus souvent, ses élèves réussirent. Quand le jour était venu, elle leur recommandait le calme, le sang-froid, et les faisait prier avec un confiant abandon. Lorsque quelqu'une échouait, elle l'assurait que Dieu a mille manières d'exaucer nos prières, et prémunissait son esprit contre toute pensée de découragement.

En 1877, au mois de mars, six élèves se présentèrent pour le brevet simple ; cinq furent reçues, l'échec de la sixième étonnait d'autant plus qu'elle avait mis saint Joseph dans ses intérêts, en faisant les 7 mercredis en son honneur. Elle conserva cependant la confiance et le calme : cette confiance ne fut pas vaine. Quel fut son étonnement, au moment où l'on allait commencer l'examen oral, d'entendre l'Inspecteur dire à haute voix: « Mlle N. est admise aux épreuves orales, une erreur s'est glissée dans la correction des compositions, cette erreur est à son avantage. » Les six élèves furent reçues ; grande fut leur joie et celle de leurs compagnes qui, en passant devant la statue de saint Joseph, s'écriaient : « Merci, bon saint Joseph ! »

Leur bonne maîtresse reconnut, dans ce succès, l'intervention toute particulière de ce grand saint.

Pour les heures des leçons, tout était prévu d'avance, Sœur Marie-Claire savait combien facilement le temps se perd, quand tout n'a pas été réglé. Pour éviter la monotonie, elle permettait volontiers quelque disgression, et si parfois un petit incident, une réponse naïve provoquait un joyeux éclat de rire, elle prenait part de tout cœur à la gaieté de son jeune auditoire. Une ancienne élève nous écrivait :

« On désirait être à la classe de Madame Marie-Claire, parce qu'on y riait beaucoup. » Mais c'est que la prudente maîtresse pouvait plus qu'une autre lâcher la bride et laisser flotter les rênes, sûre de les reprendre toujours au moment où la gaieté aurait dégénéré en dissipation.

Dans la belle saison, souvent elle menait ses grandes élèves dans l'enclos ; on prenait les leçons en présence de la belle nature ; tout servait à la pieuse maîtresse pour élever les cœurs et illuminer les jeunes intelligences. Les heures de classe récréative n'étaient pas les moins profitables. Madame Marie-Claire captivait ses élèves par des questions qui les instruisaient en les amusant ; elle y trouvait aussi une excellente occasion pour former leur jugement. Peut-être ne lira-t-on pas sans intérêt quelques-unes des questions et des réponses que nous avons retrouvées dans un de ces entretiens préparés d'avance :

— Quel est le meilleure usage que l'on puisse faire de son esprit ?

— C'est de s'en défier et de le soumettre à celui de Dieu.

— Qu'est-ce qui donne de l'énergie au caractère ?

— Le regard de l'âme fixé sur Dieu (Mgr Landriot).

— Qu'est-ce que la vraie beauté ?

— Le rayonnement d'une belle âme. Et Madame Marie-Claire ajoutait :

« C'est être bien superficiel que de la faire consister dans la coupe des traits ou l'arrangement des cheveux. »

— Quelles sont les trois choses que saint Augustin aurait voulu voir ?

— Rome un jour de triomphe ; Cicéron à la tribune ; saint Paul devant l'Aréopage.

— Qu'y a-t-il de plus grand que les grandeurs ?

— Le mépris que l'on en fait.

— Quel serait le plus lucratif des commerces ? (d'après un malin).

— Acheter les gens ce qu'ils valent, et les revendre ce qu'ils s'estiment.

Les élèves qui ont eu Madame Marie-Claire pour maîtresse de première classe n'oublieront jamais cette année si décisive pour le perfectionnement de leur éducation, où elles goûtaient un bonheur si pur et si vrai ! L'une d'elles nous écrivait après plus de trente ans écoulés :

« J'ai conservé le plus délicieux souvenir de ma première classe ; c'est là que j'ai appris le vrai et le beau ; j'y ai reçu pour mes lectures une direction que depuis je n'ai jamais oubliée. »

Un des moyens que Madame Marie-Claire jugeait le plus utile pour la culture de l'esprit et du cœur, était l'habitude qu'elle donnait à ses élèves d'écrire leur petit journal. Mais combien elle leur faisait soigner ces écrits !

Sous le rapport littéraire, c'était un excellent devoir de style ; et comme formation morale, c'est là que, par l'étude de leurs petites luttes, de leurs défaites, de leurs modestes triomphes, elle les élevait peu à peu à la pratique de la vertu. Elle écrivait à ce sujet à une maîtresse :

« Le petit journal de vos élèves vous aidera beaucoup à les faire réfléchir, à perfectionner leur intelligence et leur cœur ; elles doivent, dans ces chers manuscrits, qui m'ont souvent émue et grandement réjouie, s'occuper moins à décrire les choses extérieures qu'à faire l'histoire de leur vie intérieure. Faites-leur comprendre que les rayons de la grâce sont comme des éclairs qu'il est très utile de fixer dans ces écrits. Ces lumières si précieuses, ces vues de foi, ces paroles de Jésus, ces tendres conseils de Marie, ces mots qui touchent ou émeuvent, ces sentiments que l'on oublierait, ces projets vertueux qui s'effacent de la mémoire, tout cela formera un petit trésor de souvenirs extrêmement salutaires. »

La vigilante maîtresse lisait très attentivement ces petits journaux ; parfois elle arrachait une page écrite sous une impression de mauvaise humeur, en ajoutant cette petite leçon : « Pourquoi, chère enfant, cueillir de mauvaises herbes dans un parterre qui ne doit contenir que des fleurs gracieuses ? »

Elle écrivait même quelques conseils dans le journal de l'élève, ce qui était le plus doux des encouragements. Voici ce que nous trouvons dans un de ces petits cahiers :

« Ce trimestre a eu bien des jours de tiédeur pour ma chère M. ; plus d'une fois, le Cœur de Jésus vous a trouvée infidèle, et le méchant démon a gagné sa mauvaise cause ! Il y a un moyen pourtant de retirer un grand avantage de toutes ces misères ; c'est de vous en servir pour entrer dans les sentiments d'une humilité plus profonde. Persuadez-vous bien de votre faiblesse et de vos défauts, désormais veillez et priez plus humblement. Et pleine de confiance en Jésus et Marie, remettez-vous joyeuse à faire constamment ce qui doit leur témoigner votre amour. Votre devise du trimestre sera : Faire joyeusement chaque action, même les plus petites, afin que chacune soit agréable à Jésus et à Marie. »

Quand son titre de directrice donna à Madame Marie-Claire plus d'action sur les âmes, elle continua de se servir de leurs petits jour-

naux pour les amener à la connaissance
d'elles-mêmes et à un amour généreux pour
Notre-Seigneur. L'une de ses élèves avait
écrit qu'elle considérait son cœur comme le
petit trône du bon Dieu ; la pieuse maîtresse
ajouta ces lignes : « Gardez cette douce préoccupation, chère enfant ; elle est bien conforme à ce qui se passe réellement. Dieu est
tout plein d'amour dans votre cœur qui est
son petit royaume chéri. »

Dans le journal de la même élève, qui
était entrée généreusement dans la voie du
renoncement, Madame Marie-Claire écrivait
encore.

« Pour bien aimer Jésus, il faut se mépriser soi-même, on n'est toute à ce bon Maître
que par l'abnégation et le sacrifice. Pour la
locomotive qui conduit au ciel, le *moi*, c'est le
charbon. Mais qu'importe d'un peu souffrir
quand on a Jésus pour consolateur, pour appui, pour modèle ? Oh ! quel bonheur pour
vous d'être appelée à être une de ces âmes
dont l'existence a pour but de consoler, d'é-
tudier, d'imiter, d'aimer le cœur de Jésus !
Et que la mort sera délicieuse après une
telle vie ! »

Plusieurs de nos élèves, après leur sortie
de pension, continuaient dans le monde à
écrire leurs souvenirs ; elles les envoyaient

ensuite à leur bonne maîtresse. Il en est qui ont formé par ces écrits, de vrais volumes dans lesquels est renfermée toute leur histoire de jeune fille. C'est là surtout qu'on peut apercevoir les fruits merveilleux d'une éducation habilement dirigée. Et quand les mamans devenaient à leur tour maîtresses, en s'occupant de l'éducation de leurs enfants, madame Marie-Claire donnait encore d'excellents conseils ; elle écrivait à l'une d'elles :

« De plus en plus, ma fille, appliquez avec votre fils et ses amis, ce que vous me dites si bien. S'inspirer aux bonnes sources, ne parler que raison, aller aux leçons pratiques ».

Une si bonne maîtresse était chérie de ses élèves ; leur plus grand bonheur était d'avoir quelque chose qui lui eût appartenu. Une ancienne élève nous écrivait : « On l'aimait jusqu'à l'enthousiasme, on la respectait jusqu'à la crainte la plus sentie, et pourtant on allait vers elle avec confiance. »

Les élèves de sa classe avaient une cassette, où chaque page, chaque ligne écrite par Madame Marie-Claire était soigneusement gardée. A l'époque des loteries, elle se dépouillait de tous les petits objets qu'elle pouvait avoir en sa possession et les offrait comme lots ; le plus apprécié était un petit cahier qu'elle écrivait elle-même, et qui contenait quelques morceaux choisis ; ou bien un recueil de bonnes pensées. Ce carnet était convoité comme un objet de grand prix. On entendait de grandes élèves dire à leurs jeunes compagnes : « Promettez-moi que si vous gagnez ce lot, vous me le réservez ; je vous donnerai cinq francs en échange. »

La récréation la plus animée était celle que partageait Madame Marie-Claire. Parfois, les jours de congé, elle venait passer quelques instants avec les élèves de sa classe ; alors, c'était à qui aurait le bonheur de l'approcher de plus près ; pour cela on gardait toutes les avenues afin de l'apercevoir plus tôt et d'avoir droit à la meilleure place.

Les jours de confession, quelquefois une élève lui disait : « Madame, je vous en prie, prêtez-moi votre crucifix, il m'aidera à m'exciter à la contrition. »

Le crucifix était prêté, et il semblait à l'élève qu'il s'échappait de cette croix une vertu secrète qui l'aidait merveilleusement à purifier son âme. Il n'est pas difficile de faire du bien dans une classe, lorsque le cœur est gagné !

Après avoir, comme maîtresse, commencé la grande œuvre de l'éducation des enfants, Madame Marie-Claire allait la consolider et la perfectionner dans ses fonctions de directrice.

CHAPITRE V

Directrice 1854 à 1882.

Au mois de septembre, 1854, Sœur Marie-Claire fut nommée directrice à la place de sa sœur, Sœur Marie-des-Anges, dont la santé donnait de sérieuses inquiétudes. Le bon Dieu ne tarda pas, en effet, à appeler à Lui cette âme si parfaite ; le 5 décembre suivant, celle qui avait été l'ange du monastère allait au ciel jouir de la récompense de ses édifiantes vertus.

Sœur Marie-Claire n'avait que vingt-cinq ans, quand elle reçut la charge de directrice ; mais ses qualités éminentes suppléaient à l'âge ; elle fut vite à la hauteur de sa tâche, qu'elle devait remplir avec tant de perfection pendant vingt huit ans. Comme le veut Mgr Dupanloup dans les personnes qui s'occupent de l'éducation des enfants, elle cherchait les âmes pour les élever à Dieu, les intelligences pour les éclairer, les cœurs pour les ennoblir, les caractères pour les redresser, toutes les facultés intellectuelles et morales pour les développer. Elle faisait beaucoup de bien aux enfants parce qu'elle les aimait. Quand une élève lui était confiée par les parents, elle se sentait vraiment investie de l'autorité maternelle, et si elle avait le pouvoir de la mère, elle voulait aussi en avoir l'amour. Dès lors, elle se donnait tout entière à cette jeune enfant, soignant sa santé, son âme, avec une sollicitude toujours croissante.

Chez Sœur Marie-Claire, les qualités d'une directrice parfaite étaient toutes réunies et équilibrées ; elle avait cette fermeté, dont parle Mgr Dupanloup, qui est la force personnelle et morale, la force d'esprit et de caractère. Nous avons trouvé dans son recueil de note, cette pensée de Madame Elisabeth : « Dans l'éducation et le gouvernement, il ne faut dire : je veux, que lorsqu'on est sûr d'avoir raison ; mais quand on l'a dit, il ne faut pas se relâcher de ce qu'on a prescrit. »

Elle excellait à inspirer aux élèves une crainte repectueuse et filiale. Une ancienne élève nous disait : « Quand nous avions fait quelque sottise, Madame Marie-Claire n'avait

qu'à paraître et à nous dire : Mesdemoi-
selles !... nous avions tout compris !... »

Quand il fallait corriger quelque caractère
récalcitrant, la réprimande était sévère. « Parfois, nous disait une ancienne élève qui avait
compté parmi les espiègles du pensionnat,
elle me grondait si fort qu'elle faisait trembler
les vitres de sa chambre. » Mais ces remon-
trances étaient rares ; le plus souvent, c'est
par le cœur et la raison qu'elle agissait sûre
ment sur ses élèves.

Elle nous disait à nous-mêmes qu'il ne
fallait user de pénitences que comme les
religieuses infirmières se servent de la lan-
cette.

« Elles en usent bien quelquefois, ajoutait-
elle, mais avec quelle précaution ! Et après,
quel soin pour bander la plaie, pour la cica-
triser, pour ne pas l'exposer à l'air ; c'est précisément ce qu'il faut faire pour les âmes !

« Nous pourrions, nous disait-elle encore,
obtenir une obéissance passive produite par
la crainte des pénitences ; mais quelle éducation cela ferait-il ? Les cœurs resteraient
durs comme la pierre. »

Aussi, quand une nature difficile avait besoin d'un sévère reproche ou d'une punition,
la sage directrice mettait toujours le baume
sur la plaie, et avant de congédier l'enfant, par

quelques paroles maternelles elle l'encourageait à mieux faire.

Elle réalisait admirablement bien ce conseil de Platon : « Le caractère de l'homme de bien doit être mêlé de fermeté et de douceur, de force et de tendresse. » On peut dire que la bonté faisait le fond de sa fermeté : elle en était aussi la force. Chez elle, point d'impatiences, de duretés, d'exigences ; elle n'était jamais si heureuse que lorsqu'elle pouvait se montrer indulgente. Comme Mgr Plantier, elle avait compris qu'il faut gouverner par le cœur.

C'est dans sa petite chambre que s'exerçait surtout sur les enfants son action intime ; c'est là qu'elle les appelait souvent en particulier, s'informant de leur travail, de leurs progrès, s'intéressant à toutes leurs joies comme à leurs légères tristesses, et leur donnant des conseils pour les rendre meilleures. Que de charmants entretiens cette petite chambre a entendus ! Que de naïves confidences, que de maternelles paroles ont eu sur l'avenir de ces jeunes filles une influence que Dieu seul connaît !

Une ancienne élève, aujourd'hui sœur de Charité, nous écrivait :

« Je me rappelle, comme si c'était aujourd'hui, les moments que j'ai passés dans sa chambre ; j'étais bien étourdie alors, mais jamais je n'en sortais sans me sentir plus affermie dans mes projets de vie religieuse. »

Tout dans cette humble cellule parlait au cœur, tout portait au calme, au recueillement, à la prière. Quelle est l'ancienne élève qui ne se la rappelle dans ses moindres détails? Quelle est celle qui n'a revu cent fois, dans ses souvenirs, Madame Marie-Claire assise devant son bureau ; tout près, la petite chaise sur laquelle la jeune élève se plaçait ; une bibliothèque contenant un certain nombre de bons ouvrages ; puis quelques images pieuses appendues au mur. une surtout, l'image préférée : elle représentait une colombe volant doucement loin des orages de la terre ; on lisait cette inscription au bas de la gravure : *Rien n'est comparable à la paix de mon voyage !* C'est dans cette modeste chambre que Madame Marie-Claire a passé tant d'heures de sa vie, heures où elle a fait le bien, silencieusement et sous le regard de Dieu seul.

Un autre puissant moyen d'action exercé sur les âmes, était dans les réunions du soir, à ce moment où cessent les préoccupations de la journée, où l'âme se recueille, calme et paisible, devant Dieu. Elle réunissait autour d'elle ses chères enfants, se réjouissait de leurs progrès dans le bien, leur communiquait ses craintes et ses espérances ; et si la journée n'avait pas été bonne, elle imprimait à ces jeunes âmes un élan plus généreux pour le lendemain. Elle profitait de cette réunion pour leur annoncer les fêtes religieuses ou celles du pensionnat.

Avec Mgr Dupanloup, elle pensait qu'une fête non prévue ou non préparée, est une fête nulle pour le progrès spirituel. Elle cherchait donc surtout à disposer les âmes à recevoir les trésors de grâces qu'apporte chacune de nos solennités religieuses. Quant aux fêtes de famille, elle en doublait le plaisir en annonçant d'avance les moindres détails, et avec un intérêt saisissant, toutes les joies qu'on y goûterait. Pour ces fêtes-là, elle s'ingéniait à réserver quelque surprise, afin d'ajouter au charme de la journée ; et combien elle était heureuse des joyeuses exclamations que provoquaient ses paroles ! C'est à la réunion du soir encore, que Madame Marie-Claire parlait aux enfants de leur avenir, de cet avenir que les jeunes filles voient souvent tout en rose, et dont elle leur montrait le côté sérieux : les devoirs de la vie de famille, les peines mêlées le plus souvent aux joies. En leur donnant le désir de se sanctifier les unes et les autres, elle les formait à ces douces et aimables vertus qui font le charme des foyers chrétiens. Elle jetait dans ces âmes ces mots décisifs qui peuvent être le point de départ du salut ou de la perfection.

Combien fortement elle gravait en ces jeunes esprits la pensée de l'Eternité, du néant, de tout ce qui passe ! En parlant de la sanctification des actions, elle leur disait :

« Souvenez-vous, mes enfants, que le présent seul est en notre pouvoir ; bientôt il s'ajoutera au passé. Qu'il n'en augmente pas les dettes, qu'il commence à en effacer les fautes. Désormais concentrez votre attention et votre volonté dans le bon emploi du présent. »

Un autre soir, elle attirait leur attention sur trois petits mots qu'elle leur conseillait d'adopter comme garantie de la paix de l'âme et de l'innocence : *J'ai tort*, quand on les reprenait. *Cela ne me regarde pas*, quand elles avaient envie de s'occuper des défauts du prochain. *Il faut bien que je souffre quelque chose*, quand la nature les portait à se plaindre des petites peines de la vie.

Les entretiens des derniers mois de l'année scolaire étaient faits surtout en vue des élèves qui ne devaient pas revenir : l'ordre, l'économie, l'arrangement d'une maison, les devoirs de famille et de société y avaient leur place tour à tour ; la sage directrice y donnait tous les avis qui devaient contribuer à former aux bonnes habitudes, à faire non seulement des maîtresses de maison accomplies, mais des personnes de bon sens, de dévouement, sachant s'oublier et se donner tout entières aux soins de la famille.

Ces entretiens de chaque soir trouvaient leur complément dans les catéchismes qu'elle leur faisait, une ou plusieurs fois la semaine. Avec quel accent de foi, de piété, elle leur parlait de Dieu, de la Religion, de l'Eglise ! Elle ne voulait pas que l'enseignement du catéchisme fût une étude sèche, stérile ; c'est pourquoi elle s'adressait surtout au cœur, et terminait cet exercice en laissant une bonne pensée, ou en donnant une pieuse pratique qui devait en être le fruit immédiat. Plusieurs jeunes filles ont trouvé dans ces sages conseils, le rayon de lumière qui les a guidées vers le bienheureux port de la vie religieuse ; beaucoup d'autres y ont puisé la force et le courage pour rester de généreuses chrétiennes dans le monde.

Le zèle de la sage directrice s'étendait à tout et à chacune de ses élèves. Elle s'intéressait aussi bien à la jeune enfant d'une classe inférieure, qu'à celles qui, plus avancées, se trouvaient dans les premières divisions. Elle voulait que rien ne fût négligé dans tout ce qui regarde l'instruction ; aussi avait-elle l'œil à tout, suivant chacune des élèves, les interrogeant fréquemment dans leurs classes respectives, pour s'assurer de leur progrès. Si parfois une maîtresse venait lui confier ses peines et son peu de succès au sujet d'une élève peu douée sous le rapport de la mémoire ou de l'intelligence, Sœur Marie-Claire encourageait la maîtresse ; puis, pendant ses récréations, elle appelait elle-même la pauvre enfant, et comme si elle n'avait eu que cela à faire, elle mettait toute son ardeur à lui donner les répétitions nécessaires afin de la placer au niveau de sa classe.

Pour nos plus petites enfants, sa sollicitude n'était pas moindre ; elle préparait des leçons en rapport avec ces jeunes intelligences, formait elle-même les maîtresses à cet enseignement si important, si difficile parfois : « Rappelez-vous, leur disait-elle, ce mot de M⁰ʳ Dupanloup : « Avec les enfants, il faut peu et bien, très peu et très bien. » Elle ajoutait : « Leur cerveau est comme un goulot étroit, dans lequel il ne faut verser que goutte à goutte. »

Elle désirait que les leçons fussent entremêlées de fréquents moments de délassement. Surtout, elle recommandait aux maîtresses de commencer, dès le jeune âge, à former les cœurs à la piété, leur inspirant une grande horreur de tout ce qui est mal, et avec l'amour

de Dieu, le désir de lui plaire et de travailler
pour le Ciel ! A celle qui était chargée plus
directement de la jeune famille, elle écrivait
souvent de petits billets comme celui-ci :

« Voici, ma chère Sœur, ce qui me semble
assurer le succès de votre sainte mission :

« 1° Priez beaucoup pour ce cher petit troupeau, afin que la Sainte Vierge envoie une
légion d'anges pour le garder.

« 2° Ayez pour principe de faire agir les enfants par des vues surnaturelles ; n'employez
qu'avec une sorte de répugnance, les motifs
humains, la perspective même d'une récompense. Je sais que ces choses-là subjuguent
l'imagination des enfants ; il semble d'abord
qu'on trouve là un grand secours, et que l'ouvrage s'avance ; mais nous pouvons comparer
ces dispositions à l'écriture sur le sable. Au
contraire, notre pieuse influence, notre travail
sur les volontés, par les seules vues de foi,
est lent comme l'action du burin sur la pierre,
mais durable comme elle. »

Dans une autre circonstance, elle lui écrivait encore :

« Cultivez de plus en plus, dans ces jeunes
âmes, trois sentiments qui seront la colonne
de leur éducation :

« 1° L'horreur du péché par les pensées de
l'éternité, du ciel et de l'enfer ; que même

les plus petites soient entraînées à dire : Je veux me sauver quoi qu'il m'en coûte.

« 2° Faites-leur envisager le mensonge comme une faute qu'elles doivent particulièrement éviter.

« 3° Qu'elles aiment la Sainte Vierge et qu'elles disent souvent : O ma Souveraine, etc.

« Plus nous trouverons la tâche difficile, ma chère Sœur, plus il faut la confier à la Vierge puissante, et nous convaincre que c'est entre ses mains que les cœurs se transforment. »

La piété était le point de mire auquel Sœur Marie-Claire visait toujours ; elle comprenait si bien que là est le tout de la vie !

Elle disait quelquefois à ses élèves :

« Souvenez-vous, mes enfants, que tant que la piété ne s'est pas levée sur une âme, cette âme est sans soleil, elle n'a point le jour où le vrai travail se fait. »

Elle voulait les rendre pieuses, mais d'une piété solide, éclairée, qui pût résister aux séductions du monde. Son carnet portait cette pensée : «L'éducation doit se juger, moins par ce qu'elle a obtenu, c'est toujours peu ; mais par l'impulsion qu'elle a donnée, c'est là ce qui produira de longs et grands fruits. » Cette impulsion, elle tâchait, par tous les moyens possibles, de la donner à ses élèves.

Les fêtes religieuses étaient comme des éche-

lons qui les aidaient à monter au ciel. Que de
bonheur apportaient ces fêtes ! Quand venaient
par exemple, les délicieuses solennités de Noël,
comme on préparait avec soin le berceau spirituel pour le divin Enfant de la Crèche !
Plus tard, c'étaient les délicieux mois de
saint Joseph, de la sainte Vierge, du Sacré-
Cœur, qui apportaient tour à tour leurs pieuses
pratiques et donnaient un nouvel élan pour
la vertu.

A certaines époques, nous avons vu le pensionnat renouvelé dans la ferveur par ce généreux enthousiasme. Quelle est celle de ces
chères enfants qui ne se rappelle ce premier
dimanche de mai, fête patronale de la Congrégation, qui laissait dans le cœur d'ineffables
souvenirs ? Puis, la première Communion,
avec sa retraite préparatoire ; c'étaient vraiment des journées du paradis ! Nous avons
entendu des élèves s'écrier en ces jours heureux : « Oh ! que je voudrais mourir ; il me
semble que je suis si bien prête pour le Ciel ! »

Un peu plus tard, c'était la fête de la bien-
aimée directrice, quand les vacances retar-
dées jusqu'au 16 août, permettaient de la faire.
Mais déjà une teinte de tristesse voilait les
plaisirs de ce jour, car on prévoyait l'heure
des adieux ; on exprimait à la bonne Mère
sa tendresse et ses vœux. Elle y répondait

par des paroles qui étaient pieusement con-
servées dans le cœur, au bon coin des souvenirs. Puis, en donnant à ses chères et grandes
élèves le baiser de la fête, elle leur disait à
chacune un petit mot, secret longtemps attendu, qu'elles emportaient comme gage
d'espérance. A deux de ses élèves, dont elle
connaissait les pieux projets d'avenir, elle
dit, faisant allusion, à l'angélique Agnès, la
sœur de sainte Claire : « Je désire que vous
soyiez un jour ma petite sœur Agnès. »
L'année suivante, les deux jeunes filles
étaient devenues ses sœurs en religion. A
une autre, que le Cœur de Jésus appelait
à un profond mépris d'elle-même, elle dit :
« Chère enfant, mon petit mot pour vous,
sera en latin ; je vous engage à méditer souvent cette parole de la Sainte Vierge : *Et
exaltavit humiles.* »

Si elle cultivait dans toutes ses élèves l'esprit de piété, comment dire ce qu'elle faisait
pour ses chères enfants de Marie ? Leur congrégation était vraiment le parterre embaumé
où s'épanouissaient les plus brillantes fleurs ;
le petit jardin qu'elle soignait avec une tendre
prédilection.

Elle avait pour ces jeunes filles, l'élite du
pensionnat, des réunions particulières dans
lesquelles elle leur communiquait la flamme

ardente de l'amour divin. Volontiers elle leur aurait dit ce qu'un saint religieux répétait à ses congréganistes : « Allez, mes enfants, maintenant embrasez tous les cœurs ! »

Elle voulait que l'exemple des enfants de Marie fût pour leurs compagnes une prédication continuelle. Chaque mois, elle leur faisait faire une petite retraite dans laquelle elle renouvelait leur zèle.

Avec quel soin elle cultivait dans les âmes l'esprit de sacrifice : « On peut tout espérer, « nous disait-elle quelquefois, même d'une élève très étourdie, lorsque, dans l'occasion, elle se montre généreuse et sait offrir à Dieu le sacrifice d'une sensualité. »

Madame Marie-Claire aimait tendrement toutes les brebis de son cher troupeau ; elle avait compris ce mot d'un saint prêtre à Mgr Dupanloup, alors que celui-ci n'était que catéchiste à Saint-Sulpice : « Vous verrez quel bien vous ferez aux enfants quand vous les aimerez ! » Mais sa tendresse se reportait surtout sur les enfants malades ; elle avait pour ces chères élèves les plus délicates attentions, les visitant souvent, les encourageant, leur procurant des distractions. Une jeune élève, un peu souffrante, était partie pour les vacances ; trois jours se passèrent sans nouvelles. Sœur Marie-Claire n'y tenait plus ; elle écrivit à l'é-

lève ces mots : « Comptez, ma bien chère enfant,
toutes les angoisses, tous les soupirs dont votre
silence a été la cause ! » Une dépêche envoyée
aussitôt vint rassurer l'excellente directrice.

Quand nous avions quelque orpheline parmi les élèves du pensionnat, cette enfant était
sûre de trouver en Madame Marie-Claire,
une mère tendre et dévouée qui prenait à
tâche de remplacer, autant qu'il était possible,
les parents chéris qui n'étaient plus.

Une de ces enfants avait, dans la communauté, une tante religieuse ; celle-ci tomba dan-
gereusement malade et se vit bientôt aux
portes du tombeau. A ce moment suprême, elle
fit appeler Sœur Marie-Claire. « Je vous recommande ma petite X., lui dit-elle, remplacez-
moi désormais auprès de cette chère orpheline. — Je vous le promets, » lui répondit
Sœur Marie-Claire. Et depuis lors, elle veilla
avec la plus affectueuse sollicitude sur la jeune
élève. Ses lettres la suivaient en vacances et
commençaient ainsi : « Ma chère petite nièce. »
Lorsque la jeune fille en passant du pensionnat au noviciat eut retrouvé une nouvelle famille, Sœur Marie-Claire lui conserva toujours une tendresse maternelle.

Nous terminerons ce chapitre en transcri-
vant quelques lignes que nous écrivait, après
la mort de notre Révérende Mère, une de

ses chères anciennes élèves qui, après avoir perdu sa mère, avait retrouvé, en sa bonne maîtresse, les douceurs et les consolations propres à lui faire oublier son malheur :

« Je ne vous dirai point mon désespoir ; vous trouveriez mes plaintes trop humaines, et vous me diriez que je ne suis pas la digne fille de ma Mère. Cependant je lui dois tout, elle m'a ouvert les célestes horizons de l'au delà, elle m'a communiqué une étincelle de l'amour divin qui embrasait son cœur.

« Elle m'a fait, comprendre Jésus comme personne ne l'avait fait, et après ces émotions, ces félicités indicibles, je lui dois encore d'autres joies plus humaines. Sous son doux regard, mon cœur de jeune fille s'est ouvert ; j'ai été pénétrée de sa chaude tendresse, et ce bienfait était d'autant plus grand pour moi que je n'avais pas connu ma mère, et que je n'avais vécu qu'au milieu d'étrangers ou d'indifférents. Elle est partie sans avoir su au juste tout ce que je lui devais, et mon rêve était d'aller la surprendre et de lui dire. Ah ! l'entendre encore me parler de Dieu, revenir sur le passé et lui dire que j'étais toujours sa reconnaissante et affectueuse élève d'autrefois ! Mais il y a des joies trop parfaites pour ce monde, et celle-ci en était, c'est pourquoi elle m'a été refusée. »

CHAPITRE VI

Epreuves et consolations. Guérison inespérée.

Pendant les vingt-huit ans que Sœur Marie-Claire remplit la charge de directrice, sa vie fut tout uniforme, les jours ressemblaient aux jours, les années aux années, et peu d'incidents dignes d'être racontés vinrent varier cette douce monotonie. Durant cette période d'années, elle vit passer sous ses yeux des centaines d'enfants qu'elle élevait, qu'elle formait à la vertu, qu'elle continuait à guider de ses conseils, lorsque le foyer paternel les rappelait. Parfois, Dieu lui envoyait quelques joies pour compenser ses fatigues et ses labeurs ; souvent aussi, les épines de la croix se mêlaient aux jouissances ; en tout et toujours, elle sut répéter le *Sursum corda*, qui était le refrain perpétuel de son âme !

Au mois de mai 1859, Sœur Marie-Claire
eut la consolation de voir entrer au noviciat
sa plus jeune sœur ; cette joie eut aussi son
sacrifice, puisque les vertueux parents res-
taient seuls ! Mais on savait, de part et
d'autre, que Dieu ne se laisse pas vaincre en
générosité ; et l'avenir montra quel centuple
il sait donner, même en ce monde, aux âmes
qui sacrifient tout pour lui. Sœur Marie-
Claire avait cultivé elle-même cette chère
vocation, mais avec quelle prudence et quelle
réserve ! Comme elle respectait l'attrait divin ! avec quelle délicatesse elle engageait sa
sœur à examiner, à consulter, à visiter même
d'autres couvents, pour s'assurer de quel
côté était la volonté de Dieu ! Voici la lettre
que, quelques mois plus tôt, elle écrivait à
cette sœur chérie, en lui envoyant une gravure où la Sainte Vierge était montrée comme
force et soutien de l'âme :

1er janvier 1859.

« Je t'ai choisi moi-même une petite image
en rapport avec les besoins actuels de ton
âme. N'est-ce pas cette année, plus encore
qu'à toute autre époque, que la Sainte Vierge
doit être ta force, ton soutien ; cette année
dont les jours doivent préparer et voir s'ac-

complir le sacrifice réclamé par le Seigneur ; cette année où tu dois commencer à apprendre ce qu'est la vertu généreuse ; cette année où tu as à franchir des obstacles nombreux, à traverser des pas difficiles, pour prendre enfin un élan plein d'ardeur.

« La bonne Mère sera ta force et ton soutien, ma chère Marie ; avec son secours, tu sortiras victorieuse de l'épreuve, tu entreras dans la carrière, tu y persévèreras jusqu'à la fin ; et puis le Ciel ! le Magnificat dans tous les siècles des siècles sera, dans le jour connu de Dieu, ton éternelle récompense.

« A Dieu, ma sœur bien-aimée ; à Dieu et au Cœur de Marie, dans lequel nous devons être unies par les mêmes liens, les mêmes désirs, comme par la plus tendre affection ! »

Pendant les vacances de cette même année, Sœur Marie-Claire fut choisie pour accompagner une jeune novice qui allait augmenter notre petite colonie de la Côte-d'Or. On pensait que ce voyage aurait une heureuse influence sur sa santé, un peu éprouvée par les fatigues de l'année scolaire. Ce fut pour elle une grande joie de revoir nos chères sœurs de Beaune, et de connaître cette maison naissante qui rivalisait de ferveur avec celle de Gap. Le plaisir qu'elle éprouva fut vivement partagé par nos sœurs de la Bourgogne, si heureuses toujours, quand elles reçoivent une visite venant de leur premier berceau. Voici quelques lignes que Sœur Marie-Claire écrivait à cette époque :

Beaune, le 26 août 1859.

« Notre Mère m'a nommée pour vous écrire au nom de la Communauté ; j'accepte de grand cœur cette douce tâche ; seulement je vais avoir besoin de circonspection, car je serais portée à vous dire tout ce que je vois en nos chères sœurs : le dévouement de l'une, l'abnégation d'une autre, l'affectueuse charité de celle-ci, la patience admirable de celle-là, mais je suis arrêtée par l'obligation de laisser lire en communauté ce que j'aurais écrit... et... gare à moi si je blessais la modestie de quelqu'une ! Ici, les éloges sont une langue inconnue ou plutôt défendue. Je m'étonnais hier, à la distribution des prix, que pas un applaudissement, pas un signe de satisfaction spéciale ne fût accordé par les ecclésiastiques aux élèves couronnées 5 ou 6 fois ; nos sœurs m'expliquèrent que la crainte d'exciter l'amour-propre des enfants, fait que l'on s'interdit tous ces témoignages extérieurs d'estime ou d'admiration. Jugez d'après cette conduite envers les enfants; dans quel esprit on doit diriger les religieuses !

« A deux heures, M. Collet, supérieur de la communauté, nous a fait appeler. Après nous avoir parlé avec beaucoup de bonté, il a promis à notre novice de ne la gronder un peu que lorsqu'elle le mériterait beaucoup, et de ne pas la gronder du tout lorsqu'elle ne le méritera qu'un peu. Il nous a assuré d'ailleurs qu'être grondé est souvent fort salutaire, et la meilleure recette pour dissiper cette foule de petits nuages qui viennent parfois entourer l'âme.

« J'envoie à Sœur M. J. la devise que les Carmélites écrivent sur les murs de leurs cellules : *Au Carmel et au jugement, Dieu seul et moi.* »

Dans une autre lettre, pour nous égayer un peu, Sœur Marie-Claire prenait le ton plaisant, et s'adressant à une de nos sœurs converses, chargée du soin de la basse-cour et des animaux domestiques, elle disait :

« J'envoie à la bonne Sœur M. Baptiste mes compliments de condoléance, pour la douloureuse perte qu'elle a faite, (la plus belle vache du monastère) et je lui raconte à elle surtout, que j'ai fait depuis deux jours seulement, la connaissance d'une pensionnaire dont je ne soupçonnais pas même l'existence en ces lieux, tant elle est paisible et sait vivre ignorée. Dès que j'ai su où était sa demeure, je suis allée lui faire ma visite, mais j'ai trouvé la pauvre petite vache bien inférieure aux grasses et dociles élèves de notre chère Sœur M. Baptiste. »

A la rentrée des élèves, Sœur Marie-Claire put reprendre sa classe et ses autres occupations ; elle s'y livra cette année et les suivantes avec une nouvelle ardeur ; mais en avril 1864, Dieu voulut éprouver notre foi ; notre chère sœur fut atteinte d'une fièvre qui s'annonça comme très pernicieuse.

Le médecin trouva l'état très grave. La consternation était inexprimable dans la communauté et au pensionnat. De tous les cœurs, s'échappaient des prières ardentes pour obtenir une guérison ; notre vénérée Mère du Cœur fit vœu que pendant un an, on réciterait en communauté les six *Pater* pour les âmes du purgatoire. Le bon Dieu entendit nos supplications, et le lendemain du jour où le vœu avait été fait, la fièvre se calma et la maladie qui devait suivre son cours et durer trente jours, selon le médecin, s'arrêta subitement : Jésus avait parlé, le mieux s'accentua, et neuf jours après, notre chère malade pouvait communier à la chapelle. Notre Mère du Cœur put écrire : « L'ange du monastère nous est rendu ! »

Sœur Marie-Claire, indifférente à la vie et à la mort, nous donna l'exemple de ce calme, de cette sérénité que, trente-deux ans plus tard, elle devait nous montrer si parfaitement pendant sa dernière maladie.

Au mois du juin de la même année, une autre épreuve bien douloureuse vint attrister le cœur si bon de Sœur Marie-Claire ; son père bien-aimé fut ravi à la tendresse de sa famille, après quelques jours d'une indisposition qui, au début, ne paraissait pas sérieuse. Heureusement, c'était un de ces chrétiens qui marchent devant Dieu, dans la droiture et la simplicité. Membre de la Confrérie des Pénitents, il était d'une fidélité exemplaire à en suivre les règles, à chanter les belles hymnes de l'Eglise aux grandes solennités, à psalmodier l'office.

M. Moynier savait pratiquer généreusement ce qui coûte le plus à l'orgueil de l'homme : le pardon des injures. Un jour qu'il revenait seul, à pied, d'un petit village du Champsaur, il se vit accosté par un homme qu'il connaissait, et qui levant son arme sur lui, demanda la bourse ou la vie. M. Moynier venait de retirer une somme d'argent. Que faire ? Il n'avait point d'armes pour se défendre ; mais il avait du sang-froid et de l'adresse. Il saisit son ennemi au collet, lui arrache son arme, la jette au loin ; puis, après quelques instants de lutte, il renverse son adversaire qui lui criait « Grâce ! » et le laissant dans la poussière, il court vers une maison à quelque distance. Là, on lui donna un cheval, et il revint accompagné du propriétaire de l'habitation. C'est par cet homme que Madame Moynier connut le péril qu'avait couru son mari ; mais malgré ses instances, jamais elle ne put savoir le nom du misérable qui aurait pu la jeter dans le plus grand des malheurs ; son nom ne fut révélé à personne. Quelque temps plus tard, cet homme ayant rencontré M. Moynier dans une rue de Gap, le pria d'entrer dans un corridor ; et là, se jetant à ses pieds, lui demanda son pardon. Ce pardon fut généreusement accordé.

C'est à partir de ce triste incident que data, pour M. Moynier, l'anévrisme qui devait plus tard l'emporter. Son héroïque charité n'aura-t-elle pas, devant Dieu, ajouté à sa maladie une incomparable valeur ?

Quelques semaines après la mort de M. Moynier, sa pieuse veuve obtint de Mgr Bernadou l'autorisation de s'abriter dans le cloître où se trouvaient ses quatre filles. Là, sa vie fut calme et douce ; sans être religieuse, elle partageait plusieurs de nos exercices. Aux jours de grande fête, elle avait sa place au réfectoire ; c'était alors un bonheur de voir sa bonne et souriante figure s'illuminer d'une joie communicative.

Parfois, elle assistait aux instructions que Sœur Marie-Claire nous faisait sur la sublime mission de l'enseignement ; elle venait ensuite lui dire avec son aimable simplicité : « Comme tu as bien parlé ! » A l'époque de la fête de notre vénérée Mère du Cœur, elle se réjouissait de tous les hommages inspirés par la tendresse de ses filles ; elle admirait les décors de la fête ; puis elle lui disait : « Cela doit bien te dédommager de tes peines ! »

La piété de Mme Moynier allait toujours se fortifiant ; sa devise était : « Je meurs chaque jour !... » Après nous avoir donné pendant sept ans, l'exemple des plus aimables et des plus solides vertus, cette vraie chrétienne s'endormit dans le Seigneur, le 8 octobre 1871.

Le pensionnat continuait à donner des consolations à Sœur Marie-Claire. La plupart des élèves, après leur sortie de pension, faisaient rayonner autour d'elles la douce lumière du bon exemple. C'était surtout dans la congrégation des Enfants de Marie qu'elle trouvait de ces âmes généreuses dont une seule, a dit un auteur, vaut mieux qu'un million d'âmes vulgaires.

En 1867, avant de partir pour occuper le siège de Sens, Mgr Bernadou daigna faire lui-même une solennelle réception d'enfants de

Marie. Le 10 juin, les six privilégiées, vêtues de blanc, se présentèrent à l'autel de Marie ; Monseigneur leur adressa une allocution toute paternelle.

« Il m'est doux, mes enfants, leur disait-il, de vous donner ce dernier gage de mon attachement ; ce n'est pas sans regret que je vous quitte, j'emporterai votre souvenir ; mais Dieu le veut, c'est la consolation souveraine à tous les sacrifices. Le conseil que je vous donnerai en ce moment mémorable, où vous allez vous consacrer à Marie, c'est de vous pénétrer des obligations que vous contractez, et de vous exciter à un généreux désir d'y être fidèles.

« Honneur oblige ! mes enfants, et quel honneur que celui d'être mises en possession du titre d'enfants de Marie ! »

Nous eûmes encore le bonheur de revoir Monseigneur à son retour de Rome et avant son départ définitif. En quittant nos enfants, Sa Grandeur les engagea à être toujours pénétrées de ce bon esprit qui fait la gloire, le bonheur, l'avantage essentiel d'un parfait pensionnat.

En 1870, Sœur Marie-Claire ressentit le contre-coup de la terrible épreuve qui atteignit tout cœur français. Elle intéressait le pensionnat à tout ce qui regardait notre patrie. De prime abord, les élèves accueillirent l'annonce de la guerre avec tout l'enthousiasme des jeunes imaginations ; les récréations se passaient à organiser des batailles ; à écrire des proclamations, à prononcer des harangues.

Mais bientôt, tout cela fut abandonné ; on ne savait plus que demander des nouvelles et prier. Les cœurs battaient de joie et d'espérance quand les dépêches annonçaient les succès de nos troupes ; mais aussi que de tristesses quand on apprenait les avantages de l'ennemi !

Sœur Marie-Claire favorisait l'élan général pour la prière ; elle permettait que les récréations fussent employées à faire de la charpie pour nos pauvres blessés, et l'on se cotisait pour joindre une modeste aumône à celle que que notre Révérende Mère du Cœur leur envoyait.

Cette année 1870, qui avait été la cause de tant de douloureuses émotions, apporta cependant à Sœur Marie-Claire une joie bien douce. Elle eut le bonheur de revoir une de ses chères anciennes élèves, à qui elle croyait avoir dit un adieu sans retour. Mlle Marie B., religieuse Clarisse, fut forcée, à cause des troubles de la guerre, de quitter pour un temps son monastère ; elle vint dans les Alpes et put embrasser la maîtresse bien-aimée à qui elle avait conservé une si tendre affection. Après quelques mois de séjour dans sa famille, elle retourna au cloître béni, pour elle, séjour du vrai bonheur. Pendant plusieurs années, Dieu l'éprouva par une longue et douloureuse maladie ; Sœur Marie-Claire la soutenait dans sa pénible épreuve par des lignes pleines de foi et d'espérance. Et quand Mlle B., en religion Sœur Marie X., fut l'heureuse miraculée de Lourdes, sa bonne maîtresse s'associa de tout cœur à sa joie et à son action de grâces.

Sœur Marie-Claire initiait ses élèves à toutes les grandes causes catholiques.

En 1872, lorsque l'illustre archevêque d'Alger, Mgr Lavigerie, fit un appel pressant à toutes les âmes pieuses, pour ses chères missions, les enfants de Marie, avec la permission de leur bonne directrice, envoyèrent toutes les économies de leur petite congrégation.

Monseigneur daigna leur répondre lui-même les lignes suivantes :

« Mes enfants, je suis bien touché de votre charité qui se dépouille en notre faveur. Je demande à Notre-Seigneur de vous bénir et de vous récompenser comme le méritent les sentiments de vos cœurs. Je joins à ma lettre une gravure qui représente nos œuvres. Au centre, c'est Notre-Seigneur et Notre-Dame d'Afrique, à droite sur un nuage, le vénérable Géronymo, martyr arabe, et le pauvre archevêque d'Alger, à genoux. A gauche, un missionnaire, un frère et une sœur de la mission. Priez quelquefois pour nous tous, mes enfants, nous en avons bien besoin !

« Croyez-moi votre tout dévoué et reconnaissant en Notre-Seigneur. »

CHARLES, *Arch. d'Alger.*

Quelques mois plus tard, Mgr de Ségur adressait aussi à nos enfants une lettre toute paternelle, pour les remercier d'une offrande à l'œuvre de saint François de Sales.

« Que Notre-Seigneur et le bon saint François de Sales vous bénissent, mes chères enfants, vous et vos pieuses maîtresses. C'est d'un bon augure pour l'avenir que de commencer si jeunes l'apostolat des bonnes œuvres. Continuez, de grâce, et même développez cet apostolat pendant vos vacances. Emportez, chacune, au moins une feuille de dizaine, que vous promettrez à la bonne Vierge de rapporter toute remplie à la rentrée. Et que celles d'entre vous qui ne reviendront plus au couvent, à cause de leur extrême vieillesse, se fassent zélatrices, au besoin fondatrices de l'Œuvre de saint François de Sales, là, où elles demeureront. Soyez toutes, sans exception, de bonnes et saintes enfants, innocentes et douces, très simples, très modestes, solidement chrétiennes. Approchez-vous pieusement et très souvent de la Sainte Communion, tant au couvent que dans vos familles. Veuillez, mes enfants, recommander quelquefois au Cœur miséricordieux de Jésus, votre pauvre vieux serviteur aveugle, mais tout affectionné. »

L. G. DE SÉGUR.

Président de l'Œuvre de saint François de Sales.

Paris, 26 juin 1873.

C'était à la réunion du soir, que Sœur Marie-Claire lisait à ses élèves ces précieuses lignes ; elle les insérait ensuite dans les Annales du pensionnat qu'elle rédigeait elle-même et où étaient consignés tous les souvenirs qui intéressaient la jeune famille. Ces souvenirs, lus à haute voix, étaient vivement goûtés, surtout quand chacun des mille incidents racontés trouvait un commentaire dans une explication donnée par la bien-aimée directrice.

En 1872, s'adressant à ses enfants, elle écrivait dans ces précieux recueils, les lignes suivantes qui montrent combien elle aimait son cher pensionnat :

« A mesure que les années s'écoulent, il faut que je vous dise, mes enfants, que je m'attache de plus en plus à votre âge, par un double sentiment d'affection et d'estime. Je vois mieux, tous les jours, que rien sur la terre, sinon le cœur des saints, n'est meilleur que le cœur des enfants. Ils ont des défauts, vous le savez bien, et nous les combattons sans cesse. Ces moments de sévérité, exigés par un intérêt véritable, sont les épines de notre vie ; mais ils ne m'empêchent pas de vous chérir, et souvent de vous estimer beaucoup. Il est doux de respirer le parfum de cette droiture d'âme, de cette piété vraie et naïve, de cette simplicité qui sont en vous dans vos bons moments. »

Sœur Marie-Claire fut souvent éprouvée du côté de la santé ; les rhumatismes qui, à la fin de sa vie, devaient être pour elle l'occasion de souffrances continuelles, s'étaient fait sentir à divers intervalles. D'autres malaises, causés sans doute par l'excès d'un travail qu'elle ne savait pas modérer, affaiblissaient son tempérament. Mais l'année 1880 fut surtout pour elle une année douloureuse :

une extinction de voix prolongée l'obligea à céder sa classe à une autre maîtresse. Pour le soin du pensionnat, on dut lui aider aussi ; elle en garda cependant la haute direction.

Ses chères enfants étaient sa préoccupation habituelle ; privée de leur parler, elle leur écrivait de ravissants petits billets qui étaient lus à la réunion du soir et leur portaient conseils et encouragements.

Pendant les mois d'hiver de 1880 à 1881, des maux d'yeux très douloureux l'obligèrent, pendant plusieurs semaines, à garder la chambre obscure et à rester dans une complète inaction, c'est alors surtout que nous pûmes admirer sa patience et l'inaltérable sérénité de son âme.

Une pensée adoucissait tous ses maux : Dieu le voulait ainsi ! Et elle répétait, le cœur joyeux, cet *Ecce ancilla Domini* qu'elle devait faire aimer à tant d'âmes.

Dans l'été de 1881, l'extinction de voix s'accentua avec des caractères tels, que le médecin crut les eaux nécessaires. C'était une dérogation à notre Règle de clôture, pourtant les supérieurs ecclésiastiques jugèrent prudent d'accorder la permission demandée ; il y allait de la conservation d'une santé précieuse pour le bien de la maison ! Mais cette permission, Sœur Marie-Claire ne la voulait pas ; elle comprenait que ce voyage serait un antécédent qui pourrait avoir des conséquences fâcheuses pour l'observation des saintes Règles. Cependant, les supérieurs ayant parlé, malgré ses répugnances excessives, elle se soumit. Tout fut préparé pour le voyage ; on fit les malles, on lui choisit une compagne. Le départ fut décidé pour le 22 août. Le 21, jour de la clôture de notre retraite, Sœur Marie-Claire communia à la première messe. Que se passa-t-il pendant son action de grâces? Dieu seul le sait ! seul, il entendit les soupirs ardents de sa fidèle épouse qui eût préféré tout souffrir plutôt que de donner prétexte à la moindre infraction contre la Règle. L'office suivit la sainte messe. Quel fut l'étonnement de ses voisines de stalle, quand elles l'entendirent psalmodier, elle qui depuis plusieurs mois, ne pouvait articuler que quelques mots à voix basse, elle à qui la seule prononciation de oui ou de non occasionnait parfois une souffrance ! Mais quelle fut la stupéfaction générale, lorsque, après l'office, on l'entendit commencer tout haut la récitation des six *Pater* ! Il y eut comme un frisson électrique ; la joie, la surprise, la reconnaissance se pressaient dans nos cœurs. Nous nous demandions si cette voix était bien la sienne ;

puis bientôt s'éleva vers Dieu un concert unanime de ferventes prières d'action de grâces.

Une fois de plus, le Seigneur nous montrait que la prière peut tout obtenir.

Notre Révérende Mère du Cœur s'empressa d'envoyer, comme ex-voto, à Montmartre, la pierre promise au Sacré-Cœur.

L'année suivante, les quatre triennats de sa supériorité étant écoulés, ce fut sur Sœur Marie-Claire que se portèrent les suffrages.

Mais avant de la suivre dans sa nouvelle charge, reposons encore un peu nos regards sur le bien qu'elle a fait à sa chère petite famille du pensionnat.

CHAPITRE VII

Vocations et retraites des anciennes élèves.

Il est, dans l'histoire des âmes, un chapitre
d'une délicatesse exquise, dans lequel on pourrait suivre, pas à pas, les traits de la providence
toute paternelle de Dieu ; ce chapitre est celui de la vocation. Lorsqu'une des élèves de
Sœur Marie-Claire était arrivée à cette phase
décisive de son existence, elle la soutenait
plus que jamais de ses prières et parfois de ses
pieux conseils. Mais quelle prudence pour ne
gêner en rien la liberté d'une âme et l'action
de la grâce ! Elle écrivait à une jeune personne indécise sur le parti à prendre :

« Je ne voudrais pas, ma très chère enfant,
mettre seulement un grain de sable dans la balance de votre vocation, pour la faire pencher
d'un côté ou d'un autre. Que le souverain

Maître en décide ! faire sa volonté, voilà notre bonheur et notre salut ! Mais, demandez-lui instamment qu'il vous fasse connaître cette adorable volonté, rendez-vous digne de cette grâce en conservant votre cœur bien pur et en remplissant fidèlement les devoirs de votre position actuelle. Puis, si Jésus vous dit qu'il vous veut toute à Lui, n'ayez pas peur des sacrifices et des difficultés ; sa grâce adoucit tout, il rend aisé ce qu'il commande. Si, au contraire, il vous retient dans le monde, confiez-vous à sa douce Providence qui vous protègera et vous aidera, pourvu que, de votre côté, vous ayez soin de *veiller* et de *prier.* »

Une de ses élèves lui parlait d'un mariage projeté, et lui demandait, avec ses conseils, quelques renseignements ; la bonne maîtresse écrivit :

« Je regrette, ma chère enfant, de ne pouvoir répondre à votre entière et filiale confiance, dont je suis bien touchée. Ma vocation m'interdit de m'occuper de votre grande affaire à laquelle je m'intéresse vivement, puisque votre bonheur peut en dépendre ! Mais lors même que les règlements de la vie religieuse ne m'interdiraient pas les sollicitudes à ce sujet, ma position me les rendrait impossibles. Du cloître on ne peut avoir que des informations trop vagues pour que je voulusse y appuyer votre sort qui m'est si précieux ; je ne puis, chère enfant, vous aider que par mes prières ; mais comptez-y. Soyez de plus en plus fervente et généreuse pour attirer sur votre âme les bénédictions du Ciel. »

Une ancienne élève avait un grand désir de se consacrer à Dieu dans la vie religieuse ; mais elle était l'unique appui de son vieux père. Sœur Marie-Claire lui écrivait :

« Vous devez être décidée, ma chère enfant, à ne plus faire de démarches pour embrasser la vie religieuse, tant que Dieu vous fera la grâce de vous conserver votre père vous avez pour mission de soigner cette santé si précieuse pour vous, et surtout de travailler au salut de cette âme, objet de vos plus grandes affections. Il faut concentrer là toutes vos pensées, toutes vos préoccupations, tout votre dévouement. Et lorsque vous entrevoyez l'époque où cette tâche si belle se terminera, regardez, à ce terme, le cloître s'ouvrant devant vous, afin que vous y passiez dans la paix, la ferveur et la prière, le reste de vos jours. Je vous donne l'assurance que, eussiez-vous cinquante ans, quand les circonstances vous permettront de venir, vous serez reçue sans difficulté et accueillie à bras ouverts ! »

Cette jeune personne suivit les conseils dictés par un cœur de mère ; elle fut jusqu'à la

fin l'appui, la consolation, l'ange d'un père
bien-aimé ; elle le vit mourir dans les sentiments d'une foi vive, et aujourd'hui qu'elle
a abordé au port béni qu'elle désirait tant,
elle est aussi parfaite religieuse qu'elle avait
été fille bonne et dévouée.

Quand la pieuse maîtresse reconnaissait, au
contraire, dans la vocation religieuse d'une
jeune personne, l'appel formel de Dieu, elle
l'engageait à s'y rendre sans retard. Elle écri
vait à une ancienne élève :

« Vous me demandez, ma chère enfant, si
vous avez tort ou raison de redouter l'instant
qui commencera votre vie nouvelle? Je ne
veux pas vous répondre à ce sujet ; mais au
premier moment libre, allez au pied du Tabernacle, et faites la même question au divin
Maître ; il vous instruira à ce sujet, et s'il
m'est permis de deviner sa réponse, il me
semble que ce sera celle-ci : « Pourquoi crai-
gnez-vous, âme de peu de foi? n'est-ce pas
moi qui vous appelle, et n'est-ce pas moi qui
dois vous soutenir? » Oui, tout est dans cette
pensée, ma chère enfant ; Jésus est là, il sera
là toujours ! »

Voici quelques lignes qu'elle écrivait à l'une
de ses nièces, à l'occasion de son mariage :

Ma Chère H.,

« Nos cœurs sont tous occupés de toi aujourd'hui ; tu n'en douterais pas, lors même que nous garderions le silence à ton égard. Cependant, il m'est doux de marquer par un moment d'entretien tout intime, ce jour si solennel dans ta vie, et je suis avec joie l'interprète de tes quatre tantes voilées pour t'exprimer, encore une fois, nos souhaits affectueux et nos sentiments maternels En pensant à toi, il m'est venu en mémoire un passage des conférences de Mgr Mermillod.

« Je veux te le redire, ma chère enfant, car avec moi, tu y verras sans doute, au lieu d'un sujet de crainte, de douces garanties de ta félicité. Cet éloquent évêque, qui paraît si bien connaître les âmes et le monde, dit que trois choses compromettent souvent, dès l'abord, le bonheur des mariages :

« 1° On n'y appelle pas assez pieusement les bénédictions de Jésus-Christ. 2° Les jeunes filles manquent de sérieux et s'occupent plus de plaisirs que de devoirs. 3° Elles ne promettent pas sérieusement l'obéissance à laquelle elles s'engagent. » N'est-ce, pas, ma chère enfant, que tu sauras éviter ces écueils »

Quelques jours avant le mariage d'une de ses élèves, Madame Marie-Claire lui écrivait :

« Il m'est vraiment bien agréable, ma chère Marie, dans les solennelles circonstances où vous vous trouvez, de vous souhaiter les plus douces faveurs de votre Patronne toute-puissante sur le Cœur de Jésus. Par elle, votre préparation va se compléter dans les prières les plus confiantes, dans une fervente communion et une consécration plus parfaite encore qu'elle ne l'a jamais été. Vous envisagerez toutes choses aux clartés de ces splendeurs célestes qui sont notre vraie fin, et vous entrerez dans votre nouvelle carrière avec l'ardent désir d'y acquérir la sainteté et de contribuer au salut de bien des âmes. »

Vocations religieuses. Notre-Seigneur donna à Sœur Marie-Claire l'intime consolation de voir plusieurs de ses élèves appelées à la vocation religieuse. Assez souvent, la Sainte Vierge prenait, pour le parterre de son Cœur, quelques fleurs choisies ; mais parfois la voix céleste se faisait entendre pour d'autres congrégations religieuses. En 1877, et les années suivantes, ce fut saint Vincent de Paul qui attira plusieurs de nos enfants ; peut-être Notre-Seigneur voulut-il dédommager sa généreuse épouse de ce qu'elle n'avait pu répondre au vif attrait qui la poussait vers les pauvres et les malheureux.

Un peu plus tard, ce fut le doux saint François de Sales qui choisit deux de nos élèves.
L'une d'elles, Mlle Louise Gaduel mérita, en
peu d'années cette couronne immortelle, objet de tous ses vœux.

Après avoir été, au pensionnat, toute angélique, elle passa dans le monde en faisant
rayonner autour d'elle la douce lumière du
bon exemple; et à la Visitation, où Dieu l'appela, elle édifia toutes ses sœurs par ses solides et aimables vertus.

Quelques années après, les Petites-Sœurs
des Pauvres eurent aussi, parmi nos enfants,
leurs généreuses recrues; deux de nos élèves,
attirées par l'humble dévouement des religieuses de cette congrégation, demandèrent à
en faire partie.

Toutes ces vocations furent bénies du Ciel
et elles produisent encore des fruits admirables de vertu. Sœur Marie-Claire se réjouissait de ce magnifique épanouissement de la
grâce divine. Lorsqu'on lui exprimait le regret que telle ou telle vocation ne fût pas pour
le Saint-Cœur, elle répondait avec un doux
sourire : « Qu'importe, pourvu que ces chères
âmes soient toutes à Dieu ? »

Elle était heureuse d'apprendre leurs progrès dans la perfection; parfois elle citait le
mot d'une supérieure, disant d'une de ses

jeunes postulantes, ancienne élève du Saint-
Cœur : « Jamais je n'ai trouvé d'âme aussi
généreuse ! » Et celui d'une maîtresse des novices disant d'une autre : « Je n'ai pu connaître encore ce qui la fait se renoncer, tant
elle se porte à l'obéissance avec bonheur ! »

Les liens de la plus douce et de la plus affectueuse cordialité unirent toujours ces chères
enfants au berceau de leur éducation ; toutes,
Sœurs de Charité, Visitandines, Petites-Sœurs
des Pauvres, nous sont restées filialement at-
tachées. Sœur Marie-Claire était heureuse de
recevoir de leurs nouvelles ; l'une d'elles lui
écrivait de son noviciat :

« Ma bonne Mère, Dieu m'a comblée de tant
de grâces que je ne veux pas être seule à lui
dire, merci ! Il me faut l'aide de quelqu'un,
la vôtre, ma Mère, si vous le voulez bien.
Après m'avoir aidée à trouver la vraie source,
aidez-moi encore à prouver ma reconnaissance
à Dieu. Il me faudra des années et des années
pour m'acquitter de ce que je lui dois, et encore, pourvu que je ne laisse pas de dettes !
Oh ! qu'il m'est doux de songer qu'après Dieu
c'est à vous que je dois ma chère vocation !
que c'est vous qui, avec une prudence et une
affection toutes maternelles, avez surveillé et
soigné ce germe béni que Dieu avait mis dans
mon âme ! »

C'était surtout pendant les jours de retraite passés au Saint-Cœur, que les anciennes élèves confiaient à leur maîtresse bien-aimée le secret de leur vocation. Pendant ces heures de solitude, elles étudiaient leur âme, regardaient l'avenir et demandaient conseil et lumière à celle qui leur portait un si tendre intérêt.

Cette œuvre des retraites pour les anciennes élèves, fondée en 1870, n'a cessé de produire les plus heureux fruits.

En revoyant ses chères enfants, Sœur Marie Claire retrouvait toujours le chemin de leurs cœurs.

« Rien ne me fait plus de bien, disait l'une d'elles, que ce que nous dit Madame Marie-Claire. »

Et pour les maîtresses, quelle jouissance de voir leurs élèves toujours simples et modestes, d'être témoin du bonheur qu'elles goûtaient dans leur couvent chéri !

La retraite de 1880 fut peut-être une des meilleures; sans doute les prières et les souffrances de Sœur Marie-Claire attirèrent sur les âmes cette abondante rosée de la grâce, sans laquelle tout est stérile. Ce fut le Révérend Père Blanc qui dirigea les pieux exercices. Sa parole vive, imagée, éloquente, fut fort goûtée.

Le dimanche, eut lieu la communion générale ; on se livra ensuite à la joie du revoir, et l'on se communiqua les douces impressions de ces jours bénis. « Vous ne savez pas tout le bien que vous nous faites, nous disait une de ces dames. »

Le soir, Mgr Roche vint présider à la clôture de la retraite.

Le prédicateur laissa pour bouquet spirituel cette délicieuse comparaison :

« Comme la goutte de sang vient se vivifier au cœur, puis est renvoyée dans les membres pour les réchauffer et les ranimer, ainsi Jésus a renouvelé vos âmes au contact de son cœur, et maintenant il vous envoie porter dans vos familles, et jusqu'aux extrémités de vos relations, la vie surnaturelle qu'il vous a communiquée. Mais comme les gouttelettes, après avoir accompli leur œuvre, retournent vers le cœur pour s'y vivifier encore, ainsi dans la prière et la communion, il faut renouveler constamment la force et la vigueur perdues. »

Ces retraites, en retrempant les anciennes élèves dans leur ferveur d'autrefois, leur laissaient un précieux souvenir. Le bien fait à leurs âmes se continuait ensuite par la correspondance.

CHAPITRE VIII

Sa correspondance avec ses élèves.

On ne saura jamais tout ce que notre Révérende Mère a fait de bien par sa correspondance. Quand une élève quittait le pensionnat, sa sollicitude maternelle la suivait au milieu du monde ; elle la soutenait par de sages conseils, s'inquiétait des écueils qu'elle pouvait rencontrer.

« C'est toujours, disait-elle, avec une émotion profonde que je vois s'ouvrir devant nos chères enfants les portes de ce cloître qui les abrita contre les dangers du monde. On a beau les avoir prémunies contre le péril et leur avoir répété : Veillez et priez ! on craint pour leur inexpérience ! »

A leur départ, elle assurait ses élèves qu'elles trouveraient toujours au Saint-Cœur des mères pleines de tendresse. L'une d'elles recevait ces lignes :

« Inutile de vous dire que mon affection pour vous n'est point de celles qui diminuent avec les relations ou qui sont moins profondes en s'élargissant. Pour toujours, mon cœur vous est maternellement dévoué. » Et encore : « Si vous avez toujours le souvenir de l'enfant la plus reconnaissante, je suis et serai jusqu'à la fin pour vous la mère la plus dévouée. »

Mais son affection toute surnaturelle aimait surtout l'âme de ses chères enfants ; elle les voulait à Dieu. Elle nous disait quelquefois : « Nous devons être pour nos élèves ce que la branche est pour l'oiseau : elle le soutient, mais ne le retient pas. » Avec quel soin elle cherchait à faire briller à leurs yeux les pures lumières de l'éternité ! quel désir de les aider à rendre leur vie toute chrétienne et pleine de mérites pour le Ciel ! Elle écrivait à l'une d'elles :

4 janvier 1881.

« Je demande spécialement pour votre étrenne, un plus profond esprit de foi, qui soit à chacun de vos actes ce que le parfum est à la fleur. N'est-ce pas que c'est là ce qu'il vous faut ? Votre vie de travail, de dévouement, d'abnégation, de devoir enfin, n'a besoin que de cet élément pour devenir sainte. Le juste vit de la foi. C'est quelque chose de si facile et de si doux que ces vues surnaturelles par lesquelles, peines et joies, consolations et contrariétés, nous apparaissent comme moyens de salut. On sait que tout cela va passer, on ne s'attache pas à ce qui plaît, on ne s'irrite pas de ce qui blesse, on se sert de tout pour avancer.

« Quand vous sentez votre âme retomber peu à peu dans l'atmosphère des sentiments naturels, où les brouillards sont si nombreux, vite un élan du cœur vers Jésus, qui vous remontera et vous soutiendra dans la région dont il faut faire votre demeure habituelle, pendant la seconde moitié de votre existence. »

En janvier 1884, elle lui écrivait encore :

« En commençant cette année, ma chère M., n'éprouvez-vous pas un sentiment analogue à celui de l'enfant à qui l'on présente un beau cahier neuf : son émulation se réveille, son ardeur à bien faire est toute renouvelée. Une année nouvelle, n'est-ce pas un volume à écrire ? Celui-ci a pour titre : Journal de 1884 ; nous l'imprimerons, de moment en moment, avec des caractères qui resteront éternellement tels que nous les choisissons. »

A une jeune personne très occupée par les soins matériels, elle écrivait :

« Ce n'est pas précisément l'abondance du travail qui est un obstacle à la piété. Essayez avec une vraie bonne volonté, ma chère enfant, et vous verrez que sans nuire le moins du monde aux affaires et au ménage, on peut presque toujours s'arranger pour avoir la messe le matin et quelque petit moment de recueillement dans la journée. Alors, tout se fait cent fois mieux, même matériellement ; on croirait parfois que les anges vous aident, tant le travail avance, on a la joie intérieure ; on sent que Dieu vous bénit et que les gerbes se font pour la récolte éternelle. »

Pour prémunir une de ses élèves contre l'attrait de la vanité, elle lui disait :

« Je remarque de plus en plus que la vanité est la perte des jeunes filles ; celles de nos chères enfants de Marie qui savent se tenir en garde contre ce ridicule et méprisable défaut sont estimées du monde même et bénies de Dieu ; heureusement elles sont encore en grand nombre et, je l'espère, vous ferez partie de cette vraie suite de l'Immaculée Vierge. »

A l'occasion de la fête d'une de ses élèves, elle lui écrivait :

« Pendant cette octave de votre fête, ma chère Marie, recevez mes souhaits ; ils sont de tous les jours.

« Sans cesse je désire que vous soyez sainte

et heureuse ; ces deux idées se confondent, comme dans le rayon, la chaleur et la lumière. Quand l'âme est toute pleine des clartés divines, les ombres de la tristesse fuient devant ces clartés bénies. Quelles que soient les vicissitudes de cette vie où rien n'est stable, on va en avant le cœur dilaté, car on sait ce qui nous attend au terme du rapide voyage. »

Et pour les grandes solennités de Pâques, elle envoyait ce souhait pieux :

« Après le chant de l'Alleluia, je viens m'entretenir avec vous. De tout mon cœur, je vous désire la réalisation du souhait divin si souvent répété par Notre-Seigneur :

« La paix soit avec vous ! Qu'elle illumine votre nouvelle vie, votre nouvelle demeure, et qu'elle remplisse votre cœur toujours ! Soyez fervente enfant de Marie, glorifiant Dieu par vos sentiments et votre conduite, alors aussi vous serez de plus en plus fille dévouée, donnant à votre excellent père tout le bonheur possible ; vous serez parfaite maîtresse de maison par l'ordre, l'activité, l'énergie qui sont les fruits d'une vraie piété »

A l'époque du premier janvier, ses nombreuses lettres portaient la paix et la joie dans bien des cœurs. Nous en avons déjà donné plusieurs fragments ; il me semble qu'on ne se lassera pas d'en lire encore :

« Que tous vos jours et tous vos instants de
cette nouvelle année soient pleins devant
Dieu, ma chère Marie. Que votre piété devienne toujours plus solide, vos vertus plus
généreuses, rendant le temps vraiment précieux pour vous. Un auteur dit qu'il regarde
les années à mesure qu'elles s'écoulent,
comme autant de pièces scellées, rangées au
pied du trône de Dieu, pour le procès qui dé-
cidera de notre sort éternel. Faites en sorte,
chère enfant, que ces pièces ne contiennent
désormais que d'heureux et bénis témoignages
pour vous ; n'y écrivez qu'innocence, humilité, douceur, parfaite fidélité au devoir, généreuse correspondance à la grâce. »

Et dans une autre lettre :

« Parlons de votre âme, ma chère enfant,
je lui désire cette année et toujours, cette
vraie ferveur qui consiste à bien faire toutes
choses, à prier avec recueillement, à agir par
esprit de devoir, à accepter avec égalité d'humeur les petites contrariétés qui se présentent.
Soignez bien votre vie intérieure, chère enfant, et tout naturellement, l'extérieure sera
parfaite. »

Avant le carême, elle écrivait :

« Vous aussi, ma chère enfant, vous entrerez dans cet esprit de recueillement et de solitude intérieure, indispensable au grand tra-

vail de la sanctification. « Avant tout, disait un saint religieux, il faut ramener les âmes du dehors au dedans », c'est de là seulement qu'on les élève vers le Calvaire et vers le Ciel. »

A la même, elle écrivait en 1875 :

« Ma chère enfant, au nom des congréganistes, je vous remercie de votre don à leur chapelle bien-aimée.

« Venez donc quelquefois, en esprit, dans ce petit sanctuaire, où un regard sur la statue de la Bonne Mère rappelle à ses enfants tout ce que doit être leur vie. Dans cette image, vénérée et bénie, la Sainte Vierge a les yeux élevés vers le Ciel, pour indiquer les vues de foi, les intentions surnaturelles qui doivent nous diriger en tout ; les mains étendues vers la terre pour nous enseigner le travail et le dévouement ; les pieds posés sur le serpent qu'elle a vaincu, pour nous dire que, de nous aussi, Dieu attend des victoires ; une couronne d'étoiles environne sa tête comme emblème du pur rayonnement d'édification qui doit se répandre autour de l'enfant de Marie. »

Après avoir guidé la jeune fille à travers les écueils du monde, après lui avoir tracé sa règle de conduite jusqu'au jour où des devoirs plus sérieux en faisaient l'ange du foyer, elle trouvait dans son cœur des leçons fortes

et suaves à la fois pour instruire la jeune
mère de famille.

Nous extrayons encore quelques pages de
cette délicieuse correspondance :

« Ma chère enfant, plus que je ne pourrais vous le dire, je désire que votre sainte
Patronne fasse de vous une femme forte, re-
produisant exactement le portrait que nos
Livres saints nous en ont tracé. Vous serez
alors aussi une mère chrétienne, aimant avec
ardeur ce trésor qui fait la joie de votre vie,
mais songeant sans cesse à le faire valoir
sous le regard de Dieu. Oui, déjà, ma chère
Marie, vous devez soigneusement commencer la culture de ce parterre chéri où vous
voudrez voir réunies toutes les fleurs que le
ciel prête à la terre ; déjà vous pouvez préparer le terrain et semer la récolte qui fera
ici-bas votre bonheur, et au ciel votre gloire.
Vous faites maintenant l'éducation de votre
fille chérie et vous travaillez à la formation
de son caractère ; votre bon sourire ou votre
air sérieux lui font comprendre ce que lui
diront plus tard vos paroles de blâme ou de
satisfaction. »

Elle témoignait ainsi sa reconnaissance à
une mère de famille pour ses bons souhaits
de fête :

« Je vous remercie de votre bon et fidèle

souvenir, ma chère H., il m'est bien doux aux époques où m'arrivent, nombreux et toujours précieux, les témoignages d'affection, de recevoir à la fois ceux d'une mère et de sa fille, toutes deux aimantes enfants du Saint-Cœur.

« Quand vous revenez par la pensée dans cet enclos vert et fleuri, près de ces petits ruisseaux si limpides, à ces petits oratoires si simples et pourtant si aimés, remettez-vous dans la disposition où vous étiez quand vous viviez réellement dans cette pieuse solitude. Combien alors vous vouliez aimer Dieu, marcher d'un pas ferme vers le Ciel, imiter les vertus de la Très Sainte Vierge ! Vous voulez bien encore tout cela dans le fond de votre volonté, n'est-ce pas ? mais les choses de la terre dissipent, le monde éblouit quelque peu, on se sent faible parce qu'on ne prie pas assez, et les mois passent sans qu'on les ait assez sérieusement employés pour l'éternité. »

Une ancienne élève avait mis ses trois fillettes au pensionnat, notre Mère lui en donnait ainsi des nouvelles :

« Que vous dirai-je de nos petites chéries ? elles sont fraîches et gracieuses comme des fleurs printanières. »

— Ces chères enfants grandirent ; et avec l'âge leurs petits défauts parurent aussi. Elle adressa à leur mère ces rassurantes paroles :

« Vos enfants chéries sont bien, comme vous le dites, à l'âge difficile. Mais, ayez bon espoir ; dans quelques années les défauts auront fait place à des vertus, d'autant plus solides qu'elles auront été acquises par de généreux efforts. »

Une de ses chères enfants avait obtenu par ses prières et sa douce influence, que son mari revînt aux pratiques religieuses ; en apprenant cette heureuse nouvelle, notre Mère lui écrivait :

« Un seul mot traduit mes sentiments : *Magnificat anima mea Dominum.*

« O ma fille, commencez toute une vie de généreuse reconnaissance ! Vous voyez maintenant le plan divin concernant votre âme si chère au Sacré-Cœur. Merci de nous avoir fait tout de suite partager votre joie. N'est-ce pas que ce moment vous a déjà payé des années ? Et il y aura des moments heureux encore !

« Et puis le Ciel ! »

En félicitant une ancienne élève d'être grand'mère, elle lui disait :

« Oui, ma fille, j'ai fait un joyeux soubresaut en vous sachant grand'mère.

« Quelle douce consolation après les larmes que votre foi avait tâché d'accompagner d'actions de grâces ! » (Cette mère avait eu à pleurer sur un petit ange envolé au Ciel). Quelque temps après, elle lui disait : « Je vois d'ici le beau chérubin que sa jeune et aimable mère vous présente, et que les heureux père et grand-père contemplent avec amour, oubliant tous les soucis des affaires. »

Et quand le cher ange eut un peu grandi :

« J'aime à savoir le cher petit près de vous pendant les chaleurs. Oh ! déposez dans son cœur la bonne semence, elle y germera silencieuse et préparera le grand chétien. Si l'idée de Dieu, présent partout, dirigeant tout, envahit cette jeune âme, la voilà gardée. Si la dévotion à la Sainte Vierge s'empare de ce cœur pur, le voilà appuyé, protégé pour toujours. »

A une ancienne élève, dont le père avait été son parrain, notre Mère, écrivait le 24 février 1892, jour anniversaire de sa naissance :

« J'ai aujourd'hui 62 ans. Vous savez les multiples souvenirs que cet anniversaire rappelle à votre cœur et au mien. Je vois encore mon bon parrain, alors que j'étais enfant, me combler de gâteries. Et puis, quand j'eus avancé dans la vie, je vois cette chère petite Marie, dont vous connaissez l'histoire en détail. Quel rapide songe que l'existence et, quand on réfléchit, ne doit-on pas conclure : Le reste va passer encore plus vite, hâtons-nous de bien l'employer. »

Lorsqu'on s'étonnait des imperfections journalières, elle écrivait :

« Le verbe que vous allez faire sans faute, d'ici à Pâques, c'est : se relever. Vous vous êtes imaginé, que pour avancer, il ne faut jamais tomber ? Hélas ! où en serions-nous alors ? Heureusement, il suffit de ne pas rester par terre, de se relever très lestement après sa chute ; c'est ce que vous ferez... »

Une autre fois, de sa plume s'échappaient ces conseils :

« Réglez vos exercices du carême en femme chrétienne, en enfant de Marie. Avancez votre lever, c'est un point essentiel ; si c'est possible, ayez la messe chaque matin. Suivez en famille les sermons du soir ; faites les petites pénitences que votre conscience réclamera, et sanctifiez vos peines par la résignation et la confiance en Dieu. Hélas ! ma fille, qui est-ce qui n'a pas de nuages dans son ciel ? des épines dans son cœur, des croix dans sa vie ? Tout cela nous fait lever les yeux vers la Patrie, nous rappelle à la réalité de notre situation en ce monde, où nous n'avons qu'une chose à faire : mériter le bonheur éternel ! »

L'année suivante, en 1893, elle lui écrivait :

« Ma toujours très chère enfant, malgré les années. Vous savez que je voudrais de vous une petite pratique excellente dans la vie : prendre toujours les choses par le meilleur côté. Je tâche de le faire aussi, et, quand vos lettres n'arrivent pas, je trouve de fort bonnes excuses, sans compter votre filial souvenir. »

Par quelle touchante bonté et quelle maternelle tendresse, elle savait répondre à la filiale confiance :

« Ma fille chérie, quoique vraiment trop imparfaite.

« Parlons de vous d'abord ; je compatis tant à vos peines ; je vous plains et j'essaie de vous excuser un peu. Mais je voudrais voir en vous la femme forte qui porte sa croix en regardant le ciel, qui, avec sérénité, endure tout de la part des autres et ne songe qu'à alléger les souffrances autour de soi. Vous tâcherez de faire ainsi, n'est-ce pas ? »

Une autre fois elle lui disait : « Comme les mamans, j'excuse bien vite et, de plus, je compatis à tout ce tracas qui vous devient pesant ; reposons-nous vite dans le cœur à cœur. »

Quand le deuil et l'affliction touchaient l'âme de ses chères enfants, elle relevait leur courage par des lignes comme celles-ci :

« Ma chère enfant, ils seraient si méritoires ces jours que vous passez dans l'abattement ! Voyez, ils s'écoulent rapidement ; en voilà quarante dans l'éternité, depuis l'heure où le *Fiat* douloureux vous a été demandé. N'en laissez plus perdre ; que vos peines, en vous montrant le néant de cette pauvre vie, vous portent à travailler avec ardeur à l'œuvre de votre sanctification. Pourquoi ne vous exercez-vous pas à produire les sentiments si chrétiens de ce vertueux Nadau des Islets qui, dans un tremblement de terre à la Guadeloupe, vit engloutir, en deux minutes, sa fortune, sa femme et ses enfants ? Soutenu par ses croyances et sa fidélité à la grâce, il écrivait : « Je suis calme et résigné ; je m'incline avec respect sous la main de Dieu ; je vais plus loin, je le remercie, car pourrais-je supposer qu'il n'a pas eu un but digne de Lui ? »

La jeune mère, consolée par ses paroles pleines de foi, sentit son courage ranimé devant le berceau vide.

Dans une autre douloureuse circonstance, elle adressait ces lignes :

« Chère enfant, c'est avec la plus tendre sympathie que je vous envoie des consolations. Hélas ! pour vous comme pour presque toutes les âmes, se réalise le plan divin qui hâte le travail à mesure que les années s'écoulent et que le temps qui reste s'amoindrit.

« Le bon Dieu veut faire de vous une sainte, et il taille, il taille dans le vif. Vous lui avez dit sincèrement : « Me voici, frappez ; mais avec mon âme, sauvez celles qui doivent m'être un jour unies pour l'éternité ! »

« Et Notre-Seigneur vous a prise au mot parce que vous êtes très chère à son Cœur adorable. Donnez-lui donc la gloire de vous abandonner à sa miséricordieuse providence, de vous confier à son amour ! »

Elle écrivait à la même :

29 juin 1893.

« N'avez-vous pas des moments où vous voyez que les heures passées à souffrir ont une valeur incomparable ? et où vous répondez aux douloureuses épreuves par un élan d'ardente reconnaissance ? Il en sera toujours ainsi quand vous tiendrez les yeux fixés sur l'Eternité qui s'approche. »

1ᵉʳ juillet 1894.

« Oui, vous pouvez dire avec le modèle que l'Ancien Testament offre aux souffrants de la terre : « Seigneur, vous m'éprouvez d'une manière admirable ! » Le Bon Maître ne vous demande pas de longs exercices de piété ; mais plus que jamais, il vous dit : Priez sans cesse par les cris de : Oui, mon Dieu ! — Cœur de Jésus, je vous confie tout ! — Notre-Dame du Sacré-Cœur, assistez-moi ! »

Elle consolait encore une ancienne élève qui, après avoir attendu longtemps la conversion de son mari, l'avait vu revenir à Dieu, puis mourir après une longue maladie qui, pour les deux époux, avait été un long calvaire :

MA FILLE CHÉRIE,

« Tout est fini ! Votre mission est achevée et, j'en suis convaincue, le but de votre vie de sacrifice est atteint ! Votre mari tant aimé est sauvé pour toujours ! O ma fille, méditez les miséricordes de Dieu à votre égard, admirez sa bonté dans vos providentielles épreuves ! Qu'au fond de votre cœur, brisé par l'affliction, s'ouvre la source de cette joie mystérieuse qui découle des croix salutaires. »

A une de ses élèves qui avait eu la douleur de voir mourir un parent chéri, avant d'obtenir la grâce de sa conversion, elle écrivait :

« Je lis dans votre âme toutes les tristes pensées, les sentiments pénibles qui la déchirent en présence de ce coup terrible qui a brisé vos plus chères espérances. Mais, laissez-moi vous rappeler que le Seigneur a promis de ne jamais mépriser nos prières, d'exaucer toujours l'âme qui va à lui avec confiance et droiture. Si, par un de ces secrets jugements, devant lesquels il faut adorer et s'humilier, Dieu n'a pas voulu vous accorder la consolation de voir le fruit de vos prières, n'a-t-il pas, du moins, mille moyens de les réaliser ?

« Quel temps lui faut-il à Lui, le Tout-Puissant, pour éclairer et transformer une âme ! Et qui peut dire ce qui se passe dans l'instant suprême où l'éternelle lumière brille aux yeux qui se ferment pour le temps ? »

Quand un cœur filial lui demandait affectueusement des nouvelles de sa santé, à elle, c'était par de charmantes lignes, comme celles-ci, qu'elle répondait :

26 décembre 1891.

Ma toujours très chère enfant,

« Puisque vous le voulez, commençons par les nouvelles de ma santé, puisque ce sont les premières que me demande votre filiale tendresse. Je vais bien, sauf que mes jambes me sont un memento de mes bientôt soixante-deux ans. Que voulez-vous, ma fille ? il faut bien que vieillesse arrive quand jeunesse a passé ! Heureuse encore d'en être quitte actuellement pour une lenteur plus gênante et disgracieuse que douloureuse. Je me soigne et l'on me tient bien chaudement !.. Cette fois, vous ne vous plaindrez pas que ce chapitre est trop court !.. »

Ces pages de la correspondance de notre mère ne seraient pas complètes si nous n'y insérions quelques fragments des lettres adressées à son amie d'enfance, à sa chère Nelly. Elles se tutoyaient dès leurs premières années, et cette amitié précieuse, nous l'avons dit, n'eut jamais d'ombre.

Notre Mère lui écrivait :

29 septembre 1881.

« Et moi aussi, je t'envoie des souhaits, ma bien chère sœur et amie. Te dire qu'ils son sincères, affectueux, ardents, est inutile, tu le sais, tu en connais aussi l'objet et l'étendue. *Tout* ce qui peut te rendre heureuse et sainte, je le demande à notre si bon Père du Ciel.

« Veux-tu que nous soyons unies dans la résolution de faire de 1882 *notre année de la prière* ? Dans notre indigence personnelle, ce sera notre secret pour nous enrichir : nous offrirons le Sacré-Cœur de Jésus comme notre adoration, notre louange, notre réparation, notre supplication, notre action de grâces. La prière sera notre clé des trésors divins où nous puiserons en faveur de nos familles chéries et pour donner à tous. »

Notre Mère s'intéressait à tous les membres de la famille de son amie. Quand la fille de

Madame Nelly R. eut terminé son éducation au Sacré-Cœur d'Alger, et que de brillants succès eurent couronné ses études, notre bonne Mère écrivait à cette charmante jeune personne :

« Je ne veux point tarder à vous féliciter de vos succès, ma chère enfant. J'en suis heureuse pour la joie qu'ils vous ont causée et pour celle, peut-être plus profonde encore, qu'ils ont procurée à vos bons parents. Ne trouvez-vous pas, ma chère Louise, que cela fait rêver au Ciel ? On y voit une clarté légère du ravissement que nous éprouverons un jour, quand, le grand travail de la vie étant terminé, Dieu nous examinera et nous dira : « Venez, bonne et fidèle servante, recevez la couronne ! »

« Et alors, tout de bon, ce sera fini avec les inquiétudes et les peines. Ce sera le succès complet, éternel, la joie sans mélange ! Quelle délicieuse méditation que celle où l'on savoure de telles et très sûres espérances ! »

Notre Mère prenait sa part de toutes les joies ou tristesses de son amie. Quand un petit ange de plus venait réjouir le foyer elle écrivait :

11 mars 1895.

Chère sœur toujours,

« Dieu soit béni des fleurs qu'il met sur ton chemin, pour en adoucir les tristes ombres et les épreuves. Que ce nouveau petit ange soit votre joie à tous ! Que ces deux enfants chéris grandissent et deviennent parfaits comme leur jeune mère à qui j'offre mes meilleurs souhaits. »

Puis, quand Dieu venait chercher un jeune élu dans la famille de son amie, notre Mère envoyait ces lignes de consolation :

15 décembre 1895.

« Je la comprends cette immense douleur du 26 octobre ! ces poignantes angoisses des jours précédents ! ce vide désolant qui a suivi. Et puis, ce mystère de la maladie et ces inquiétudes.

« Devant cette divine conduite, on ne peut que se prosterner en disant : Mon Dieu, j'adore vos desseins impénétrables !

« Que valent-ils ces jours douloureux ? Combien sont-elles comptées ces heures ? Ce sont des années, des siècles peut-être dans la balance de la Justice. Tes actes de soumission,

malgré ton amère tristesse, la sublime piété
de la jeune mère seront des diamants éternels
d'une valeur inestimable. »

Les gracieux petits billets de notre Mère
étaient aussi lus avec bonheur par ses chères
élèves ; l'une d'elles qui terminait ses seize
ans, recevait ce petit mot : « Finissez-la bien,
chère enfant, cette précieuse et seizième année ; consacrez ces trois derniers jours à l'action de grâces et à la réparation, vous avez tant
reçu de Dieu en ces instants écoulés ! Mais Lui
a-t-il assez reçu de vous ? »

En prêtant quelques bons ouvrages, elle
donnait ce conseil :

« Quand vous rencontrerez des pensées selon votre cœur, goûtez-les, faites-les pénétrer
en vous, ou mieux encore, par un sentiment
d'humble et fervente prière, faites-y descendre
la rosée du Ciel. Et puis, enrichissez votre petit journal d'excellentes notes. »

Une de ses élèves, malade, recevait ce billet :

« Depuis que je vous sais souffrante, ma
chère M., mon cœur a franchi souvent le mur
qui nous sépare, il me semble que vous devez
sentir combien je suis auprès de vous par la
pensée et la prière.

« Vous voudriez, néanmoins, entendre le petit mot pieux de nos entretiens, n'est-ce pas,
chère enfant ? Je vous envoie une gravure que

vous fixerez près de votre lit et qui vous parlera pour moi. Ah ! que je serai contente de vous si, quand vous viendrez me voir, vous pouvez me dire que vous avez réalisé cet emblème, si bien fait pour vous, et que vous êtes restée patiente, paisible, sereine sur la croix que le Cœur de Jésus vous a choisie, répétant, même quand la souffrance est amère :

« Ah ! Seigneur, c'est la croix de votre bon plaisir ; je l'accepte, je l'aime et ne veux plus choisir ! »

« Et puis, vous vous souviendrez que la douleur passe, tandis que le mérite acquis reste pour toujours ! »

CHAPITRE IX

Histoire d'une âme dirigée par Madame Marie-Claire.

Aimer fortement et chrétiennement une âme, c'est s'attacher à elle pour la sauver à tout prix ; c'est diriger vers ce but tout ce qu'il y a en nous d'esprit surnaturel, de dévouement, de savoir-faire, c'est multiplier autour d'elle, toujours avec beaucoup de tact, de délicatesse et même de mystère, les moyens qui peuvent la porter au bien, à la vertu, à Dieu ! Notre Mère avait cette passion des âmes ! La petite histoire que nous insérons ici, montrera avec quelle tendre sollicitude elle les poursuivait affectueusement et maternellement, ne se reposant qu'après les avoir fait parvenir au degré de perfection où elles étaient appelées. Heureuses les jeunes

filles qui, comprenant ses pieux désirs, se livraient à elle, confiantes et simples !

Nous pourrions intituler cette histoire :
une lutte. Nous admirerons en même temps,
et l'énergie généreuse de la combattante, et les
délicates tendresses de la douce mère, trouvant toujours accès dans ce cœur filial qui s'a-
bandonnait à elle sans réserve.

Mlle L... vint au pensionnat en 1863, elle
était dans sa quinzième année ; son caractère était plutôt sérieux que gai ; elle aimait
l'étude, elle se montrait aimable et polie
avec ses maîtresses et ses compagnes ; mais
cette sorte de régularité ne nous faisait pas
illusion au sujet des dispositions de la jeune
personne. En la suivant de près, on reconnaissait facilement une âme qui, non seulement
n'avait nulle idée des vertus chrétiennes, mais
qui était déjà toute imprégnée de l'esprit du
monde. Ce n'était pas une de ces naïves enfants chez qui le terrain du cœur est tout prêt
à recevoir la bonne semence de l'éducation.
Un grand travail était à faire ; il fallait arra-
cher une à une les nombreuses maximes mondaines qui avaient déjà pris en elle de profondes racines ; la chère directrice ne s'effraya
pas et prit sa tâche à cœur.

La première année de pension s'écoula,
n'amenant pour heureux résultat que deux

choses, qui semblaient peu, en comparaison de ce qu'il y avait à faire, mais qui étaient pourtant un gage d'espérance pour l'avenir : Mlle L... s'était fortement attachée au couvent, et elle avait pris dans ses rapports avec Mère Marie-Claire l'habitude d'une si admirable franchise que, dès lors, ses pensées et ses sentiments les plus intimes ne lui furent plus un secret. Bien que Mlle L... agît d'abord en cela sans vues surnaturelles, elle ne tarda pas à en ressentir les salutaires effets. Peu à peu, elle connut ses défauts, elle pria, et avec la prière, s'ouvrit pour elle la vie de mérite.

A sa seconde année de pension, elle passa en première classe, et commença, dès la rentrée, un petit journal qui devint le miroir de toutes ses dispositions, et le tableau fidèle de cette longue et vive lutte dans laquelle la grâce et le monde se disputèrent son cœur. Mère Marie-Claire suivait attentivement les progrès de cette enfant chérie, sur laquelle Dieu semblait avoir d'admirables desseins ; c'est avec bonheur qu'elle commença d'apercevoir dans ses écrits, des sentiments de vraie piété. A la mort d'une personne chère, Mlle L... écrivait : « La voilà en possession de sa couronne ; elle a oublié ses peines et jouit d'un bonheur éternel ! Que faut-il que je fasse ? Ah ! je dois tourner mon cœur vers Dieu et l'Eternité ! » Mère Marie-Claire tressaillit de joie ; elle rendit grâces au Seigneur pour cette âme qui commençait à marcher dans les sentiers de la vie, illuminée par les vues de l'Eternité ; elle pria et espéra.

Un peu plus tard, une pieuse amitié apporta à Mlle L... son doux et fortifiant secours. Elle écrivait : « Il y a 15 jours que je suis liée avec Mlle G.., notre amitié a été amenée par notre zèle à multiplier nos petits actes de vertu. Quelquefois, je me sentirais portée à laisser nos pieuses pratiques ; mais Mlle G... m'encourage et je m'y remets. »

Les deux amies marchaient ainsi de vertu en vertu, et leur ange visible suivait avec tendresse ces âmes si chères, et se réjouissait de leurs progrès spirituels.

C'est en grande partie à cette douce amitié que Mlle L... dut de passer insensiblement des sentiers de la légèreté dans ceux de la piété, où elle marcha d'abord avec un peu d'hésitation et d'inconstance, et où elle s'élança ensuite avec fermeté pour y voler jusqu'à la fin.

Dès le début, elle sentit même quelques désirs de cette perfection dont elle éprouva, depuis, une soif ardente. Mère Marie-Claire se gardait bien de les ralentir, et lorsque cette chère enfant lui écrivait : « Je vois que la souffrance est le chemin du ciel, je veux aimer à souffrir ; » la douce et ferme directrice répondait : « Ma fille, commencez par endurer avec patience les petites contrariétés qui vous sont ménagées par la Providence. » Et la jeune âme, comprenant les leçons de sa mère, souriait aux petites difficultés et aux ennuis de sa vie de pensionnaire.

Le terme de cette seconde année arriva rapidement ; mais si la jeune fille n'était pas riche en vertus, ses défauts avaient sensiblement diminué. Elle s'éloigna de la ruche bénie avec le doux espoir d'y revenir encore quelque temps, et pendant les deux mois de vacances, une active correspondance s'établit entre la bien-aimée directrice et son enfant chérie.

« Vous vous rappelez nos petits convenus, n'est-ce pas ? lui écrivait Mère Marie-Claire ; ils sont faciles à mettre en mémoire : être pieuse et laborieuse ; vous savez que c'est là tout ce que je demande de vous, et votre bon cœur d'ailleurs vous y porterait lui-même. »

Notre vénérée Mère inculquait dans l'âme de ses élèves ce qui remplissait sa vie : prière et dévouement.

Un peu plus tard, elle lui écrivait :

« Je suis contente de vos premiers pas dans le monde ; vous y avez semé quelques-uns de

ces précieux grains qui germent ensuite et
ombragent le reste de la route. Votre modestie, votre réserve, vos sacrifices, feront grandir dans votre cœur le mépris de ce monde
frivole et passager qui mérite si peu les hommages qu'on lui rend !.. Cultivez ce dégoût
que vous inspirent les paroles libres, les mé-
chantes railleries, les ridicules vanités ; tenez
votre âme élevée dans une atmosphère plus
pure et plus noble : l'innocence, la bonté,
l'estimable simplicité sont seules dignes de
vos sympathies.

« Je laisse à Notre-Seigneur le soin de décider de votre avenir ; dans son amour, il choi-
sira la vocation la meilleure pour vous. Mais
qu'importe la position qu'on occupe et l'horizon qu'on habite ? partout on a le même but
à atteindre, toujours il n'y a que la vertu qui
fasse le bonheur. Si ma chère L*** n'a jamais
l'habit religieux, j'espère qu'elle aura constamment le cœur religieux. Oh ! comme je
l'envie pour le divin Jésus, ce cœur bon et
droit, qui saura s'attacher généreusement à
Lui ! Donnez-moi des détails sur vos lectures
et continuez votre *Journal*. Avec quel plaisir
je le lirai, quelque jour, pour y constater les
heureux progrès de votre âme ! »

On le voit, la sage directrice laissait agir la
grâce, et tout en encourageant cette âme bien-

aimée, elle confiait à Notre-Seigneur le soin de l'éclairer.

En octobre de la même année 1865, la piété de la jeune fille chancela ; mais son cœur se tourna vite vers la ruche bénie ; il s'épancha dans celui de sa Mère bien-aimée, et nous lisons en réponse :

« Ma fille chérie, vous voyez donc le monde tel qu'il est ! La sainte Vierge qui vous aime n'a pas permis qu'il se voilât pour vous illusionner et vous trahir ; je regarde cette connaissance immédiate de la vérité comme une grande grâce, et j'espère que votre âme en fera son profit. La chose qui actuellement m'inquiète à votre sujet, c'est votre imprudence au sujet de la lecture. Lamartine est un des auteurs qui vont le moins à votre caractère ; cet indigne mélange de pieux et de profane, ces chutes soudaines, du ciel dans la boue des viles passions, peuvent blesser la droiture de votre âme. Faites, pour plaire à Dieu, le sacrifice de ces dangereuses distractions ; remplacez les lectures frivoles par le travail manuel, l'étude, les occupations du ménage, la prière. Oh ! remettez-vous à prier ! là est le repos de l'esprit, la paix du cœur ! »

La jeune fille, toujours docile aux conseils maternels, pria, et peu à peu, la douce joie reparut dans ses lettres, et le désir de revenir au

Saint-Cœur, pour y mériter la faveur d'être reçue enfant de Marie, fut un projet mis bientôt en exécution. La dévouée directrice accueillit son enfant avec une tendresse toute maternelle.

Les six mois qui s'écoulèrent encore au pensionnat furent pour Mlle L... des jours de lutte, de victoire, d'avancement spirituel, et celle qui avait écrit, un an avant : « Je veux aimer la souffrance ! » eut à en goûter l'amer calice. Sa santé, d'ailleurs bien délicate, donna des inquiétudes ; son père la rappela : c'était en mai 1866. La veille du départ, elle reçut le cœur d'enfant de Marie ; ce fut le viatique qui devait l'encourager et la soutenir dans les difficultés de sa nouvelle position.

Ces difficultés ne se firent pas attendre ; la pieuse enfant de Marie ouvrit son cœur à celle qui savait toujours si bien répondre à sa confiance. Nous lisons dans la réponse de notre Mère :

« Vous avez été ébranlée dans le premier choc du combat, pauvre chère enfant ! mais vous n'avez pas été vaincue ; vous allez vous relever avec courage et bientôt vous serez tout entourée de trophées glorieux.

« Ne dites pas et ne croyez pas être dans une position désespérante, rentrez en vous-même et connaissez mieux votre propre cœur.

N'est-ce pas que, douée d'une volonté pleine d'énergie, vous vous sentez capable d'efforts héroïques ? Dieu qui a mis en vous un germe de grandes vertus, vous a placée dans le champ où il doit se développer. Soyez pleine d'espérance, vous êtes plus forte que tous vos ennemis ; de plus, Marie vous a couverte d'un bouclier préservatif, et les anges du Ciel sont prêts à vous aider toujours ! »

Nous avons sous les yeux la correspondance suivie de l'excellente directrice ; à chaque lettre, nous voyons tantôt les encouragements pour les victoires gagnées, tantôt des reproches tous maternels, comme ceux-ci : « Je ne suis pas satisfaite de votre générosité, vous n'allez pas à Dieu avec une volonté assez déterminée, et vous savez pourtant qu'à tous, *mais à vous surtout*, il est impossible de servir Dieu et le monde. Mettez donc tout votre cœur dans ce sublime travail de votre sanctification, et si, extérieurement, vous êtes obligée à des relations perpétuelles avec le monde, il faut que votre cœur soit fermé à son amour. » Elle ajoutait : « Je ne m'étonne pas que la vanité relève la tête, à présent qu'elle se trouve dans son élément, elle ne pouvait pas être si tôt morte. Faites-en la matière de glorieux triomphes, jouez-lui souvent quelques bons tours que vous me raconterez. Je prie pour vous avec une tendresse d'amie et de mère. »

Quand le précieux germe de la vocation commença à se montrer, la jeune fille écrivait : « C'est extraordinaire comme mes idées ont changé ! A mesure que je vois le monde de plus près, il m'inspire un profond dégoût. Quoi! pour plaire à des gens évaporés, il faut faire toutes ces grimaces ! oh ! non, je veux quelque chose de plus noble et de plus grand. Je veux Dieu seul et me sacrifier pour Lui ! Je veux être religieuse et bientôt ! »

C'est alors que Mlle L... commença dans le monde, cette vie d'immolation qui devait se continuer dans le cloître. Notre Mère lui montrait sa joie et lui écrivait : « Je suis heureuse de vos dispositions, chère enfant ; oui, vos pieux projets peuvent avoir leur réalisation. Il y a en vous un cœur capable de se donner généreusement à Dieu! »

La lutte dura deux ans. En septembre 1868, la jeune fille vint passer quelques jours dans le cloître. Elle fit une retraite, pendant laquelle Notre-Seigneur l'attira fortement à lui ; elle retourna dans sa famille, fermement résolue à briser au plus vite tous ses liens. Elle prépara tout pour l'accomplissement prochain de ses pieux projets et s'exerça aux vertus de la vie parfaite. La sage directrice calmait l'en-

thousiasme de cette âme ardente qui ne sou-
pirait que pour le cloître. Elle lui écrivait :

« Je vous dirai, ma fille, que j'envisage
votre âme pleine de pieux désirs, comme le
champ de blé alors que les épis commencent
à se dorer ; la récolte s'annonce belle, mais
il faut passer encore par quelques jours
d'orage ; prions Dieu qu'il garde cette précieuse moisson et qu'il la fasse parvenir à sa
complète maturité. »

Ces jours d'orage prédits par sa bonne Mère,
Mlle L.. ne tarda pas à en sentir les effets.

Par convenance, elle dut suivre son père et
prendre part aux fêtes mondaines. La pieuse
directrice, justement alarmée, lui écrivait :

« Je désire beaucoup que vous n'alliez pas
au bal ; présentez simplement vos raisons à
votre père, s'il ne les accepte pas, ne cédez
qu'à un ordre formel ; alors portez dans le
monde : 1° une parfaite modestie ; 2° la pensée de Dieu ; 3° la privation des critiques et
des conversations qui nuiraient à votre âme.

« Dans ces conditions, vous n'irez pas dans le
monde par choix, vous irez malgré vous, avec
un cœur rempli d'esprit de sacrifice, et Dieu
sera content de vous. Allons, chère petite
sœur, courage et confiance, paix et générosité.

« La vocation est quelque chose de permanent parmi les difficultés ; c'est une lumière qui

brille malgré le chaos dans lequel l'âme semble parfois plongée ; c'est l'appel de Dieu que
tous les bruits du monde ne sauraient couvrir, pourvu que l'âme veuille l'entendre. »

Cet appel, Mlle L... ne pouvait le méconnaître, la douce voix de sa Mère bien-aimée
lui redisait ces paroles :

« Si vous vous décidez pour le cloître, que ce
soit pour y vivre dans l'humilité, le renoncement, l'oubli du monde et les préoccupations
de l'Eternité. »

. . . .

Et pourtant, le monde souriait encore parfois à cette jeune âme, et l'ennemi du salut lui
tendait des pièges. Mlle L... toujours arrêtée
sur la pente fatale, envoyait, quelque temps
après, ce seul mot à sa Mère du cloître :

« Tout est fini : je ne suis plus du monde,
je connais la vanité, je veux la vérité. »

Après des luttes, des sacrifices et des obstacles de tous genres, l'heureuse enfant de
Marie vint demander humblement une place
dans l'asile bien-aimé ; elle entrait au port le
4 janvier 1869.

Fidèle à sa devise : amour et sacrifice, la
jeune postulante fit des progrès rapides ; rien
ne lui coûtait, et elle s'écriait avec élan : « Oh !
que n'ai-je su plus tôt combien il est doux
d'aimer Dieu et de se vaincre pour Lui !...

Après huit mois d'épreuves, l'heureuse novice, fiancée de Jésus, cachait sous son voile blanc une joie inexprimable. « Je veux, disait-elle à la chère confidente de ses pensées, je veux être aussi humble que j'ai été orgueilleuse ; me voilà admise, moi si coupable, au milieu d'âmes rayonnantes d'innocence ; il faut que je sois la dernière parmi elles, que je sois avide d'humiliations, que j'entre courageusement dans la voie d'expiation... »

Elle tint parole ; animée par les exemples qu'elle avait sous les yeux, pleine d'ardeur pour l'œuvre de sa perfection, Madame Marie-A., devint une Novice selon le Cœur de Dieu. Son amour pour la souffrance alla toujours croissant ; et devenue, deux ans plus tard, l'épouse de Jésus, elle embrassa la croix avec un élan plein de générosité.

Dans une constante immolation, elle savoura le bonheur de la vie religieuse ; quatre ans suffirent pour tresser sa couronne. En 1873, cette jeune et fervente épouse de Jésus entrait dans l'Eternité vers laquelle, depuis trois ans, elle avait tenu son regard fixé, et pour laquelle elle avait généreusement méprisé le monde et s'était méprisée elle-même.

Le but de la sage directrice était atteint : elle avait donné une âme à Jésus !

CHAPITRE X

Supérieure. Fondation d'Entrevaux

Ce fut le 12 septembre 1882, que sœur Marie-Claire fut nommée supérieure. Ce qu'elle avait été pour les enfants, comme directrice, elle le fut, à un degré plus éminent encore, pour les âmes de religieuses que Dieu lui confiait. Elle les gagna toutes à son cœur pour les gagner toutes au Cœur de Jésus.

Elle possédait, à un très haut degré, l'art difficile de se faire respecter comme supérieure et de se faire aimer comme la meilleure des mères. On peut dire qu'elle réunissait les trois forces dont parle un illustre évêque : la force de caractère, la force de tendresse et la force d'immolation. Cette triple force, elle la puisait sans cesse au contact du Sacré-Cœur, auquel elle s'unissait de toutes les aspirations de son âme.

Après son élection, notre Mère nous assura que, de tout cœur, elle travaillerait au bien des âmes ; mais, ajouta-t-elle, « je ne serai pas seulement pinceau ; au besoin je deviendrai ciseau pour vous tailler et vous perfectionner de plus en plus. » Cette parole ne nous fit pas peur, car nous savions que, en elle, la bonté s'alliait toujours à la fermeté.

Mais une sœur, au caractère un peu craintif, prit à la lettre l'avertissement de notre Mère, et, sous l'impression qu'elle en avait reçue, elle lui écrivit pour lui communiquer ses appréhensions. Voici le petit billet qui lui fut répondu :

« Non, ma chère enfant, votre lettre n'a pas été une épine pour moi, mais bien une douce petite fleur ; Jésus a voulu unir nos cœurs par le trait d'union de sa croix, gage assuré de la solidité et des fruits éternels de toute union.

« Dans l'exquise délicatesse de son amour pour votre âme, qu'il veut toute détachée, pure et généreuse, il ôte le naturel de nos rapports. Qu'il en soit béni ! Tout sera entre nous selon son Cœur et pour votre vraie sanctification.

« Je supplie les Sacrés-Cœurs de Jésus et

de Marie de serrer fortement le vôtre contre les leurs. »

Après les premières semaines de supériorat, notre Mère écrivait :

« O Jésus, mon très bon Maître! J'ai fait un pas vers le bienheureux moment où je quitterai ce monde d'épreuves et où je m'unirai pour jamais à vous! Merci! ayez toujours pitié de nous. » Et cette prière confiante: « O notre Père, donnez-nous notre pain quotidien, celui qu'il faut à notre âme et que seul vous connaissez. Choisissez-le, selon le bon plaisir de votre amour pour nous, pain de la consolation ou de l'épreuve, de la lumière ou des incertitudes, de la force ou de la faiblesse! »

Le 11 novembre, elle écrivait les résolutions suivantes: «1° Autant que possible, dire en particulier ce qui blesserait en public. 2° Eviter de faire remarquer les manquements inaperçus. 3° Prier, rester unie au Sacré-Cœur! Sans lui, oh! que vite échappe un mot regrettable! »

Toute entière à ses devoirs, notre Mère se faisait la servante de chacune de ses filles. Le pensionnat n'échappait pas à son heureuse influence; elle ne cessait de l'entourer de sa plus tendre sollicitude. A leur tour, les élèves saisissaient toutes les occasions de lui témoigner leur filiale gratitude. On avait choisie, comme directrice, madame Marie-Ursule qui avait toujours été l'aide intelligente et dévouée de notre Mère, et qui devait continuer de diriger le pensionnat avec une douce fermeté. Le 21 novembre, fête de sainte Ursule, les élèves jouèrent, en l'honneur de leur nouvelle directrice, une petite pièce composée pour la circonstance. On y représentait l'action providentielle de Dieu sur notre Mère, depuis un an surtout : l'ange du pensionnat obtenant sa guérison ; puis, après l'élection de sœur Marie-Claire à la charge de supérieure, l'ange se plaignant à Dieu de se voir enlever son auxiliaire auprès des enfants ; la sainte Vierge le consolait par ces touchantes paroles :

« Écoute et sèche tes pleurs ; le soleil, à l'aurore, semble toucher les hauteurs, les échauffe-t-il mieux ? verse-t-il plus de lumière qu'en plein midi, lorsque, du centre des cieux, il lance ses rayons à travers des distances presque infinies ? Non... plus l'astre est élevé, plus chauds sont ses rayons.

« Ainsi le doux soleil qui guidait les jeunes âmes confiées à tes soins, est monté plus haut pour rayonner plus sûrement.... »

Un gracieux chant, célébrant la bonté des deux Mères et de la nouvelle directrice, terminait cette charmante scène.

Le 23 novembre fut marqué par une épreuve. Ecoutons notre Mère la raconter elle-même.

« Une croix inattendue a couvert cette journée de son ombre amère et bénie. A 4 heures du matin, notre Mère du Cœur a été prise d'un violent mal de côté. Le mal était si intense qu'elle a voulu se confesser. La douleur s'était un peu calmée quand, vers 9 heures du soir, une syncope redoubla nos alarmes. Le docteur fut appelé pour la troisième fois. Et tandis que notre chère malade faisait à Mère Marie de Chantal ses dernières recommandations, je promis au Vœu National une pierre de 120 francs. A partir de ce moment, le mieux commença et alla en progressant. »

Le 7 décembre, anniversaire de son entrée en religion, elle écrivait cette prière, pieux élan d'une âme débordant d'amour et de reconnaissance : « O Marie, conçue sans péché ! Que tous les battements de mon cœur, que toutes les pulsations de mes veines vous répètent mon cri d'amour et de reconnaissance ! Je vous dédie, ô Mère miséricordieuse, ma 35e année de vie religieuse : de votre bonté, ô pleine de grâces, j'attends le bonheur de servir les intérêts de votre Cœur immaculé et du Cœur adorable de Jésus ! »

Et à la fin de janvier 1883 :

« Encore un mois de l'épreuve fini !.. Cœur de Jésus, soyez mon tout ! Cœur de Marie, protégez-moi ! »

N'est-ce pas faire connaître notre Révérende Mère dans ce qu'elle a de plus intime, que de multiplier les citations. Voici la prière qu'elle écrivait en février :

« Merci mille fois, Cœur adorable de Jésus, de la condition délicieuse que vous faites aux âmes qui sont à vous ! Avant tout, vous leur accordez la grâce de sentir, de voir avec évidence leur impuissance absolue ; vous leur inspirez ensuite la confiance en vous. Vous alimentez ce double sentiment par la continuelle expérience de leur profonde misère. Des oublis réitérés, des fautes journalières les tiennent en garde contre l'amour-propre. Et leur confiance est sans cesse fortifiée par une assistance pleine de miséricorde, des préservations merveilleuses, des secours dont on ne peut méconnaître l'auteur plein de tendresse.

« O Cœur de Jésus, je suis à vous pour l'Eternité ! »

Le 12 mars, elle ajoutait :

« Voilà six mois, Cœur adorable de Jésus, que vous me conduisez avec une ineffable bonté. Je vous consacre ce nouveau trimestre. J'espère en vous ! »

Au mois d'août, le pensionnat lui prépara un des bouquets de fête les plus chers à son cœur. Toutes les élèves qui avaient donné à leurs maîtresses, pleine satisfaction, eurent le droit de lui offrir une fleur de sagesse, accompagnée d'une petite légende.

Voici quelques-uns de ces gracieux quatrains :

LA ROSE

Si la rose odorante
Est la reine des fleurs,
Vous, Mère bien aimante,
Vous l'êtes de nos cœurs !

L'EGLANTINE

L'Eglantine joyeuse,
Emblème du bonheur,
Redit qu'on est heureuse,
Près de vous, au Saint-Cœur !

LA ROSE MOUSSUE

Par la grâce divine,
Je veux être toujours
La rose sans épine,
Qui charmera vos jours !

LE MUGUET

La corolle printanière
Du petit muguet des bois,
Pour vous redit mille fois :
Je vous aime, bonne Mère !

. . . .

A la fin du mois d'août, eut lieu notre retraite annuelle ; notre Révérende Mère écrivait cette réflexion :

« Les supérieurs sont la lune des âmes : leur lumière n'est pas d'eux. Heureux si, se tenant bien en face du divin soleil, ils en reflètent les rayons ! Ils sont souvent, ou quelquefois du moins, les plus petits des astres. Pour eux, peut venir le dernier quartier : heureux si leur lumière ne diminue pour la terre que pour grandir du côté du ciel. O Vérité, ô union à Jésus ! »

Le 2 septembre, jour de la clôture, elle écrivait ces trois mots qui étaient sans doute le résumé de ses résolutions : « Abandon, confiance, joie de l'immolation !... »

Notre-Seigneur allait lui donner une occasion de lui prouver son amour.

Depuis quelques années déjà, il était question de fonder une maison de notre Congrégation, à Entrevaux, dans les Basses-Alpes.

Notre Révérende Mère du Cœur était allée, en 1880, visiter l'emplacement. Le projet, laissé quelque temps en suspens, avait été repris, et, dans le courant de 1883, tout fut définitivement conclu. Le 12 septembre, Mère Marie-Claire et son assistante, Mère Marie de Chantal, dans un voyage de trois jours, visitèrent le Parc de Glandèves, situé à peu de distance d'Entrevaux, qui devait être nôtre troisième monastère. Le jour même du départ, notre Mère écrivait dans ses notes :

12 septembre 1883.

« Un an aujourd'hui, Cœur de Jésus, que vous daigniez me choisir pour votre pauvre instrument. Que vous avez été bon, miséricordieux, admirable !

« Les paroles ne peuvent le dire ! Et dans cet anniversaire, vous m'envoyez à Entrevaux pour vous préparer un autre sanctuaire. O mon Maître, je pars avec confiance pour accomplir vos desseins adorables, quels qu'ils soient. Je me livre totalement à vous. Je ne désire rien, je ne vous demande rien, sinon de me tenir intimement unie à vous et de me faire vivre de votre seule vie ! »

Voici quelques-unes des lignes qu'elle nous adressait pendant le voyage ; elles feront connaître les hautes régions dans lesquelles habitait continuellement sa belle âme :

Veynes.

« Jusqu'à présent, j'ai été saisie par la vue de la belle nature. Quelle admirable image de la vie, de notre vie surtout, mes chères sœurs, où reposant dans le doux vagon de la volonté divine, nous voyons les jours se dérouler si pleins de fleurs et de grâces ! Peut-être, arrive-t-il bien aussi à quelqu'une de voir, à certains moments, disparaître le bel horizon, et de se trouver devant un aride monticule de roches qui voile tout.

« Mais courage ! nous passons ! Bientôt, ce sera encore le large et céleste panorama. D'ailleurs, il faut que toujours nous puissions répéter comme la chère Mère Assistante vers laquelle je me suis penchée pour lui dire, à l'oreille : « A quoi pensez-vous ? — A quand arriverons-nous », m'a-t-elle répondu.

« Nous avons tout doucement commencé notre rosaire. Au deuxième mystère, je pensais que la sainte Vierge voyageait moins commodément que nous ; mais qu'assurément nos sentiments étaient un pauvre petit rayon des siens, auxquels nous nous unissions de toute notre âme. »

Serres.

« Nous allons bien ; en passant sous les tunnels, je me demandais : qui sait si, là-bas, aucune âme n'est sous la route sombre ? Son issue s'appelle : acte de confiance ; et voilà, aussitôt, le jour serein. »

Saint-Auban.

« Nous avons dit nos Vêpres. Il fait bon répéter le *Nisi Dominus*, quand on compte sur Dieu seul pour bâtir les maisons et pour garder les villes. Il est doux de semer ce beau *Magnificat* qui devrait sans cesse retentir d'un pôle à l'autre. »

10 heures du soir.

« Bonsoir, ma Révérende Mère et mes chères sœurs, que les anges du ciel aient des charges de sentiments généreux et d'actes de fidélité à porter au bon Maître ! »

Ce voyage, si court qu'il fût, eut des épisodes qui égayèrent plus d'une de nos récréations : la nuit passée dans une hôtellerie (si toutefois on peut l'appeler de ce nom) où elles n'eurent qu'un lit dont les draps n'avaient pas passé à la lessive ! puis, leur visite aux autorités de la ville.

Après quelques jours passés au Parc, notre Mère revint à Gap, avec sa chère assistante et, le 9 octobre suivant, elle repartait de nouveau, emmenant la petite colonie, composée de 7 religieuses qui devaient se fixer définitivement dans le doux nid choisi par la Providence.

Le voyage se fit par Marseille et Nice. Les lettres écrites aux différentes gares nous racontaient l'affectueuse réception faite, à Marseille, par des cœurs amis ; puis, le séjour de quelques heures, à Nice, où une ancienne élève offrit la plus délicate hospitalité. Que de fois notre Mère s'est plu à revenir sur ces détails ! elle avait conservé le plus reconnaissant souvenir de toutes les attentions dont elle fut l'objet de la part de ses chères anciennes élèves.

Les bulletins du voyage nous disaient : « Notre bonne Mère supérieure a ouvert pour nous consoler un cœur rempli de zèle et de tendresse. Elle est pleine de sollicitude pour les unes et les autres, pour les pieds froids, les âmes endolories, etc,.

Notre bonne Mère elle-même nous envoyait, d'une des stations, la lettre suivante dans laquelle elle cherchait à rasséréner les pauvres âmes qui auraient pu être troublées par le récent adieu :

« Ma bonne Révérende Mère et mes chères Sœurs, *Pax vobis !* Nos chères petites sœurs vous donnent les détails du voyage ; moi je vais seulement goûter avec vous le salutaire rafraîchissement que le bon Sauveur offre sans cesse à nos âmes. Il daigne le donner à nos voyageuses, je vois avec consolation le rayonnement qu'il produit sur leurs fronts. Là-haut, vous en êtes toutes enveloppées, n'est-ce pas ? Si quelqu'une n'était pas en pleine possession de ce trésor, qu'elle prenne doucement son âme et la mène au cœur de Jésus. Je dis : doucement, car ces pauvres âmes, il faut avoir bien soin de les mener par le raisonnement et la bonté. Je dis à chacune de vous, pour son âme à elle, ce que les mamans nous répètent tant de fois pour leurs enfants : Vous en ferez tout ce que vous voudrez, par la douceur ! Dites-vous donc bien à vous-mêmes, mes chères Sœurs, qu'il n'y a pas d'autres conditions au don divin de la paix céleste que d'y livrer vos cœurs en les abandonnant à Celui qui en est la source. Quand on est bien à Jésus, rien ne peut troubler ni inquiéter. »

A quelque distance du Parc, notre Mère dit à ses filles : « Recueillons-nous, offrons-nous aux saints Cœurs de Jésus et de Marie, et avant de franchir le seuil de notre nouvelle demeure, prions le Seigneur de nous bénir. »

On arriva à 4 heures du soir. C'est une charmante oasis que ce Parc de Glandèves, ancien séjour des évêques, et sanctifié aussi par les lévites du sanctuaire, dont il fut long-temps la demeure.

Dans cette riante solitude, on jouit d'un climat délicieux ; les eaux bienfaisantes du Var en baignent les abords ; de magnifiques ombrages y entretiennent une fraîcheur perpétuelle ; d'immenses champs de blé, des vignes luxuriantes, des figuiers, des grenadiers aux fruits exquis en font un vrai paradis terrestre. Mais malgré tous ces charmes, le Parc n'était pas le berceau de la vie religieuse ; on y trouvait matière à bien des sacrifices, sacrifices du cœur surtout, car il avait fallu quitter des mères et des sœurs tendrement aimées : heureusement, les âmes étaient généreuses.

Le reste de la soirée fut employé à dresser des lits, à la hâte. Notre Mère commença l'exercice de son autorité en choisissant la pièce la plus misérable ; le sol, sans pavés ni planches, en était si accidenté qu'il rappelait, nous écrivait-on, ces cartes géographiques où tout est en relief. Le premier souper avait été préparé par le domestique, notre bon Pierre ; les fourchettes manquant, on se servait de couteaux, et tous les cœurs étaient ravis de pratiquer la chère pauvreté.

Le lendemain, dans l'après-midi, et avec permission, on franchit la clôture pour visiter un grand bois situé sur une colline avoisinante, et qui faisait partie de la propriété. L'excursion fut charmante.

Notre Mère, toujours si habile dans la science de l'*intus legere*, communiquait à sa petite famille ses pieuses réflexions. Un goûter champêtre, le chapelet au retour, achevèrent la promenade, et l'on se cloîtra définitivement près du divin Prisonnier dont le seul Tabernacle est un horizon plus vaste que le monde. Notre Mère voulut tout d'abord confier la chère petite communauté au Très Saint-Cœur de notre Mère Immaculée, et elle envoya à Montmartre, pour la chapelle du Cœur de Marie, une pierre de 120 francs. On y grava les initiales *B. V. M. D. E. Bénissez votre maison d'Entrevaux.*

La plus douce occupation de nos sœurs fut d'orner, aussi bien que possible, la demeure de Jésus. On nous disait, après l'érection de la petite chapelle :

« Le bon Maître a un autel de plus sur la terre ; qu'il fait bon vivre porte à porte avec Lui, et faire ménage avec Notre-Seigneur, comme le disait une fervente novice du Sacré Cœur. »

Une sœur s'était écriée, en voyant tapisser de soie blanche l'intérieur du tabernacle : « O Saint Tabernacle, je voudrais te doubler de cœurs ! »

Les menus détails trouvaient aussi leur place dans ces lettres où tout nous intéressait. On nous écrivait : « Ne soyez pas fâchées de nous avoir prêté votre bon Pierre, il nous est très utile. L'autre jour nous lui disions : Il faut rester ici jusqu'à la Noël. — Moi ? répondit-il ; mais, s'il le faut, j'y resterai jusqu'à la fin du monde. »

On nous envoyait, parfois, l'écho des brûlantes paroles par lesquelles notre Mère communiquait à ses filles, quelques étincelles du feu qui consumait son âme :

« Les premières paroles que je vous adresserai ici, mes chères enfants, sont celles de l'Apôtre saint Paul :

« Ma vie est cachée en Dieu avec Jésus-Christ » et j'ajouterai : avec Marie ! car, nous surtout, nous ne pouvons pas séparer la Mère du Fils. Nous voilà beaucoup plus éloignées du monde qu'il y a huit jours ; mais Dieu n'ôte pas pour ôter ; s'il fait le vide, c'est pour remplir le vide lui-même ; il nous enlève le fini pour nous donner l'Infini.

« Notre vie est cachée avec Jésus-Christ, et il n'est rien que nous ne devions attendre de ce bon Maître ! »

Une des plus délicates attentions de la divine Providence envers la communauté du Parc, était de lui avoir donné une supérieure si dévouée et si bonne.

« Notre Mère se fond pour nous de soins, d'attentions, de dévouement, écrivait-on. Elle sait si bien nous grouper autour d'elle, que, si Jésus est le divin Soleil qui éclaire toutes nos âmes, elle en est encore un reflet visible. Grâce à elle, nos récréations sont charmantes ; à celle de midi, nous nous promenons dans l'enclos, découvrant sans cesse de nouveaux trésors que Crésus n'aurait sans doute pas enviés, mais qui provoquent nos joyeuses exclamations. La veillée n'est pas moins agréable ; dans la semaine, on y prépare le maïs. C'est le bon moment du jour, notre Mère a presque toujours en réserve quelque aimable missive de Gap, que nous lisons avec délices. Le dimanche, autre aspect : le loto et le domino charment la veillée, et c'est encore le dimanche que se font nos visites à l'intérieur des bâtiments ; elles sont intéressantes au suprême degré.

« Notre maison était, jadis, une ancienne abbaye, mais des vandales (on peut leur donner ce nom) ont tout bouleversé, saccagé, détruit.

« L'ancienne chapelle a été transformée en

grenier à foin : le bâtiment que nous habitons devait contenir des salles splendides, à en juger par les arceaux, les moulures, les traces magnifiques que nous découvrons presque partout. Le cœur se serre à la vue de tant de mutilations. »

Quand on allait vendanger, notre Mère était à la tête du groupe des travailleuses, et prenait sa bonne part de fatigues ; lorsqu'on lui disait de se reposer, elle regardait le Ciel en souriant.

Dans ces humbles occupations, son âme se livrait aux méditations les plus sublimes.

« Un jour, nous écrivait une de ses filles, tandis que nous étions à la cueillette du raisin, elle me dit : « Que Dieu est bon d'avoir fait naître là, pour nous, quand nous n'y pensions pas, des fruits si beaux et si abondants, et puis, comme cela rappelle l'Eucharistie dont le raisin est une si belle figure ! »

Le soir, à la lecture, notre Mère nous dit encore : « J'étais pénétrée devant ces vignes, d'un sentiment d'adoration, je pensais à ces paroles de Notre-Seigneur : « Je suis la vigne et vous êtes les branches. Demeurez unies et vous porterez beaucoup de fruits. » Je pensais aussi que jamais ces vignes n'avaient été arrosées comme aujourd'hui ; d'abord, jamais sans doute des mains religieuses n'en avaient recueilli les fruits ; ensuite, que de sentiments d'adoration, de reconnaissance et d'amour ont jailli de nos cœurs pendant notre travail ! »

Notre Mère suivait de loin, avec une maternelle sollicitude, ses filles de Gap, toujours présentes à son cœur ; à nous et à nos bien-aimées sœurs de la Bourgogne, elle adressait souvent d'affectueuses épîtres ; chaque fête nous apportait, avec une lettre du Parc, un rayon de bonheur de plus. Le 17 octobre, jour où nous honorions le Très Saint-Cœur de Marie, elle nous envoyait comme bouquet spirituel les lignes suivantes :

Mes bien chères Sœurs,

« Me voilà, par la pensée, dans la très aimée Communauté où vous êtes réunies. Je laisse mon cœur parler un instant aux vôtres, avant que notre bonne Révérende Mère du Cœur prenne elle-même la parole pour stimuler vos âmes à marcher avec un zèle toujours croissant à la suite de Jésus.

« Pour votre consolation, je vous dirai ce mot du bon Maître à la Bienheureuse Marguerite-Marie : « Je chéris tant la croix que je ne pourrais m'empêcher de m'unir à ceux qui la portent avec moi et pour l'amour de moi. »

« Nous la portons, cette croix précieuse.
Sans cesse, Jésus cultive en nous cet arbre de
vie. Voyez comme il l'entoure de soins atten-
tifs et constants ; comme il le défend contre
notre nature, comme il le protège quand
notre sottise voudrait le briser ou l'amoindrir.

« Soyons des âmes portant la croix avec
Jésus et pour Jésus. Ayons la foi simple et
vive qui ne regarde ni à droite ni à gauche.
Acceptons généreusement les petites croix
journalières, de quelque nature qu'elles
soient ; tâchons de n'en point laisser tomber,
mais de les saisir en souriant à Notre-Seigneur
qui nous les présente caché derrière cette personne, cette chose, cette difficulté, ce brouil-
lard, cette circonstance ; disons-lui : « Bon
Maître, je m'en souviens : vous chérissez la
croix et vous ne pouvez vous empêcher de
vous unir à ceux qui la portent avec vous et
pour l'amour de vous ! »

Le pensionnat avait, lui aussi, sa part de
bonnes et maternelles lignes. A l'occasion de
la clôture de la retraite notre Mère écrivait,
aux élèves de Gap, la lettre suivante :

Entrevaux, 18 octobre 1883.

Mes bien chères Enfants,

Si j'étais à Gap, vous auriez le maternel baiser de la joie, en cette fête délicieuse d'une première communion générale ; soyez sûres, du moins, que vous aurez mon affectueux souvenir et celui de toutes vos maîtresses. Nous avons beaucoup prié pour attirer sur vous la forte bonne volonté qui commence une vie fervente.

« Si vous saviez, chères enfants, comme elle est belle et douce la vie fervente ! comme elle transforme tout sur la terre en y faisant descendre les reflets du Ciel !

« Je constate cela ici, mieux encore que je n'ai pu le faire. Je vois la joie rayonner sur le front de vos maîtresses, au milieu des peines dont il vous est facile d'avoir une idée, puisque vous connaissez la Mère, les sœurs, les enfants, la demeure que nous avons quittées.

« Néanmoins, nous sommes heureuses ; l'ardent désir de faire plaisir à Notre-Seigneur, en accomplissant sa volonté, tient lieu de tout. Nous sentons qu'il nous accueille avec une tendresse infinie dans cette petite chapelle où, plusieurs fois le jour, nous allons entourer son autel. Eh bien ! mes enfants, soyez pieuses et, dans l'avenir, en quelque lieu que la Providence vous appelle, vous retrouverez Jésus, ami, secours, consolateur ineffable. »

. . . .

Cette lettre fut suivie, de plusieurs autres qui nous apportaient les détails les plus intéressants sur notre petite colonie. Quand on en avait l'occasion, on joignait aux missives tant désirées quelques produits des Basses-Alpes. Lorsque les premières figues, envoyées d'Entrevaux, furent données aux élèves, avec la permission de causer à dîner, il y eut une exclamation joyeuse : « Vivent nos bonnes Mères ; vivent les figues d'Entrevaux !... » Nous extrayons encore quelques lignes de la missive amusante qui fut envoyée au pensionnat, le 25 novembre :

« L'autre jour, notre Mère rencontra le jeune fils du fermier, elle voulut exercer son zèle à l'égard de ce petit bonhomme : « Voyons, mon ami, tu sais ton catéchisme, sans doute ? Combien y a-t-il de personnes en Dieu ? — Trois : le Père, le Fils et le Saint-Esprit. — Bien... Et la sainte Vierge ? — Ah ! la sainte Vierge, dit le petit en se grattant l'oreille, la sainte Vierge, c'est un autre bon Dieu ! — Mais, continue notre Mère, si tu es sage, où iras-tu une fois que tu meurs ? — Moi, dit l'enfant ébahi, mais je vais à l'école. »

Ces petits traits amusaient nos élèves, après avoir égayé la communauté du Parc.

Le 1er décembre, le petit pensionnat compta ses deux premières élèves. Notre Mère leur appliqua ces paroles de l'Evangile : « Jésus appela Pierre et André. » Le premier dimanche de l'Avent, elles commencèrent leur vie régulière, et les religieuses leur vie de maîtresse, en union avec l'Eglise recommençant sa vie admirable. Notre Mère, frappée sans doute par cette coïncidence, écrivait : « O Jésus, merci de tous ces reflets divins sur notre existence ! »

On n'avait pas tous les jours le bonheur d'assister à la messe dans la petite chapelle du couvent, et ce sacrifice était un des plus vivement sentis.

A l'époque des solennités de Noël, on nous disait : « Nous avons eu de douces fêtes, malgré nos privations ; notre Mère s'évertue à nous dédommager. A la veillée de Noël, nous avons installé le saint Enfant Jésus au milieu de la table ; il était entouré de fleurs, deux cierges ont brûlé toute la soirée. Avant de commencer le repas, on a lu une prière composée par notre Mère. Oh! qu'elle était touchante ! Chaque alinéa se terminait par ces paroles : « Bénissez-nous, car nous avons tout quitté pour votre amour, ô Jésus ! » Après souper, procession pendant laquelle nous avons porté le saint Enfant Jésus. Notre veillée a été douce et joyeuse ; mais nous n'avons pas eu le délicieux avantage de la messe de minuit. »

Au sujet de ce sacrifice prévu, notre Mère nous écrivait, peu de jours avant :

« Je ne veux pas que vous nous plaigniez d'être privées de la messe de minuit et de toutes les douceurs dont vous jouirez par surcroît. Nous aurons, non les fleurs embaumées de toutes ces choses, mais ce qui en fait l'élément nutritif, l'amour de Jésus dans l'accomplissement de la volonté divine ! »

Pour le 1er janvier, notre Mère nous envoya ses souhaits du nouvel an, dans lesquels, avec l'à-propos le plus délicat, elle nous nommait toutes en exprimant à chacune un vœu particulier commençant par la première lettre de notre nom. Mais ses filles malades ou souffrantes avaient toujours, dans son cœur, la place réservée ; l'une d'elles recevait ces lignes :

Le Parc.

« Il est bien juste que nous pensions à vous tout particulièrement, ma bien chère sœur, à vous qui attirez sur la maison bien-aimée le regard du Père céleste. A mesure que vous gravissez votre Calvaire, unissez de plus en plus vos dispositions à celles du Cœur de Jésus. Que la volonté du bon Maître remplisse si bien votre cœur, que chacune de ses pulsations répète : « Mon Père, je veux tout ce que vous voulez, comme vous le voulez !... »

« Vous ne pouvez pas faire de longues prières, mais il faut faire ce que notre bonne Mère aime le plus ; penser à elle avec un cœur tout filial, lui dire sans cesse par le regard de votre âme : « J'espère en votre bonté, secourez-moi ! »

Nous reproduisons quelques lignes de la lettre écrite au pensionnat :

1er janvier 1884.

« Je ne cède à personne la très chère et très douce expression de mes vœux maternels pour votre bonheur. Soyez heureuses, enfants chéries, soyez-le maintenant et toujours, toujours. Soyez-le si solidement que rien ne puisse vous ravir votre bonheur.

« Et savez-vous le secret de ce bonheur, seul véritable ? Les anges vous l'ont dit quand, dans leur allégresse, ils sont venus souhaiter à la terre toutes les bonnes années que les siècles devaient compter encore : *Paix aux âmes de bonne volonté !*

« Chères enfants, soignez bien votre volonté, elle est tout en vous. Qu'elle soit vraiment bonne, toujours fixée au devoir et tournée vers Dieu par la droiture de ses intentions. Vous saurez alors ce que c'est que la paix, le bonheur. Que l'Immaculée Vierge vous bénisse toutes, chères enfants de son Cœur. »

Notre Mère n'oubliait pas non plus sa famille selon le sang ; l'une de ses nièces recevait ces lignes :

2 janvier, 1884.

MA CHÈRE A.,

« Tu as ma première lettre de la nouvelle année ; c'est te dire combien je suis affectueusement empressée de répondre à tes bons souhaits, accueillis avec une tendresse dont tu ne doutes pas. De tout cœur, ma chère enfant, je te désire une année de paix et de bonheur, autant que paix et bonheur peuvent, hélas ! se trouver sur cette terre qui est pour tous le lieu de l'épreuve et du mérite. Un seul sentiment rend stable notre sérénité ; c'est une inébranlable confiance en Dieu. Heureuses les âmes qui reçoivent de la main de leur Père céleste, et avec une filiale résignation, les biens et les maux, les peines et les joies, demeurant assurées que tout est pour leur vrai bien. Ouvre ton âme à ces consolantes pensées, ma fille, dans toutes tes occupations et en toutes circonstances. »

A sa chère petite Marie, alors pensionnaire au Saint-Cœur de Gap, notre Mère écrivait :

MA CHÈRE PETITE MARIE,

« C'est bien quelque chose d'être une âme à bonnes résolutions, et je reçois toujours très volontiers tes promesses de perfection. Les résolutions sont comme les fleurs du printemps ; beaucoup tombent, mais il y en a toujours qui arrivent à donner de beaux fruits.

« Bientôt, chère enfant, il faut que nous voyions en toi les vertus que tu nous fais espérer ; alors, nous t'aimerons encore davantage, quoique nous t'aimions bien déjà. »

Pour l'Epiphanie, on nous annonça que notre Mère avait été roi et qu'elle avait choisi pour reines les deux premières élèves du pensionnat. On nous disait : « Les habitants d'Entrevaux font des vœux pour la prospérité de votre établissement, qu'ils regardent comme un honneur pour leur ville. »

Le nombre des élèves allait s'augmentant

peu à peu ; notre Mère leur donnait toute sa sollicitude. On vivait ensemble de la même vie ; religieuses et enfants formaient une petite famille où régnait le bonheur le plus doux. Les récréations y étaient très joyeuses. Notre Mère y présidait ; on faisait des petits jeux de société, que parfois elle inventait elle-même.

A l'occasion du 2 février, anniversaire de la profession de notre Mère, les élèves de Gap lui envoyèrent leurs vœux. Notre Mère y répondait ainsi :

« Je vous remercie de votre filiale attention. Vos sentiments affectueux et votre bouquet de bonnes notes se sont mêlés bien aimablement aux fleurs et aux témoignages d'attachement que l'on m'a offerts ici. Toutes, mes enfants, passez ce carême dans la piété fervente qui trouve tout devoir aisé.

« On a dit avec raison que ce qui rend la religion pesante, c'est de la porter comme un frein, au lieu d'en jouir comme de l'amour suprême. Le secret des saints, pour voler avec délices dans l'étroit sentier des vertus les plus difficiles, c'était d'aimer beaucoup Notre-Seigneur. Ouvrez votre cœur à cet amour, et vous verrez comme l'œuvre de votre transformation avancera.

« Vos petites sœurs du Parc sont dociles et contentes. Dernièrement, c'était jour de sortie, l'une d'elles passa sa journée au couvent, et quand, le soir, ses compagnes lui demandèrent ce qu'elle avait fait, elle leur répondit par ce mot délicat : « A peine avez-vous été sorties, qu'il a été 9 heures du soir. »

« Samedi, nous quitterons la petite chapelle aimée où se rattachent pour nous des souvenirs précieux. Elle peut à peine contenir quinze personnes et nous espérons que notre nombre augmentera. Ce sera encore un moment béni et heureux que celui où nous accompagnerons Notre-Seigneur dans sa nouvelle demeure. »

Mais le temps était venu où notre Mère allait quitter cette chère solitude du Parc où la retenaient des liens si doux !...

CHAPITRE XI

Retour d'Entrevaux
Bonté de notre Révérende Mère

Au mois de mars 1884, on songea à bâtir, au Parc, un local pour le pensionnat. Il fut décidé que notre Mère du Cœur irait diriger les nouvelles constructions, et que notre Mère Marie-Claire reviendrait pour gouverner la maison de Gap. Il y eut ici, comme à Entrevaux, une immense joie et un grand sacrifice : joie de revoir la Mère absente, et douleur de voir s'éloigner celle qui partait.

Voici les lignes que notre Mère écrivait dans ses notes : « Mon départ pour Gap est décidé ! Cœur de Jésus, c'est à vous de savoir ce qu'il vous plaît de faire de votre vil instrument. Je m'abandonne à vous et me confie entièrement à vous. Cœur Immaculé de Marie, bon saint Joseph, protégez-nous ! Pardon pour le passé et surtout merci ; merci de vos ineffables bontés qui ont marqué tous les instants de ces cinq mois paisibles ! »

Nous n'entrerons pas dans tous les détails des fêtes qui suivirent son arrivée à Gap, elles furent l'écho de celles qui accueillirent, au Parc, notre Révérende Mère du Cœur.

Voici quelques strophes d'une des gracieuses poésies par lesquelles nous exprimions la joie du revoir :

Elle est à nous !
Ma Mère, c'est le cri de la reconnaissance,
C'est l'élan de nos cœurs
Qui, saluant, enfin, le terme de l'absence,
Renaissent au bonheur !

Ah ! trop longtemps, privées de leur bien-aimé guide,
Vos enfants, loin de vous,
Redisaient, contemplant la place toujours vide,
N'est-elle plus à nous ?

Cinq mois, cinq mois bien longs a duré notre attente ;
Mais enfin, elle a lui :
Du jour tant désiré, l'aurore rayonnante ;
Tout chagrin s'est enfui !

Elle est encore à nous ! nos cœurs, pleins d'espérance,
  Palpitant de bonheur,
Par tous leurs battements, redisent, en silence :
  Bénissons le Seigneur !

Elle est encore à nous ! Le beau ciel de Provence
  Peut la redemander,
Et bien d'autres aussi réclamer sa présence ;
  Nous voulons la garder !

Et si jamais encor, quelque ange de la terre
  Vous parlait de départ,
Ah ! pour vous retenir, de nos cœurs, bonne Mère,
  Nous ferions un rempart !

En attendant, mon Dieu, la céleste Patrie
  Et son bonheur si doux,
Qu'ici bas, nous ayons cette Mère chérie
  Toujours, toujours à nous !

. . . .

Le lendemain de son arrivée, notre Mère vint présider une séance où les charmantes poésies, composées en son honneur, abondèrent encore.

Les plus jeunes élèves déclamèrent un dialogue : *Les Anges du pensionnat.*

Les grandes prononcèrent un gracieux

discours dans lequel fleurs, fruits, feuillage et boutons s'unissaient en un délicat bouquet. Les enfants cadettes, les petites bénjamines, symbolisées par les boutons, lui dirent :

> *Mère, les tendres boutons encore*
> *Bien qu'ils ne soient qu'à leur aurore,*
> *Dans le beau bouquet de ce jour,*
> *Viennent se placer tour à tour ;*
> *Ma Mère, ils n'ont que des promesses,*
> *Ils ne veulent que des caresses.*
> *Mais laissez-les s'épanouir :*
> *Ils sont l'espoir de l'avenir ! ...*

En revoyant notre bonne Mère, il nous sembla la trouver plus parfaite encore. Sa vertu n'avait-elle pas grandi, en effet, pendant ces mois de solitude et d'union à Dieu? Sans doute, il avait dû lui en coûter de quitter cette chère petite famille qu'elle avait si bien soutenue et fortifiée pendant la période de fondation, qui est toujours l'école du sacrifice ; mais, à l'extérieur, rien n'y paraissait : elle était toute rayonnante d'une joie surnaturelle : la joie que donne l'accomplissement de la volonté divine. Quelque temps après son arrivée, elle écrivait à une ancienne élève :

20 avril 1884.

« Oui, ma chère Marie, l'accueil qui m'a été fait, au retour, a été cordial, tout joyeux. Mais, hélas ! l'adieu ou du moins le *au revoir* avait été plein de larmes, que la présence si consolante de notre Révérende Mère du Cœur pouvait à peine tarir. Pour cette digne Mère, comme pour moi, le séjour d'Entrevaux a des charmes. L'âme religieuse trouve un repos fortifiant dans ce silence, devant cette belle nature, et si près de Notre-Seigneur. Mais d'ailleurs, on est bien partout quand c'est Dieu qui mène.

« Le Parc est en ce moment tout en fleurs ; nous n'en manquons pas non plus ici, et dans les deux cloîtres, on rivalise de ferveur pour cueillir les fleurs immortelles. »

Son petit carnet portait ces mots : « Un mois aujourd'hui que je suis de retour. Que vous dirai-je, Seigneur, sinon que je vous remercie de toute mon âme, et que j'espère en vous, à cause de votre infinie miséricorde !.. »

Le premier dimanche de mai, fête de notre congrégation, les bons anges portèrent nos vœux à notre digne Mère du Cœur, et Mère Marie-Claire répondit ainsi à ceux que nous lui adressâmes : « Je me regarde comme le petit miroir où le Sacré-Cœur daigne envoyer comme un rayon, comme une photographie de notre Mère du Cœur, et ma joie est dans la charité qui règne entre nous ! »

Le 12 août, fête de sainte Claire, notre Mère recevait d'Entrevaux les lignes suivantes :

« La petite famille du Parc s'en va, comme l'Académie silencieuse, offrir des vœux qu'elle ne sait exprimer, et que le langage du Ciel peut seul formuler. Oui, il nous est doux à toutes de vous redire notre filiale affection, notre dévouement sans bornes pour l'œuvre que vous avez si bien commencée, et que vous soutenez par vos prières et vos sacrifices de tous les jours. Que le Seigneur vous comble de bénédictions, ma bonne Mère, vous et la nombreuse famille qu'il vous a donnée. Que toutes nos chères Sœurs, qui ont le bonheur de vous entourer, de marcher à la lueur de votre claire lumière, forment votre consolation par leurs vertus religieuses et l'union de leurs cœurs ! »

On savait que tout ce qui touchait au Parc était, pour notre Mère, le plus doux des souvenirs ; aussi, dans une récréation que le pensionnat eut le privilège de passer à la salle de communauté, après une semaine de parfaite sagesse, quelques élèves voulurent représenter le petit pensionnat d'Entrevaux.

Elles venaient rendre visite à notre Mère et lui offrir un bouquet des fleurs de la Provence. La soirée s'écoula, rapide et agréable, dans un entretien où l'on rappela les gracieux épisodes du séjour au Parc.

Pendant les deux années qui suivirent, notre Mère s'appliqua comme toujours à faire rayonner autour d'elle, la paix, la cordiale charité.

Nous nous arrêterons quelques instants sur cette bonté, douce image de celle de Dieu, et qui lui gagnait tous les cœurs.

Un écrivain a dit : « La bonté est le fond des natures augustes. » Comment notre Mère, qui possédait une âme si noble, si élevée, n'aurait-elle pas été éminemment bonne ? Cette qualité se traduisait d'abord par une admirable charité ! Si pauvre en ce qui la concernait, elle ne se lassait pas de donner, fût-on revenu vingt fois à la charge. Des témoins de sa libéralité disaient : Madame la Supérieure ne compte pas, quand il s'agit de soulager l'infortune. Ses aumônes s'étendaient fort loin : il est tel missionnaire japonais qui, chaque année, recevait d'elle quelques secours. Pour les indigents de la ville, sa charité était plus grande encore ; persuadée que l'aumône n'appauvrit jamais, elle recommandait aux sœurs portières de ne renvoyer aucun malheureux sans lui donner la soupe ou le pain qu'il demandait.

Lorsqu'elle était au Parc, les fermiers la chérissaient autant qu'ils la vénéraient. Dans un deuil qui leur survint, elle acheta elle-même les vêtements noirs, et la bonne Euphrosine se plaisait à montrer la belle robe que notre Mère lui avait donnée.

Pendant une maladie qui nécessita pour eux les secours du médecin, elle voulut elle-même en couvrir les frais.

Nous avons vu ce qu'elle fut pour ses chères anciennes élèves, les guidant, les soutenant, les consolant toujours. L'une d'elles lui écrivait :

« Qui donc autant que vous, ma Mère, sait prendre les cœurs par une influence mystérieuse et douce dont votre ange gardien a le secret ? Vous avez fait du bien, vous avez, par votre douceur et votre bonté, ramené le calme et l'espoir dans bien des âmes. Il y a autour de vous comme une clarté céleste qui se répand sur tous ceux qui vous approchent !

« C'est que vos pensées sont dans le ciel ; vos désirs vous rapprochent tellement de Dieu qu'ils vous identifient avec Lui. »

Une autre fois, dans une délicate improvisation, ses enfants lui disaient :

Votre cœur maternel est la source cachée
Où vient boire, à longs traits, plus d'une âme altérée,
Et votre douce main, qui sécha tant de pleurs,
Sans jamais se lasser nous soutient et nous guide ;
Et dans les noirs contours du chemin trop aride,
Sous nos pas chancelants, aime à jeter des fleurs !....

Que dire de sa bonté pour chacune de ses filles ? Un jour que nous nous entretenions de ses vertus, une sœur s'écria : « Pour moi, je trouve que, chez notre notre Mère, les qualités dominantes sont : une prudence admirable et une exquise délicatesse. »

Cela était vrai, nous pourrions multiplier les citations.

Un jour, une sœur recevait une lettre dans laquelle on lui offrait d'avance des vœux pour sa fête ; en la lui remettant, notre Mère lui dit :

« On a été bien exacte, ma fille, pour vous souhaiter votre fête ; mais je veux l'être plus encore ! » Et elle l'embrassa avec une maternelle affection.

Pour exprimer ses souhaits de fête à la bonne Mère Marie de Chantal, elle lui envoyait le billet suivant :

« Nous vous désirons autant de degrés de sainteté que votre dévouement à la commu-

« nauté vous a fait faire de pas et de points,
« de sacrifices et d'actes de charité. »

Une sœur, dont la santé délicate demandait des adoucissements, recevait pour sa fête une boîte de pastilles avec ces gracieux petits mots :

« Que votre douce Patronne vous donne les célestes pastilles qui produisent dans l'âme vigueur et douceur.

« Dans son Cœur, je vous suis bien maternellement dévouée. »

Une autre fois, pour la même circonstance, elle adressait ce distique :

Que votre âme, toujours, donne à Jésus des roses,
Et qu'au vôtre, son Cœur soit tout en toutes choses.

Un soir, cette bonne Mère alla trouver une sœur un peu indisposée. « Tenez, ma fille, lui dit-elle, en lui présentant quelques gâteaux, je crains que cette nuit votre estomac ne souffre du peu de nourriture que vous avez pris, mettez cela en réserve. »

Pendant le séjour de notre Mère au Parc, une sœur converse avait perdu l'appétit, elle continuait néanmoins son travail ordinaire ; la bonne Mère s'inquiétait, et tous les jours, à dix heures, elle était fidèle à lui faire sa petite visite en l'engageant à se ménager. Si austère pour elle-même, elle ne regardait à rien quand il s'agissait de soulager ses filles.

Il suffisait d'exprimer un désir devant elle pour qu'il fût réalisé avec cette délicatesse ingénieuse que donne la tendresse d'une mère. Elle poussait la bonté, parfois, jusqu'à copier de petits recueils de prières pour celles de ses filles à qui cela pouvait être agréable ; elle les accompagnait de quelques lignes aimables qui en doublaient le prix.

Une de nos sœurs du Parc nous écrivait : « On aurait cru vraiment que notre Mère ne savait pas dire non, tant elle savait répondre un oui gracieux à tout ce que nous lui demandions. »

Une sœur fort loin de ses parents n'avait jamais la consolation de les revoir. Notre Mère lui donnait par sa tendresse les plus doux dédommagements. Elle lui dit, un jour : « Ma fille, c'est demain votre fête ; que pourrais-je donc vous offrir pour vous faire plaisir ? — Ah ! ma Mère, lui répondit la sœur, la fleur de fête la plus agréable est de vous faire une petite visite. »

Pendant sa dernière maladie notre Révérende Mère, quoique très souffrante et ne pouvant presque plus parler, fit appeler cette même sœur qui s'affectait beaucoup de cette longue maladie. « Je vous remercie, ma Mère, lui dit celle-ci, de vos soins maternels. —

Ah ! ma fille, j'aurais voulu faire bien davantage. — Pardonnez-moi, ma Mère, toutes les peines que j'ai pu vous causer. — Je n'ai rien à pardonner, ma fille ; est-ce qu'une mère se souvient des petites imperfections de son enfant ? »

Cette bonne Mère était sensible aux moindres attentions ; quand elle ne put plus marcher, et qu'elle se vit réduite à se laisser porter, elle remerciait ses chères porteuses avec une telle expression de reconnaissance qu'elles en étaient profondément touchées. La veille de sa fête, elles n'avaient pu se trouver à la communauté pour lui offrir leurs vœux ; quand notre Mère les vit ensuite, elle les embrassa avec effusion. « Mes enfants, leur dit-elle, je veux vous offrir au moins un merci du cœur. »

Notre Mère cherchait à nous rendre saintes et heureuses. Elle voulait que les lectures, faites en Communauté le dimanche, fussent non seulement une délicieuse nourriture pour l'âme mais un charme pour l'esprit. Quand venait un jour de fête, elle s'ingéniait à le rendre aussi agréable que possible. Souvent elle disait à quelque sœur dont l'esprit inventif se prêtait à ses désirs : « Vous aurez soin de chercher quelque chose pour égayer, ce soir, notre réunion commune. »

Les récréations de ces jours-là devaient être plus joyeuses qu'à l'ordinaire : les boules, les quilles et le croquet étaient en honneur, et, pour rendre les jeux plus attrayants, elle promettait, au parti gagnant, une aumône en faveur des petits Chinois. Cette excessive bonté était comme un besoin du cœur pour notre Mère, elle nous en donnait mille témoignages ; mais les blanches colombes du noviciat, en qualité de cadettes de la famille, étaient peut-être plus gâtées encore. Son désir de les rendre de plus en plus ferventes lui suggérait d'ingénieux moyens. Elle leur écrivait, du Parc, de charmantes épîtres spirituelles.

Nous ne pouvons mieux terminer ce chapitre qu'en citant quelques fragments d'une de ces lettres, à laquelle notre Mère elle-même donnait pour titre : *Une leçon de lecture.*

« En ce petit entretien, chères enfants, je me propose de vous donner une simple leçon de lecture.

« Il y a deux ans, les maîtresses de classe avaient longuement glosé sur l'art de lire dans la nature. De gracieuses pages avaient été écrites sur ce sujet, je n'y ajouterai rien ; mais, aujourd'hui, je vous engagerai à vous appliquer à l'art, non moins facile et avantageux, de lire dans les événements. Bientôt, vous vous rendrez compte par vous-mêmes des trésors de lumière contenus dans ce livre toujours ouvert. Qu'il s'agisse des pages d'une affaire importante ou des syllabes des plus minimes circonstances, pas un mot, là, n'est inutile.

« Vous lirez la bonté divine avec des expressions ravissantes que la parole humaine ne fournit pas. Essayez, mes enfants, de parcourir, d'un regard rapide, votre propre histoire ; n'y voyez-vous pas les plus touchantes preuves de la bonté de votre Père céleste ? Ce sera bien autre chose quand, de moment en moment, vous lirez avec attention ce que les âmes légères ne voient pas. Vous savez que le plus beau livre, entre les mains d'une enfant dissipée, ne dit rien ; il faut un esprit recueilli pour en savourer les beautés.

« Par le recueillement, vous verrez se succéder, sans interruption dans votre vie, un secours, une préservation, une joie, une amertume purifiante, une humiliation salutaire, une épreuve qui réveille, un sacrifice qui fait place à la grâce, une consolation qui dilate. Tout cela, arrivant avec un à propos, une délicatesse de prévoyance incomparable. Votre amour sera alimenté par cette lecture, votre reconnaissance augmentée, votre confiance surtout sera fortifiée. Et plus votre cœur se laissera porter à Jésus par ces deux sentiments, plus vous verrez se multiplier les témoignages de sa divine bonté.

« Dans les moindres détails, vous vous trouverez aimée, assistée par un amour plein de sollicitude et de dévouement ! »

CHAPITRE XII

Nouveau départ. Maladie de notre Révérende Mère du Cœur

Le 17 août 1886, notre Mère du Cœur revenait parmi nous ; son retour était décidé depuis une maladie assez grave qui avait fait craindre pour ses jours. Notre bonne Mère Marie-Claire partit pour la remplacer. Son petit carnet partait ces lignes :

16 août 1886, veille du départ.

« Cœur de Jésus ! Cœur de Marie ! Cœur de Joseph ! je pars pour votre amour ! J'espère pour toujours en votre ineffable bonté !... »

Elle eut, pour compagne de route, une jeune sœur de la communauté qui allait se fixer au Parc, et notre Révérende Mère du Cœur était accompagnée de Mère Marie de Chantal. Le lendemain, nous recevions de notre Mère Marie-Claire les lignes suivantes :

MA BONNE MÈRE ET MES CHÈRES SŒURS,

« Le *Sursum corda* est permanent pour toutes, n'est-ce pas ? Et l'encens de la prière, les parfums du sacrifice et de la reconnaissance ne cessent de s'élever tout droit vers Celui pour qui et en qui nous nous sommes dit adieu !

« Tout à l'heure, nous nous sommes unies de tout cœur à vos visites à saint Joseph que nous aimons beaucoup et que nous voulons aimer toujours davantage. Il nous a fait sentir sa douce protection sur toute la partie du voyage déjà effectuée. Je dirai volontiers de ces deux journées que, toutes, nous avons beaucoup vécu en peu de temps !

« On sent bien que c'est une époque de moisson. Nous allons nous remettre en route, nous occupant délicieusement à prêter une voix aux rochers, aux montagnes, aux précipices, aux grains de sable, pour louer le Seigneur. »

Du Parc, on nous écrivait : « Ces départs douloureux, ces arrivées chéries peuvent avoir plusieurs résultats : cela nous resserre étroitement ; nos communautés deviennent vraiment une seule âme et un seul cœur ; la même vie circule d'une maison à l'autre, puisque nous échangeons nos Mères, centre principal et si doux de notre vie de famille. »

Les mois s'écoulèrent sans aucun incident pénible jusqu'au **8** novembre, premier jour de l'inondation qui causa tant de désastres dans notre monastère de Gap. On a raconté, dans la vie de notre révérende Mère du Cœur, tous les détails de ces tristes jours ; mais ce que nous ne saurions assez dire, c'est l'affectueuse délicatesse avec laquelle nos maisons de Beaune et d'Entrevaux partagèrent cette épreuve. Notre Mère Marie-Claire écrivait à notre Mère du Cœur :

9 novembre 1886.

MA BIEN BONNE RÉVÉRENDE MÈRE,

« C'est hier au soir que m'a été apportée votre maternelle et si triste lettre. J'ai éprouvé tout d'abord un soulagement, en apercevant vos longues pages qui m'étaient un gage de votre santé, pour laquelle nous craignions. J'ai aussitôt réuni nos sœurs.

« Vous devinez le frissonnement et les larmes de votre petite famille en lisant ces doulou-

reuses scènes. Quelles heures vous avez dû
passer ! quel moment pour les maîtresses qui
accompagnaient le pensionnat ! pour les quatre
sœurs surprises par le torrent, pour toutes les
autres, au milieu de ces cris et de ces appréhensions, pour vous surtout, ma bonne Mère !

« Mais l'action de grâces s'est mêlée, vive et
profonde, à nos gémissements.

« On voit bien que l'épreuve vous a été préparée par une main miséricordieuse. Dieu soit
béni de vous avoir présenté le calice avec des
précautions si providentielles ! Que de mérites
acquis et d'expiations offertes pendant ces
journées d'angoisses ! Jamais peut-être le
Cœur Immaculé de Marie n'avait cueilli dans
sa maison une moisson si riche ! »

Hélas ! tout n'était pas fini ! la santé de notre
Mère du Cœur reçut, pendant ces jours de tristesses, une atteinte mortelle, et fut, depuis,
l'objet de nos vives inquiétudes. Souvent, les
nouvelles de cette chère santé étaient envoyées
à Beaune et à Entrevaux, et provoquaient des
alternatives de crainte et d'espérance.

Le 11 janvier 1887, anniversaire de la profession de notre Mère du Cœur, notre Mère
Marie-Claire envoyait ces lignes, dans lesquelles, en remerciant la communauté de Gap
de ses vœux de bonne année, elle rappelait le
doux anniversaire de ce jour :

« Je remercie tout d'abord l'aimable interprète qui a su recueillir dans vos pensées ce que l'âme peut produire de plus délicat. J'ai fait monter tout cela au Ciel qui sourit quand, dans une famille religieuse, il entend les filles louer les mères et les mères louer leurs filles.

« Combien ces douces choses doivent le réjouir aujourd'hui ! Que d'expressions et surtout que de sentiments de reconnaissance, de filiale tendresse, de maternelle dilection, se fondent et se confondent pour former une partie dans le concert que perfectionnent les voix célestes de nos sœurs déjà arrivées là-haut ! A quelle foule d'âmes ces 49 ans ont ouvert le lumineux sillon par lequel la grâce divine a brillé pour elles !.. Que de salutaires rayons en sont partis pour aider, relever, exciter, consoler, réjouir ! Bénissons le Seigneur ! Et commençons avec une nouvelle générosité à correspondre à tant de grâces. Devenons tout de bon des saintes, c'est-à-dire des âmes qui ne refusent rien à Jésus ! »

Au mois de mai, notre Mère écrivait aux élèves de Gap :

Mes chères enfants,

« Merci des sentiments affectueux dont vous m'avez fait une bonne part ! Au Parc, comme dans votre maison bénie, nos vœux ont eu pour écho de ferventes prières demandant votre bonheur, votre progrès incessant dans les vertus où vous marchez d'une manière si consolante.

« Un saint prêtre donnait, un jour, cet avis à propos de votre solide éducation : « Apprenez-leur à être contrariées sans s'aigrir, à attendre sans s'impatienter, à se priver pour donner, à manquer de quelque chose sans croire tout perdu, et à s'appuyer pleinement en Dieu, afin que, parmi les vicissitudes de leur avenir, elles ne soient jamais sans appui. »

« Ce programme taille un bon travail à vous et à vos maîtresses, n'est-ce pas, chères enfants ? Mais aussi, quels parfaits caractères il formera ! »

Quelques jours après, notre Mère nous parlait de l'arrivée au Parc, de M. James, notre aumônier, qui était allé prêcher une retraite au pensionnat :

« Samedi, 7, notre bon monsieur l'Aumônier arrivait au Parc. Sa première visite a été pour

Notre-Seigneur, puis, on l'a introduit dans la salle de réception. Dimanche, il a prêché à la grand'messe de la paroisse, mais nous n'avons pas moins eu trois sermons. A la récréation, il a bien voulu se promener avec nous, répondant à nos interminables questions sur notre Révérende Mère et sur vous toutes ; on lui a redemandé le tableau de l'inondation, et l'on s'est arrêté devant Notre-Dame des Platanes, pour supplier la sainte Vierge de vous garder toutes. »

Vers la fin mai, les chères enfants de la première Communion de Gap recevaient aussi ces maternelles et pieuses lignes :

31 mai 1887.

CHÈRES ENFANTS,

« Comme il doit faire battre vos cœurs, ce mot : le grand jour approche !...

« Vous l'avez bien désiré ; le voici plein de grâces et de bonheur. Vous avez ôté de vos âmes les défauts qui eussent mis obstacle aux faveurs de Jésus. Soyez bien généreuses pour faire disparaître les imperfections que la retraite va vous montrer. Vos bons anges ont recueilli les actes de vertu qui formeront de fraîches guirlandes pour orner votre sanctuaire intime, ajoutez-y quelques fleurs encore plus brillantes.

« Heureuses enfants, en ces dernières heures où vous voudriez être si ferventes et où vous sentez plus vivement votre faiblesse ; jetez-vous dans les bras de la très sainte Vierge, et dites-lui avec un élan d'humilité, de confiance et d'amour : « O Marie, reine des vertus, préparez mon cœur à recevoir Jésus ! »

« Je veux aussi vous donner un petit conseil pour la perfection décisive de la confession que vous allez terminer. Dites avec beaucoup d'attention et de foi votre *Confiteor*. Quand vous êtes agenouillées aux pieds du ministre de Jésus, oubliez toutes les choses de la terre. Prononcez bien sincèrement cette accusation : « J'ai beaucoup péché par pensées, par paroles, actions et omissions », et mettez devant vous tous les péchés de votre vie passée, pour que l'absolution les anéantisse. Gardez cette habitude toute votre vie afin de faire toujours d'excellentes confessions.

« Adieu, chères enfants ; que par votre innocence et votre piété, le bonheur de votre première Communion soit dans vos cœurs pour toujours ! »

A l'occasion d'une cérémonie de vêture et

de profession, notre Mère écrivait aux sœurs, objet de la cérémonie :

Le Parc, 9 juin 1887.

« Nous offrons aux heureuses épouses ou fiancées de Jésus nos vœux les plus ardents, nos félicitations les plus affectueuses. Puissiez-vous toutes, mes chères Sœurs, conserver jusqu'à l'éternité la ferveur de ce jour solennel ! Conserver, ce ne serait pas même assez, n'avez-vous pas chanté : « Jésus, rends-moi plus pure chaque jour ! » Ce bon Maître ne vous laisse ici-bas que pour embellir encore vos âmes. Il veut changer en un vaste brasier ce qui est aujourd'hui un feu à la flamme brillante. Vous avez sous la main le bois de la fidélité aux saintes Règles et à vos vœux. Jésus y joindra souvent le beau tison de quelques sacrifices ou humiliations, votre foyer grandira de manière à se communiquer autour de vous, et vos prières en projetteront au loin les étincelles. En arrivant au Ciel, vous verrez l'admirable travail qui ne se constate que de là-haut. Une religieuse fervente mourrait de bonheur, si elle savait tout le bien qu'elle opère ! »

Le 2 juillet, notre Mère écrivait dans son carnet : « O Marie ! que nous sachions, comme vous, vivre de l'heure à l'heure, dans le parfait abandon et la fidélité ! »

La santé de notre Révérende Mère du Cœur allait toujours en déclinant ; c'était l'épine cachée par le divin Maître au milieu des célestes joies de notre vie religieuse. Cependant il voulut donner à notre Congrégation une consolation bien douce. Au mois de septembre, nos bonnes Mères de Beaune et d'Entrevaux vinrent à Gap pour célébrer les noces d'or de notre bien-aimée fondatrice. Cette réunion fut un rayon de soleil entre des jours d'angoisses. Quand notre si bonne Mère Marie-Claire revit notre Mère du Cœur, son bonheur fut inexprimable ; mais bien grande aussi fut sa tristesse en la retrouvant si affaiblie, si courbée par la souffrance. A son arrivée, elle écrivait à ses filles du Parc :

3 septembre 1887.

Mes bonnes sœurs et enfants,

« Comme vous me l'avez recommandé, je vous donne bien vite des nouvelles de notre bonne Révérende Mère ; au premier moment, quand je l'ai aperçue, si maigre, appuyée sur deux bras, j'ai été émue bien douloureusement. Vous vous faites l'idée de cette entrevue ! A la récréation, elle semblait avoir retrouvé un peu de force pour nous faire visiter les restes de l'inondation.

« Comme on nous l'a dit maintes fois : il faut le voir ! Jamais je ne me serais imaginé ces monceaux de sable et de pierre. Tous les souvenirs que vous connaissez étaient rappelés sur leur théâtre, et il semblait que nous les entendions pour la première fois. Notre Révérende Mère oublie un peu son mal en causant avec nous. »

Les jours suivants, notre Mère écrivait : « Que j'aimerais à vous voir toutes ici pour les noces d'or ! du moins, vous nous serez unies de cœur ; nous offrirons à Jésus notre mutuel sacrifice, et je vous ferai donner de longs détails. »

En leur parlant de quelques exercices de piété ajoutés à ceux de notre vie ordinaire, elle leur disait :

« Vous pouvez joindre tout cela à notre trésor de dévotion, pendant cette semaine, mes chères enfants ; mais vous savez bien que ce n'est pas la plus riche partie. Dans une journée de religieuse, on peut tant prier, tant aimer, tant gagner !.. Que vous soyez dans la petite cellule ou dans la silencieuse salle de communauté, ou au paisible noviciat, ou à la cuisine, au parloir, sous les platanes, ou ca-

chées dans les filières de haricots, il peut y
avoir entre votre âme et Jésus de si fructueux
entretiens ! Moi, dans les temps libres, je suis
à la même cellule où vous veniez me trouver,
il y a bientôt cinq ans !... J'y ai retrouvé Marie
pleine de grâces, une foule de pieux et chers
souvenirs. Les hirondelles m'y font, comme
jadis, entendre leur incessant babil.

« A Dieu, mes chères enfants, je ne vous
vois pas seulement en gros, mais en détail ;
et en détail aussi, je souhaite le progrès de
chacune en suppliant Jésus, Marie, Joseph
de vous bénir ! »

. . . .

Les fêtes furent délicieuses, les compliments les plus tendres furent adressés à notre
Révérende Mère du Cœur et à Mère Marie-
François, sa fidèle compagne de vie religieuse,
qui célébrait aussi le cinquantième anniversaire de sa profession. Peut-être ne lira-t-on
pas sans intérêt quelques lignes d'une gracieuse allégorie, dans laquelle on montrait les
anges radieux, présentant à Jésus les riches et
nombreux mérites acquis par notre digne
Mère du Cœur, pendant ce long demi-siècle ;
puis, l'on entendait la réponse du Maître.

Jésus dit :

C'est assez !... oui, mon cœur la réclame.
Ah ! nous ferons, au Ciel, tous deux les noces d'or.
Cinquante ans d'union, de dévouement !.. Chère âme !
Il est temps de payer tes travaux... Prends l'essor !
Déjà les chérubins s'élançaient sur la terre,
Quand un grand cri, soudain, retentit dans les cieux :
Ah ! de grâce, reçois notre ardente prière,   [breux.
Disaient, les yeux en pleurs, trois groupes fort nom-
Ne ravis point, Seigneur, la mère à sa famille,
Car, de ses trois maisons, nous te portons les vœux ;
Le jour des noces d'or, pour elles, aussi brille ;
Ah ! ne leur rends point sombre un jour si radieux !
Mais plutôt, ah ! plutôt, dans ton amour extrême,
Daigne, Seigneur Jésus, visiter ces bas lieux ;
Viens combler de bonheur celle que ton cœur aime ;
Donne-lui la santé, des jours encor nombreux !

Le Christ avait frémi !.. Dans son cœur adorable,
Deux sentiments divers semblaient lutter entre eux :
Couronner son Epouse, ô bonheur ineffable !
Mais, ravir une Mère, ô coup trop douloureux !...
« J'irai », dit-il enfin. Plus prompts que la lumière,
A ce mot du Seigneur s'ébranlèrent les Cieux ;
Et Jésus et Marie, vers notre pauvre terre,
Sur des nuages d'or, descendirent joyeux...
Ils sont là près de vous, ma Révérende Mère ;
Jésus, l'Epoux divin vous presse sur son cœur ;
Ah ! qu'Il daigne exaucer, des anges, la prière,
Vous rendre le santé : pour nous, c'est le bonheur !..

Peu de jours après, eut lieu le double départ de nos Mères. Celles de Beaune emmenaient avec elles une jeune sœur de la Côte-d'Or, qui, pour des raisons de santé, avait passé un an dans les Basses-Alpes.

Elle emportait dans son cœur le plus doux souvenir des vertus de notre Mère Marie-Claire.

C'est sous cette impression, que le temps n'avait point affaiblie, que cette religieuse nous écrivait après la mort de notre Mère :

« Mon plus grand désir est que nos chères sœurs de Gap écrivent la vie de notre Révérende Mère : que de belles choses à dire ! que de pages sur ses vertus, son zèle pour le bien des âmes !... Que ne peut-on résumer tous les conseils donnés, les lettres de direction, les petits cahiers renfermant des trésors ! Et encore, de cette vie si parfaite, la partie la plus belle restera inconnue : c'est cette vie intérieure toute imprégnée de Dieu. Que devaient être les communions, les méditations de notre vénérée Mère, ses élans vers Dieu, son esprit de mortification ? »

A son arrivée au Parc, notre Mère Marie-Claire écrivait :

18 septembre 1887.

« Nous voilà de nouveau séparées, mais combien cette consolante réunion nous est un doux et précieux souvenir !

« La fin de notre voyage a été providentielle, comme le commencement. Mme N... une de nos anciennes élèves qui avait accompagné notre Mère, nous a égayées, puis guidées. A Digne, nous sommes allées faire une visite à notre nouvel évêque, qui a été très bienveillant pour nous. Au Parc, nous avons tout notre monde en joie et en santé.

« Aujourd'hui, à dîner, en mangeant le beau gâteau et les dragées des noces d'or, nous causerons tout à loisir de dimanche passé, de vos attentions sans nombre pendant cette quinzaine, de la douce union des cœurs qui fait que l'*Ecce quam bonum* se réalise sans cesse. Les trois arbres ne sont séparés que par la distance, leurs racines se touchent dans le Cœur de Marie où ils puisent leur vie. La précieuse image a été accueillie comme un trésor ; elle ornera notre salle de communauté. »

Peu après, on nous annonçait avec joie et consolation que désormais le service religieux serait fait régulièrement dans la petite com-

munauté du Parc, grâce à Monseigneur l'E-
vêque de Digne qui avait nommé un aumônier, et l'on nous parlait du mérite de ce
digne prêtre qui, depuis, par sa bonté et son
dévouement, a si bien réalisé toutes les espérances que l'on avait eues à son sujet. »

Si, de ce côté-là, notre Mère Marie-Claire
était consolée, de tristes préoccupations rem-
plissaient son âme quand elle songeait à la
santé de notre Révérende Mère du Cœur. Au
mois d'octobre, on écrivait que notre bien-
aimée malade était clouée sur son lit, et que
les souffrances allaient toujours s'aggravant.
C'est en recevant ces nouvelles que notre Mère
écrivait à Madame Marie-Ursule : « Notre
Seigneur inspirait, peut-être pour nous, cette
page à Mgr Gay :

« Il fallait que le Christ souffrît. Cela est
vrai des membres aussi bien que du Chef. Il
y a des heures, dans la vie, où il faut absolument pâtir ; c'est à quoi l'existence se trouve
alors entièrement réduite. La souffrance est
l'unique devoir, l'unique possible. Toute la
volonté de Dieu s'y résume. Nous n'avons plus
d'autre moyen de plaire à notre Père céleste
que d'accepter ce que Dieu demande de nous.
Et l'on ne saurait avoir d'adoucissement à sa
peine que de s'y livrer entièrement. Unissons-
nous à Jésus portant cette même douleur. »

Le 11 janvier, cinquantième anniversaire de la profession de notre Révérende Mère du Cœur, jour où véritablement elle fit ses noces d'or, devancées par sa famille religieuse, notre digne Mère Marie-Claire lui écrivait :

« Nous désirons offrir au bon Dieu, pour vous, autant d'actions de grâces et autant de prières qu'il y a de secondes dans vos précieux cinquante ans ! Mais quelle nouvelle ardeur s'ajoutera à notre tribut de reconnaissance, pour toutes les secondes des années que sa douce miséricorde vous accordera encore ! »

Le même jour, elle écrivait ces lignes à une de ses chères anciennes élèves, un peu souffrante :

MA CHÈRE MARIE,

« De tout mon cœur je vous souhaite une toute bonne année. Le cri de la nature serait : santé, bonheur ; mais, chère enfant, n'est-ce pas qu'en consacrant votre âme au Cœur de Jésus, avec tout le pouvoir que vous m'avez donné sur elle, il vaut bien mieux que je dise : « Faites pour elle selon votre infinie bonté. Seigneur ! vous savez mieux que moi ce qui lui est salutaire, et vous l'aimez bien plus encore que je ne puis l'aimer. »

« Notre solitude continue d'être le séjour de la paix ; et les rayons du ciel l'éclairent plus abondamment encore depuis que nous avons un aumônier. Nos fêtes religieuses sont aussi solennelles que dans notre bien-aimée maison de Gap. Notre première messe de minuit a été bien douce. Mais vous le comprenez, chère enfant, l'ombre de la croix plane sur notre vie ; depuis que s'est aggravé l'état de notre bonne Révérende Mère, nos cœurs attristés sont auprès de son lit de souffrance.

« Aujourd'hui, nous avons célébré de cœur avec elle le grand cinquantième anniversaire de sa profession ; nous nous sommes unies à la reconnaissance qui inonde cette belle âme, comblée des dons du ciel.

« O ma chère enfant, si parfois il est difficile d'être généreuse, combien il est doux de l'avoir été !

« Vous qui avez peut-être devant vous cinquante ans à vivre, employez-les comme notre bonne Mère a employé les siens. N'oubliez pas que les minutes s'ajoutent aux minutes pour former les années, et que le secret d'avoir une sainte vie, c'est d'avoir toujours un saint maintenant. »

Le 2 février, anniversaire de sa profession, notre Mère écrivait :

Mes chères Sœurs,

« Mon cœur est toujours près de ce lit, priant pour notre chère martyre et pour les deux anges (les deux sœurs qui la soignaient) qui soutiennent son calice. Comme Notre-Seigneur se plaît à exercer la résignation de notre bonne Révérende Mère et à perfectionner sa sainteté ! Le *Fiat* et les cris suppliants sont notre unique ressource. Ah ! que notre Révérende Mère veuille bien appeler aussi la divine miséricorde sur mes 37 ans de profession religieuse, et qu'elle nous laisse lui dire : *Demeurez avec nous, car il se fait tard !...* »

En ce doux anniversaire, notre Mère écrivait dans son petit carnet :

« Pour le 2 février notre Révérende Mère m'a envoyé des bas, tricotés sur son lit de douleur.

« Voilà 37 ans que je suis consacrée à vous, ô miséricordieux Jésus !... Jésus, Marie, Joseph, je vous confie ma 38e année ! »

Quelques jours après, une nouvelle bien triste vint affliger notre Mère Marie-Claire et toutes ses filles : un télégramme leur annonçait la mort de M. Chabrand, le supérieur si bon et si dévoué de la maison de Gap. Si, depuis longtemps, la vieillesse et les infirmités l'empêchaient de nous continuer ses soins, son cœur était toujours resté le même. On le regretta d'autant plus, au Parc, que maintes fois il avait donné, à la petite communauté, des témoignages de la plus tendre sollicitude.

CHAPITRE XIII

**Retour définitif au Monastère de Gap.
Mort de notre Révérende Mère du Cœur.**

Quelques semaines plus tard, la santé de notre Révérende Mère du Cœur donnant de plus grandes inquiétudes, notre Mère Marie-Claire revint du Parc. En la revoyant, notre Mère du Cœur s'écria : « Maintenant, je puis dire mon *Nunc dimittis* ! »

Mais Dieu avait ses desseins ; il voulait, pendant de longs mois encore, laisser parmi nous cette admirable personnification de l'héroïque patience et de l'abandon complet à la volonté divine.

Vers le mois de mai, notre Mère Marie-Claire écrivait à une ancienne élève :

« Je ne sais comment définir l'état de notre Révérende Mère ; elle est tant soit peu moins mal qu'à mon arrivée. Mais toujours l'immobilité, toujours des heures où nous ne pouvons que gémir avec elle. Quand elle ne souffre pas, on la voit gaie, souriante, causant avec une bonne voix et une charmante présence d'esprit. Sa patience et sa sérénité sont admirables.

« La voilà en son 201e jour de lit, et elle oublie ce qui est passé pour concentrer son courage dans le présent. Quelle bonne méthode à imiter, n'est-ce pas, ma fille ? »

Lorsqu'un léger mieux venait apporter un peu de trêve aux vives souffrances de notre bien-aimée malade, notre Mère Marie-Claire était la première à s'en réjouir. Combien elle fut heureuse lorsqu'il nous fut permis de porter le cher petit lit dans l'enclos, et de redonner un peu de vie et de bien-être à notre Révérende Mère.

Elle écrivait, le 3 janvier 1889.

« Le 8 décembre, notre Révérende Mère était au réfectoire pour voir jouer la pièce traditionnelle. La nuit de Noël, elle était au chœur avec nous et recevait, la première, la sainte communion. Le 1er janvier, toujours dans le petit lit, bien entendu, elle dînait avec nous, plaisir que nous n'avions pas eu depuis seize mois. »

Pour le 24 février, anniversaire de sa naissance, notre Mère Marie-Claire recevait, d'une

de ses chères filles du Parc, l'improvisation
suivante :

> Depuis longtemps, ma bonne Mère,
> Ah ! je n'ai plus chanté pour vous !
> Le souvenir et la prière
> Sont, d'ailleurs, les chants les plus doux.
> Pourtant l'aimable anniversaire,
> Qui rappelle votre berceau,
> Est, à nos cœurs, date si chère,
> Jour si radieux et si beau !
>
> Qu'un souffle passe sur ma lyre.
> Ecoutez-en le vif transport ;
> Simplement, elle veut redire :
> Mère, nous vous aimons bien fort !...
> Béni soit le jour mémorable
> Où, comme un bel ange des cieux,
> Vous avez paru tout aimable
> Et gracieuse, en ces bas lieux.
>
> Nos anges, à nous, bonne Mère,
> Ils étaient là sans doute aussi,
> Murmurant, dans une prière,
> Pour nous, déjà, plus d'un merci.
> Beaux anges, ah ! volez encore
> Vers celle que nous chérissons ;
> Dites-lui, qu'au Parc, l'on implore,
> Pour elle, mille et mille dons !

. . . .

Le 12 août, clôture de notre retraite, Mgr Berthet qui, par une grâce providentielle, avait été choisi pour notre diocèse, après la mort de Mgr Blanchet, vint nous faire sa première visite. Sa Grandeur nous montra une bienveillance toute paternelle. Il nous présenta le Cœur de Marie comme le sanctuaire où nous trouvons Jésus et où nous devons nous immoler. Monseigneur daigna présider aux élections. Notre Révérende Mère du Cœur fut nommée supérieure générale de nos trois communautés, et notre Mère Marie-Claire obtint tous les suffrages pour gouverner la maison de Gap.

Dans l'allocution que Monseigneur nous adressa, il nous disait :

« Les bénédictions du ciel sont tombées sur votre maison ; une des plus significatives, c'est que Notre-Seigneur s'est choisi, parmi vous, une victime qui prie et s'immole sans cesse avec Lui. Cette victime, il ne l'a pas choisie parmi les dernières ; il a pris la tête et le cœur : oh ! qu'elle est bien comme son nom l'indique, la sœur du Cœur de Jésus ! »

L'élection de notre Mère Marie-Claire ne fut pas pour elle un surcroît de travail, car, depuis son arrivée, elle gouvernait la communauté avec une sagesse, une prudence, une bonté qui la faisaient chérir de toutes ses filles. Puis, elle sentait tout près d'elle notre Révérende Mère du Cœur, qui, selon l'heureuse parole de Mgr Berthet, attirait les bénédictions célestes sur la communauté, et lui obtenait, à elle, grâce et secours. Les entretiens intimes de nos Mères devaient être pour toutes deux, une de ces consolations que Dieu se plaît à donner à ses saints.

Un jour, c'était sans doute la veille de sainte Claire, notre Révérende Mère du Cœur adressait à Mère Marie-Claire ce quatrain :

Mon petit vœu, ce soir, tient aussi à paraître ;
Je désire à ma fille une seule faveur :
Qu'elle soit bien-aimée du Cœur du divin Maître,
Comme, depuis longtemps, elle l'est de mon cœur.

Une autre fois, ce gracieux acrostiche nous était envoyé par notre vénérée malade :

Comme notre Ciel bleu où brillent les étoiles,
Le nid du Très Saint-Cœur cache, sous bien des voiles,
Aux regards des mortels, d'ineffables clartés.
Il faut à notre Dieu de célestes beautés ;
Rapprochons-nous, mes sœurs, de notre digne Mère :
Elle est, de notre ciel, l'étoile la plus Claire !..

Au mois de janvier, Dieu appela à Lui deux de nos sœurs, atteintes de l'influenza, qui avait dégénéré en fluxion de poitrine. Notre Mère

Marie-Claire écrivait. « Mon Dieu, que votre volonté soit adorée toujours ! Je vous remercie mille fois des grâces dont vous les avez comblées. »

Pour notre Mère du Cœur, cette année fut comme la précédente ; ses souffrances continuelles étaient le divin ciseau employé par le bon Maître pour tailler et perfectionner toutes nos âmes. Quand un peu de relâche était donné au mal intense, les cœurs se livraient à la joie ; on portait la chère malade dans l'enclos ; il nous semblait que toute la nature se mettait en fête pour lui souhaiter la bienvenue. Notre Mère Marie-Claire s'associait à nos espérances ; elle multipliait ses attentions délicates, et inventait de nouvelles industries pour charmer et distraire notre Révérende Mère du Cœur. Mais, hélas ! le mieux n'était pas stable. Au mois d'août, la visite de nos bonnes Mères de Beaune et d'Entrevaux vint faire une heureuse diversion aux préoccupations douloureuses ; il y eut bien des douceurs et aussi bien des tristesses dans cette entrevue qu'on prévoyait être un dernier adieu à notre bonne Mère du Cœur.

En septembre, M. Valentin, notre supérieur, dont la santé délicate avait besoin de repos, se démit de sa charge et alla se reposer, aux pieds de la Vierge du Laus, de ses années de

dévouement et d'apostolat. Nous ne le possé-
dions que depuis un an ; mais, dans ce court
espace de temps, nous avions pu apprécier les
éminentes vertus de son âme sacerdotale.

M. Blanchard Zéphyrin le remplaça auprès
de nous. Dans sa première visite, ce bon père
nous dit, avec cette simplicité et cette franchise qui lui étaient habituelles : « Je suis
vieux, je ne puis vous donner que le reste
de ma vie ; mais je vous le donne de bon
cœur. »

Cette promesse, il l'a fidèlement gardée.
Jusqu'en décembre 1890, où ses forces dimi-
nuant de plus en plus, il a donné, lui aussi, sa
démission, il n'a cessé d'être pour nous d'une
sollicitude toute paternelle.

Ce qu'il ne pouvait faire par son action immédiate, il le faisait par ses prières ferventes
et multipliées à Notre Dame du Laus, où sa
filiale dévotion le ramenait chaque mois.
Dieu sait ce qu'il obtenait de faveurs dans ces
pieux pèlerinages au Sanctuaire de Marie.

L'année 1891 sembla, à son début, suivre le
cours des années précédentes ; nos craintes
n'étaient pas plus grandes au sujet de la santé de notre Révérende Mère du Cœur. Que
Dieu est bon de nous voiler l'avenir ! cette
vue assombrirait tout le présent par l'image
anticipée des peines qui nous sont réservées.

La veille du 1ᵉʳ janvier, nous avions offert nos vœux à nos deux bonnes Mères, mais le jour n'était pas loin où le Ciel allait réaliser, comme lui seul peut le faire, nos souhaits de parfait rétablissement à notre bien-aimée malade.

Le 2 janvier, une congestion cérébrale se déclara ; dès lors, le danger devint imminent, les derniers sacrements furent donnés à notre vénérée Mère qui, tranquille et sereine, nous faisait ses dernières recommandations : « Mes chères filles, nous dit-elle plusieurs fois, n'ayez qu'un cœur et qu'une âme ! » Et elle se replongeait dans son union avec Dieu.

Cet état dura six jours. Notre Mère Marie-Claire était là, épiant les moindres mouvements de notre chère agonisante, s'unissant à toutes ses souffrances, recueillant pieusement toutes les bénédictions qu'elle ne se lassait pas de donner. Puis, quand vint ce matin si triste et si mémorable du 8 janvier, elle était là encore, et nous toutes avec elle, recevant le dernier soupir de cette belle âme qui s'envolait heureuse, dans le sein de Dieu, après avoir si longtemps travaillé et souffert pour Lui.

Qu'elle fut touchante, la scène qui suivit ce douloureux trépas ! tous nos cœurs se tournèrent vers la mère qui nous restait. Elle ouvrit ses bras pour presser sur son cœur les enfants que, désormais, elle devait aimer doublement. Devant la chère dépouille de la Mère qui nous avait été enlevée, nous promîmes à notre Mère Marie-Claire, affection, soumission, abandon filial. Que cette promesse était facile, et devenait un doux soulagement pour nos cœurs !...

Quand, le lendemain, nous nous vîmes séparées des restes chéris qui, pour nous, étaient un trésor, nous nous rapprochâmes de nouveau de notre Mère ; l'une de nous lui réitera, dans des lignes pleines de cœur, l'assurance de nos filials sentiments. Elle nous répondit par ces paroles où se révélait sa profonde humilité :

« Soyez-en sûres, mes chères filles, notre excellente Mère du Cœur vivra parmi nous ; elle me l'a promis quand, près de son lit de mort, je l'en ai tant priée. Pour moi, hélas ! je sens bien que je ne pourrai pas la remplacer. Dieu nous avait donné un canal tout d'or, vous en aurez un autre dont lui seul connaît la misère et l'impuissance. Mais, j'ai la volonté de me donner à vous autant que je puis le faire ; je vous promets mon entier dévouement. Je sens que je n'ai qu'un désir : faire du bien à vos âmes. »

Notre Mère composa, elle-même, les quelques lignes qui devaient servir de Memento dans le recueil où, avec le nom de nos chères défuntes, on inscrit un mot qui est comme le trait distinctif de leur caractère et de leurs vertus.

Voici ce pieux souvenir, dans lequel elle fait parler notre Mère tant regrettée :

Pour venir avec moi dans la Sainte Sion,
Mes filles, contractez pacte avec l'oraison ;
Selon le Cœur de Dieu, soyez bien religieuses ;
Dites l'ainsi-soit-il des âmes généreuses.
Cultivez la douceur, la sainte pauvreté ;
N'ayez toutes qu'un cœur rempli de charité,
D'humble réparation et de reconnaissance,
Et, toujours, estimez le don de la souffrance !

Le 15 janvier, jour de l'octave de la mort de notre Révérende Mère du Cœur, Dieu rappela à Lui Sœur Marie-Marthe, jeune religieuse qui était souffrante depuis plusieurs années. Elle s'était fait chérir de toute la communauté par la bonté et l'aménité de son caractère. D'une vivacité toute méridionale, elle charmait nos récréations par sa gaieté et son aimable entrain.

« Quand je serai au Ciel, nous disait-elle, je demanderai au bon Dieu de faire sans cesse de la musique avec la lyre des anges ! »

Elle redoutait beaucoup la mort ; mais quand elle la vit approcher, ses terreurs cessèrent, et, une heure avant d'expirer, elle disait à M. l'Aumônier : « O mon père que je suis contente ! »

Trois semaines après, Sœur Marie-Gertrude prenait aussi son vol vers le Ciel ; elle avait 66 ans. Plusieurs attaques lui avaient fait pressentir sa fin prochaine, mais elle ne redoutait pas la mort ; un abandon absolu à la volonté divine, une confiance entière en Marie étaient la douce voie dans laquelle elle marchait constamment, sur les traces de son illustre patronne. Sa mort fut paisible et heureuse comme l'avait été toute sa vie.

Au mois de septembre, Notre-Seigneur demanda à notre Mère Marie-Claire un sacrifice plus pénible encore ; celui d'une de ses sœurs par le sang, Sœur Marie-Louise, qui l'avait précédée en religion. Donnons un souvenir à cette chère et précieuse mémoire :

M{llc} Joséphine Moynier était née en 1820 ; elle eut, comme ses deux sœurs aînées, une heureuse enfance protégée par une sainte aïeule et de vertueux parents. Elle aussi fit, avec succès, ses études au pensionnat de Sainte-Ursule, à Grenoble.

Dans le monde, elle eut pour directeur le

pieux M. Blanchard, surnommé *de la bonne Mère*, à cause de sa tendre et filiale dévotion envers la sainte Vierge. En 1842, elle rejoignit dans le cloître sa bonne Mère du Cœur et son angélique sœur Marie des Anges.

Le caractère particulier de sa vie religieuse fut une profonde piété et un abandon filial au bon plaisir de Dieu.

Elle eut longtemps la douce tâche de jouer de l'orgue et d'accompagner nos cantiques. Elle chantait elle-même, de sa voix harmonieuse jusqu'à la fin, et souvent elle faisait passer dans nos cœurs les célestes impressions de son âme si religieuse.

L'abnégation, le travail, la souffrance versèrent continuellement leurs précieux bénéfices dans sa modeste existence. Sœur Marie-Louise avait un attrait irrésistible pour la vie cachée : se dévouer sans bruit, rendre service à ses sœurs. soulager les pauvres par toutes ses pieuses industries, étaient ses constantes préoccupations.

Son active énergie lui faisait, malgré de continuelles souffrances, remplir des charges multiples. Elle nous avouait que le travail était son plus doux délassement.

Dans le courant du mois d'août 1891, la maladie d'estomac dont elle souffrait depuis longtemps atteignit sa dernière période.

Quoiqu'elle pût encore se lever, elle ne se faisait pas illusion sur son état.

En contemplant la belle nature, elle répétait ce vers d'un poète :

Aux regards d'un mourant, que le soleil est beau !

Au retour de ses petites visites au Saint-Sacrement, elle nous disait. « Je me suis présentée à Notre-Seigneur avec cette unique prière : « Mon Dieu ! me voici ; faites de moi ce que vous voudrez !... »

La sainte Vierge l'appela près d'elle, le 5 septembre, un samedi, jour qu'elle aimait entre tous. Elle avait 72 ans.

Après ce triste et consolant adieu, notre Mère Marie-Claire écrivait dans son carnet : « 5 septembre, à 2 heures du matin, paisible et sainte mort de notre si chère sœur Marie-Louise.

« A moi maintenant... bientôt peut-être. Les fréquents battements de cœur que j'éprouve me font supposer un anévrisme qui peut devenir foudroyant. *Fiat !* Cœur de Jésus, je m'abandonne à votre miséricordieuse bonté. Je mets ma confiance, Vierge, en votre secours ! »

Quelques jours après, elle écrivait à son amie d'enfance :

MA TOUJOURS CHÈRE· NELLY,

« Oui, il a été bien douloureux ce nouveau sacrifice. Il est bien triste et profond le vide laissé au milieu de nous par celle qui, depuis bientôt 50 ans, servait et charmait notre maison ! Jusqu'à la fin, elle a été aimable et active comme tu l'as connue, s'occupant de son piano, de ses chers pauvres, etc.

« Nous ne restons plus que deux des cinq sœurs. La résignation, les souvenirs édifiants, la sympathie dont nous sommes entourées, et l'espérance surtout, adoucissent notre affliction. Et toi, ma chère Nelly, c'est là qu'il te faut regarder pour retrouver tes Mères d'autrefois. Sois de plus en plus la femme forte et chrétienne. Le bon Dieu nous laisse encore un peu ici-bas pour expier et mériter ! »

Hélas ! nos deuils n'étaient pas finis... Le 11 novembre, notre excellent aumônier, M. C. James, nous était enlevé subitement.

Le matin, il avait dit sa messe, comme d'habitude, se plaignant seulement d'un petit malaise qui, nous disait-il, passerait bien vite. Il se proposait de revenir le soir faire le catéchisme aux enfants de la première Communion. Quelle fut notre consternation lorsque, vers 11 heures, nous apprîmes sa mort... Ce bon Père avait été frappé d'une apoplexie foudroyante. Heureusement, c'était le serviteur toujours prêt à répondre à l'appel du Maître !..

Depuis 14 ans, nous jouissions de sa sage direction ; il nous prodiguait ses soins avec un dévouement dont Dieu seul peut apprécier la mesure. Sa mort fut un deuil, non seulement pour le Saint-Cœur et pour toute la ville, mais pour Embrun, Rosans, Saint-Bonnet, où il avait exercé le saint ministère avec un zèle tout apostolique.

Au commencement de 1892, notre Mère écrivait : « Cœur de Jésus, j'espère en vous ! Cœur de Marie, je vous confie toutes choses ! »

Cette année devait être celle de nos élections. Mais avant de commencer l'histoire de ce dernier triennat complet de notre bonne Révérende Mère Marie-Claire, reposons-nous quelques instants en contemplant ses vertus ; puis, nous savourerons le parfum qui s'exhale de sa correspondance religieuse.

CHAPITRE XIV

Vertus de notre Révérende Mère. Son union à Dieu. Sa piété. Son abandon à la volonté divine.

Avant de parler des vertus de notre Révérende Mère, il nous vient à l'esprit la comparaison qu'elle employait pour retracer celles de notre Mère du Cœur :

« Lorsque dans un riche parterre, on veut cueillir un bouquet, grand est souvent l'embarras ; on se sent attiré par une fleur aux couleurs délicates, puis, une autre plus riche frappe vos regards, une troisième se fait remarquer par son suave parfum ; lesquelles choisir ? Ah ! que l'on voudrait former une gerbe de toutes ces fleurs si gracieuses !... Ainsi en est-il pour les vertus de notre Révérende Mère. Quel beau tableau elles

formeraient si l'on pouvait les retracer toutes !
Mais il est de ces spectacles que Dieu et les
anges se sont réservés, et, d'ailleurs, ne faut-il
pas garder quelque surprise pour le jour
où, à la clarté céleste, les vertus des élus
nous seront dévoilées dans toute leur
splendeur ?.. »

Notre Mère s'appliquait constamment à
poursuivre l'idéal de la sainteté. Elle avait
écrit dans son carnet :

« La première qualité de celui qui veut
instruire les autres est d'être saint et irrépro-
chable. Il faut qu'il soit un modèle, pour conduire les autres à la perfection. »

Et encore, cette résolution de Mgr Dupanloup : « M'élever, me dégager, me tenir haut
dans la sérénité et la lumière ; redescendre
de là, avec des clartés simples et vives, profondes et paisibles. »

Il me semble que ces quelques mots soient
tout le portrait moral de notre Mère. Sa
sainteté provenait de son intime union avec
Dieu ; on sentait que sa conversation était
dans le Ciel !... son parfait recueillement et sa
modestie angélique étaient une édification
continuelle pour toutes les personnes qui
l'approchaient. Elle pratiquait admirablement le conseil qu'elle nous donnait :
« Tourner tout en prière... »

« Lorsque quelque chose vous réjouit nous disait-elle, envoyez vers le Ciel un cri de reconnaissance : « Merci, mon Dieu ! » Une difficulté se rencontre-t-elle sous vos pas : « Mon Dieu, venez à mon secours ! » Quand une peine vous attriste : « Mon Dieu, je vous l'offre. » Alors, votre vie sera une vie de prière ; l'union à Jésus sera la sève bénie qui fera produire à votre âme toutes sortes de fruits de vertu. »

Une sœur lui ayant demandé le secret pour réparer le passé, elle répondit par le billet suivant :

« Ce secret, ma chère enfant, vous le connaissez et vous en jouissez depuis longtemps. Je désire et demande au divin Cœur que vous sachiez de mieux en mieux comprendre et faire jouer la ravissante machine à l'aide de laquelle il veut que vous travailliez à sa vigne ; la prière est cette pompe puissante, faisant non seulement passer en nous les eaux de la grâce divine qui purifient, fertilisent, rafraîchissent ; mais nous permettant de lancer jusqu'aux extrémités du monde, ces eaux salutaires pour perfectionner les justes, sauver les pécheurs, soulager les âmes du purgatoire. Quelle vie bien employée que celle d'une âme de prière ! surtout quand, aux désirs de la gloire de Dieu, se joint l'accomplissement de la volonté divine qui fait monter vers le Ciel la bonne odeur des mérites de Jésus. »

Pour faire comprendre aux élèves les effets admirables de l'union à Dieu et la manière dont Jésus se communique aux âmes, elle leur disait :

« Quand on s'entretient avec Notre-Seigneur. la sainte Vierge et les saints, ils vous répondent réellement. Moi, je vous parle parce que je suis obligé de traduire ma pensée en paroles ; mais si je pouvais aller directement à votre âme, sans intermédiaire, comme je le ferais volontiers ! Jésus, Marie, Joseph font ce qui m'est impossible. Quand vous êtes près du Tabernacle et que vous priez, un pur rayon de lumière tombe directement du Cœur de Jésus dans votre âme, et vous fait mieux comprendre vos devoirs, vous fortifie mieux pour les pratiquer que ne le feraient tous les discours. »

Notre Mère nous répétait souvent : « Soignez bien vos actes intérieurs ; ils peuvent être pour notre âme une source de mérites. Dans une journée, combien pouvons-nous produire d'actes d'adoration, d'amour de Dieu, de regret de nos fautes ! et dans une vie entière, jusqu'à quel point cela peut-il aller ? Ah ! nous verrons un jour la différence qu'il y a entre une âme qui donne une bonne direction à ses pensées, et une autre âme qui les laisse s'arrêter à toutes sortes de préoccupations inutiles! Le travail, ajoutait-elle, est aussi une excellente prière quand on le fait pour accomplir la volonté de Dieu, et qu'on y mêle de ferventes oraisons jaculatoires. »

Elle se portait de toute son âme vers les grandes dévotions qui alimentent la piété. Quelle foi admirable devant le Saint-Sacrement ! comme elle savait apprécier le don divin de l'Eucharistie.

« Je ne puis dire, nous racontait une bonne sœur converse, l'impression qu'elle me fit, un jour, près du Saint-Sacrement. Elle venait d'être nommée supérieure. En la voyant regarder l'ostensoir avec des yeux illuminés par l'amour de Jésus, je me disais : « Notre Mère doit faire maintenant un bon coup avec le bon Dieu ! »

Au mois de mai 1891, quand nous eûmes pour la première fois le privilège de l'adoration nocturne avec Montmartre, elle cherchait par des accents inspirés à nous montrer l'excellence de cette grâce. « Qui sait, nous nous disait-elle, ce que nous mériterons pendant ces 24 heures ! Elles peuvent valoir toute une vie par l'intensité de notre ferveur. »

Elle demeurait toute la nuit du Jeudi au Vendredi-saint au pied du prisonnier d'amour ; et son bonheur s'augmentait en voyant plusieurs de ses filles, qui avaient sollicité et obtenu la même faveur, former à Jésus une couronne de cœurs adorant, suppliant et s'immolant. Quand nous avions le Saint-Sacrement exposé, elle ne comptait pas les heures passées auprès du Tabernacle ; vers la fin de sa vie, quand elle dut recourir aux bras de ses filles pour la porter, il lui arrivait parfois de rester cinq heures de suite à l'église, sans s'inquiéter des ménagements que pouvait réclamer sa santé. Le culte rendu au Sacré-Cœur était une de ses dévotions préférées. Chaque mois, la lecture du bulletin du Vœu National la charmait ; elle nous faisait admirer l'élan généreux qui porte tant d'âmes à envoyer à Montmartre de riches offrandes.

Elle-même n'avait pas de plus grand bonheur que d'offrir une pierre à l'église du Sacré-Cœur ; c'était ordinairement son action de grâces après une grande faveur obtenue, ou une suprême offrande lorsqu'elle sollicitait une grâce. Elle aimait à nous citer cette parole d'un célèbre et pieux écrivain : « Je voudrais que l'église du Sacré-Cœur fût toute d'or ; et si elle ne devait durer qu'un jour, je voudrais qu'elle fût toute de diamant ! »

Quels cris d'amour et de gratitude

elle envoyait vers le cœur de Jésus ! nous lisons dans ses souvenirs :

« Cœur de Jésus, c'est un élan de reconnaissance que je fais monter vers vous ! la parole ne peut l'exprimer. Votre bonté est ineffable ; protégez maintenant et toujours vos chères enfants ! » Et encore : « O Prudence du Cœur de Jésus, dirigez-moi, dirigez-nous dans tous les détails du spirituel et du temporel ! La responsabilité serait effrayante, si l'on ne comptait sur votre assistance compatissante et infiniment miséricordieuse. »

Au commencement de 1888, elle écrivait : « Cœur de Jésus, bénissez cette année ; dirigez tout. Je suis à vous ; vous voyez le fond de mon cœur, et les pensées de mon âme ne vous sont point cachées. »

Au mois de février de la même année, elle ajoutait : « Tout est pour moi dans le confiant abandon à vos Cœurs si miséricordieux, ô Jésus, Marie, Joseph ! »

Elle écrivait à une de ses filles :

« Oui, il faut enfin tout abandonner et ne retenir que la confiance au Sacré-Cœur, dans lequel vous jetterez le passé, le présent, l'avenir avec leur contenu. Votre principale résolution sera de vous retourner vers le Cœur de Jésus, autant de fois que vous vous serez repliée sur vous-même. Béni soit ce doux

Sauveur de vous faire sentir qu'il n'y a pour vous de repos qu'en Lui !... Vous avancerez plus dans la connaissance et l'amélioration de vous-même, en vous tournant simplement vers la vérité : un de ses rayons vous instruira mieux que toutes vos recherches. »

A une ancienne élève, elle disait :

« Etes-vous fidèle à la communion du 1er vendredi ? Je vous la recommande instamment. » Et encore : « Je vous engage à dédier cette année au Sacré-Cœur. Dès que l'on s'applique à cette dévotion délicieuse, on en retire les plus grands avantages, les plus encourageantes consolations. Prenez pour votre aspiration de tous les instants : « Divin Cœur de Jésus, donnez-nous pour partage de vous aimer toujours et toujours davantage ! » Ou bien : « Jésus doux et humble de cœur, rendez mon cœur semblable au vôtre ».

« Dites celle-ci, surtout quand vous aurez des peines et des difficultés ; elle vous aidera à tirer tout le mérite qu'elles vous offrent pour l'Eternité. »

Enfin, quelques semaines avant sa dernière maladie, elle écrivait à l'une de ses enfants :

1er juillet 1896.

« En finissant ce mois du Sacré-Cœur vous avez dit sans doute ce refrain de nos fêtes :

Vous avez fui ; non, vous durez encore,
Et, pour mon cœur, vous durerez toujours !...

« Malgré toutes vos lâchetés, le Sacré-Cœur vous aime tant ! et vous sentez si bien qu'il est votre doux refuge. Regardez son image, quand vous ne pouvez pas prier, et que ce cri suppliant : « Cœur de Jésus, mon unique espérance, ayez pitié de moi ! » soit votre préparation, votre action de grâces quand vous communiez.... » Quand revenait le mois de juin, douce fête de trente jours en l'honneur du Sacré-Cœur de Jésus, notre Mère le faisait célébrer avec toute la solennité possible. Notre-Seigneur permit que le dernier travail de sa fidèle épouse fût à la gloire de son Sacré-Cœur.

Quelques semaines avant de s'aliter, notre Mère avait commencé de composer un mois du Sacré-Cœur, dédié aux anciennes élèves ; il était à peu près terminé quand Dieu résolut, par une augmentation de souffrances, de mettre les derniers coups de pinceau à cette âme déjà si belle. Nous n'avons pu lire sans émotion les lignes qu'elle traçait lorsque la maladie arrêta sa main défaillante :

« Que la paix soit avec vous ! Que par votre fidélité, cette paix soit avec vous à tous les instants de votre vie ! Que par la miséricordieuse bonté du divin Cœur, elle surabonde en vous, quand vous arriverez à l'heure suprême qui voit les justes mourir en paix !.. »

La confiance envers la sainte Vierge était le doux et puissant moyen que notre Mère employait pour donner des âmes au Cœur de Jésus. Elle nous disait quelquefois : « Ah ! quand vous parvenez à inspirer à une enfant une grande dévotion à Marie, vous pouvez être tranquille pour son avenir ; il est en bonnes mains. »

Par une gracieuse comparaison, elle nous montrait tout ce qu'on peut obtenir de Marie.

« Lorsque vous dites votre chapelet, chargez votre bon ange de ceci... Chaque fois, qu'avec bonheur vous saluez Marie pleine de grâces, il prendra la petite éponge de votre cœur, si sèche et si aride, il la plongera dans le Cœur Immaculé, océan de la grâce, et vite, il ira répandre ce baume de salut sur quelques-unes de ces chères âmes tièdes ou pécheresses qui seront améliorées. »

En écrivant à une ancienne élève :

« Je crois que vous aimez la sainte Vierge, ma chère M., Comment ne l'aimeriez-vous pas ? Mais, je crois aussi que vous pouvez et devez l'aimer bien plus encore, et vous appliquer avec plus de zèle à la faire aimer par votre petit troupeau chéri. Un grand ministre répondait jadis à ceux qui s'étonnaient de ce que, accablé d'affaires, il consacrait tous les jours, six heures à la prière : « Prier, c'est encore gouverner !.. » Ne pensez-vous pas que cette parole est excellente pour tous les genres de gouvernement, et qu'une mère aussi travaille efficacement à régir son petit empire, lorsqu'elle est à genoux aux pieds de la Reine des Anges ? Un petit coup de main de cette toute-puissante Maîtresse avance nos affaires plus que toutes nos sollicitudes ne pourraient le faire. Et si elle protège nos chères enfants, n'est-ce pas la meilleure garantie de leur bonheur ? »

Elle disait à une autre :

« Il faut, chère enfant de Marie, réjouir le Cœur de votre Mère Immaculée en lui promettant de ne plus manquer votre chapelet : c'est le bouquet et le présent qu'elle désire de vous. Le rosaire est la chaîne bénie qui vous fera monter au Ciel !... »

Lorsqu'elle quitta le Parc, une sœur lui dit :

« Ma Mère, à qui désormais, pourrai-je confier mes petites peines ? — A la sainte Vierge, ma fille, » répondit-elle ; et elle ajouta : « Aimez-la bien, quand on l'aime de tout son cœur, on ne marche pas dans la perfection ; on y vole. »

Les jours de fêtes de la sainte Vierge, dans nos réunions de communauté, elle invitait chacune de nous à dire quelques bonnes pensées en l'honneur de notre Mère du Ciel. Le 15 août 1884, elle commença elle même nos petites agapes spirituelles, par la lecture de quelques charmantes pages qu'elle avait composées. Nous les reproduisons en partie :

« *Mater, divinæ gratiæ.*

« La première, mes chères sœurs, je veux bégayer filialement quelques mots sur le très doux sujet de nos entretiens. Je choisis, pour ma savoureuse part, la Vierge de la fontaine, que je nommerai *Mater divinæ gratiæ.* Ne trouvez-vous pas que ce titre est bien celui qui lui convient ? Les eaux pures et abondantes qui coulent à ses pieds sont un magnifique bienfait temporel dont nous devons sans cesse lui témoigner notre reconnaissance. Qu'il est délicieux de méditer, qu'à l'heure où le Seigneur forma la terre, il marqua pour nous cette source. Dès lors, notre riche fontaine, surmontée de l'image bénie, existait dans la pensée du Seigneur avec les fleurs qui l'entourent, surtout avec les âmes embaumées de prière, qui, de là, font monter, par Marie, tant de parfums vers le Ciel !

« Mais, sous la réalité déjà si douce de la faveur temporelle, quels symboles consolants, quelles promesses délicieuses se cachent comme sous un voile transparent ! Ces eaux sont bien l'image de la grâce intérieure qui coule sur nous sans interruption, mille et mille fois plus abondante qu'il ne la faudrait pour entretenir notre vie.

« Si nos regards sont réjouis, si notre cœur est ému de tendre gratitude quand nous voyons nos belles eaux matérielles, que devons-nous éprouver quand nous voyons les innombrables canaux par lesquels jaillissent continuellement vers nous les dons surnaturels dont le Cœur de Jésus est la source, et le Cœur de Marie le réservoir !... »

. . . .

Le 17 septembre 1882, jour où nous honorions particulièrement le Cœur de la Très sainte Vierge, notre Mère écrivait cette prière : « O douce Vierge Marie, comme une mère apprend patiemment à son enfant ses devoirs envers elle, enseignez-moi ce que nous devons faire pour glorifier votre Cœur Immaculé. »

La dévotion au bon saint Joseph lui était aussi extrêmement chère. Quand elle nous parlait de ce saint Protecteur, sa parole était si persuasive qu'elle portait à la plus grande confiance. « Ne vous lassez pas de prier saint Joseph, nous disait-elle, quand même il ferait semblant de ne pas vous écouter. »

Elle nous faisait célébrer pieusement les 7 mercredis qui précèdent sa fête, et nous rappelait que, en 1884, nous avions obtenu les 7 demandes implorées dans nos visites aux divers oratoires de saint Joseph.

« J'ai choisi ce grand saint pour mon bon pourvoyeur, nous disait-elle encore ; sa petite statue se trouve au-dessus de la boîte qui renferme les modestes fonds de la communauté ; quand l'argent me manque, je m'adresse à saint Joseph, et il ne m'a jamais laissée en peine. »

Dans plusieurs circonstances, sa confiance envers son Protecteur, fut récompensée d'une manière toute providentielle. Une fois, c'était lors de son voyage au Parc, on avait emporté quelques couverts d'argent qu'il fut impossible de retrouver ensuite. Notre Mère promit 20 francs au Vœu National, et la petite communauté s'engagea à se servir, pendant un an, de couverts de buis, si le colis perdu se retrouvait. On pria surtout le bon saint Joseph qui répondit à la confiance de la communauté ; un mercredi tout fut retrouvé intact.

Ecoutons notre Mère nous raconter, elle-même, un second trait :

« J'avais essayé plusieurs fois, mais inutilement, d'ouvrir une certaine boîte à ressort. Ce matin, j'ai confié mon embarras au bon saint Joseph. Après avoir placé une statuette au-dessus de la boîte, j'ai récité les six *Pater* pour ses chères âmes du purgatoire ; mes efforts ont été de nouveau infructueux ; alors, sans me décourager, j'ai recommencé à prier, et après trois fois, j'ai ouvert sans difficulté. Comme si saint Joseph avait voulu montrer que cette faveur venait de lui, le premier ressort se trouvait à la lettre J.... »

Notre Mère écrivait à l'une de ses filles :

« Je vous recommande bien quand quelque chose est gêné dans votre vie intérieure et extérieure, de recourir au bon saint Joseph, si disposé à tout arranger lorsqu'on s'en remet à ses soins. »

Elle aimait aussi beaucoup les bons anges, ces célestes gardiens que Dieu a placés sur notre route pour aplanir nos sentiers, enlever les épines qui, trop souvent, hélas ! meurtriraient nos pieds.

Quand on lui confiait une peine ou une difficulté, après avoir consolé et encouragé, elle disait : « Recommandez cela à votre bon ange ! »

Un jour, une bonne sœur converse vint lui dire qu'elle avait un paquet à envoyer dans un village, perdu au milieu des montagnes : « Il me sera impossible, ajouta-t-elle, de trouver une occasion. — Ma fille, lui dit notre Mère allez à la gare, invoquez votre bon ange avec ferveur, je pense que tout s'arrangera. — O ma Mère, reprend la sœur, j'ai bien besoin que vous invoquiez aussi le vôtre ! » Et elle partit, souriant de la grande confiance de notre Mère.

A peine était-elle en route, qu'elle rencontra une personne bien connue. « Je vais à N., lui dit cette personne, si vous avez quelque commission, je m'en chargerai volontiers. » La sœur donna son paquet, on devine avec quelle joie, et elle revint au couvent, bénissant son ange gardien et celui de sa bonne Mère.

Ces traits de délicatesse divine pénétraient l'âme de notre Mère de la plus vive reconnaissance, aussi s'abandonnait-elle à Dieu avec la plus entière sécurité.

En tout, elle voyait la douce action de la Providence, le doux arrangement des Sacrés-Cœurs.

Quand elle parlait du chemin de la croix érigé dans notre chapelle du Parc : « Nous étions quatorze, nous disait-elle ; Jésus fait tout avec une admirable mesure. »

Lorsqu'elle eut atteint sa 56e année, les sœurs de la Communauté étaient précisément ce nombre :

« O Cœurs de Jésus, de Marie, de Joseph, disait-elle, pardon, merci ! Je m'abandonne à votre bonté ! 56 sœurs à offrir à Jésus ; quelle délicate attention de la Providence ! »

Dans une autre circonstance, elle écrivait : « O Jésus, chacun de nos jours, chacun de nos instants nous apporte de nouvelles preuves de votre ineffable bonté, d'évidents témoignages des délicates attentions de votre Cœur miséricordieux ; comment répondre à tant de grâces ? »

Elle écrivait à la bonne Mère Marie-Ursule : « Avant d'aller vers le bon Dieu, faisons-lui le plaisir de nous abandonner à Lui complètement dans une parfaite confiance. »

A une de ses chères anciennes, elle conseillait le même abandon, par ces petits mots :

« Demeurez, parmi vos sollicitudes, comme le petit oiseau qui chante joyeusement au milieu des buissons épineux. Louez et glorifiez sans cesse le Seigneur qui veille sur vous !

A une autre de ses filles, elle disait :

18 août 1885.

« Mon souhait intime, à l'occasion de votre fête, est celui-ci. Abandonnez-vous à Jésus, comme le passager inexpérimenté s'abandonne au pilote, comme le petit enfant s'abandonne à sa mère.

« Fermez les yeux et livrez votre âme au courant de la Volonté divine, fleuve béni qui vous mènera doucement et très sûrement à l'océan de la bienheureuse éternité ! »

Transcrivons encore un petit billet qu'elle envoyait à la Mère Supérieure du Parc :

29 décembre 1892.

« Par quelques mots, je réponds à vos bons souhaits, ma chère Mère. Voulez-vous qu'ensemble, nous prenions la ferme résolution de n'avoir plus qu'un souci : voir, chérir, accomplir la Volonté divine ? Abandonnons tous nos autres soucis, parfois bien lourds, à Celui qui nous les a préparés et qui saura bien tenir sa consolante promesse. Tout sert au bien des âmes qui aiment Dieu ! Je reconnais de plus en plus la bonté par laquelle Notre-Seigneur répond à la confiance.

« Ne l'avons-nous pas expérimenté mille fois? Appuyons-nous donc paisiblement sur son Cœur pour porter facilement et saintement nos croix. »

CHAPITRE XV

**Vertus religieuses de notre Révérende Mère.
Son admirable esprit de foi.**

Comment une âme si unie à Dieu n'aurait-elle pas pratiqué, dans toute leur perfection, les vertus religieuses ? Le silence était pour elle un besoin ; elle s'en enveloppait : ses avis particuliers, ses exhortations, son exemple surtout, nous le prêchait. On aurait pu dire d'elle ce qu'on a écrit d'une fervente sœur de charité : « Elle ne se recueille pas, elle est toujours recueillie !... »

Comme la vénérable Fondatrice du Sacré Cœur, elle paraissait toute revêtue de Jésus-Christ. Il nous semble qu'elle faisait son portrait quand elle traçait ces lignes :

« L'âme silencieuse, c'est le ruisseau limpide qui porte sans cesse son onde pure à l'océan des perfections infinies.

« C'est le lis parfumé, éclairé des rayons d'un soleil bienfaisant. C'est la colombe qui, pour se préserver de la poussière d'ici-bas, prend son vol et va se reposer dans la pure atmosphère des saintes méditations. »

A mesure qu'elle avançait dans la vie religieuse, notre Mère sentait croître de plus en plus l'attrait du silence et le désir de nous le faire pratiquer. Parfois, quand elle travaillait dans sa modeste cellule, si elle entendait quelque bruit inaccoutumé, elle sortait, mettait son doigt sur sa bouche ; c'était assez : la leçon avait été comprise.

Que dire de son admirable exactitude ? c'était à la minute, à la seconde, qu'elle se rendait aux exercices de la Communauté. Quand elle était directrice, souvent elle se trouvait retenue dans sa chambre, par quelque élève, au moment des récréations ; mais vers la fin, nous la voyions traverser rapidement nos galeries pour entrer à la chapelle en même temps que la Communauté.

Les derniers mois de sa vie, alors que souffrante et infirme, elle aurait eu tant besoin de prolonger, le matin, un repos que les heures de la nuit lui avaient refusé, elle se levait, au contraire, avant la Communauté pour être prête à l'heure, malgré l'extrême difficulté qu'elle avait à se mouvoir.

Elle voulait que toutes ses filles fussent exactes, facilitant tout, d'ailleurs, par une admirable prévoyance. « Ma fille, disait-elle à l'infirmière, portez à vos malades tout ce qu'il leur faut, mais quand un exercice a sonné, ne vous attardez pas auprès d'elles, à moins que leur état ne demande qu'on les garde. »

Nous avons déjà dit un mot de son ardent amour pour la pauvreté ; elle la pratiquait en tout : dans ses vêtements, dans sa cellule, dans les objets qui étaient à son usage.

La sœur, chargée du vestiaire de la Communauté, nous disait : « Notre Mère n'était jamais si contente que lorsque je lui donnais un vêtement usé ou raccommodé ; quand, au contraire, elle en recevait un neuf, je connaissais bien vite son déplaisir de ne pouvoir pratiquer sa chère vertu. »

Elle engageait les sœurs chargées d'acheter les étoffes, et celles qui s'occupaient des chaussures, à choisir toujours ce qui était le plus conforme à la pauvreté religieuse, cela dût-il coûter plus cher. « J'aimerais mieux, leur disait-elle, payer vingt francs une chaussure pauvre, que de donner cinq francs pour une chaussure fine et à la dernière mode. »

Lorsqu'elle était directrice, les élèves, avec une singulière édification, se montraient ses souliers qui avaient bien de la peine à présenter quelque air de ressemblance. Au Parc, un jour, pendant la récréation, les sœurs s'égayèrent beaucoup en admirant son éteignoir d'un nouveau genre : c'était une coquille de noix !

Elle se serait reproché un petit tableau de trop dans sa cellule, une image, quelques épingles même dont elle aurait pu se passer :

« Je trouve, nous disait-elle, que le plus bel ornement d'une chambre de religieuse, c'est la blancheur des quatre murs. — Ma Mère, lui objecta une sœur, j'ai quelques petits objets inutiles, mais je n'y tiens pas du tout. — Ma fille, lui répondit notre Mère, les Maîtres de la vie spirituelle nous disent qu'il en est de cela comme des dents : on ne sent qu'on y est attaché que lorsqu'on vous les arrache ! »

Elle voulait qu'au réfectoire on servît abondamment aux sœurs tout ce qui était nécessaire, mais toujours selon les règles de la sainte pauvreté ; elle n'aimait pas les particularités pour elle-même, et n'acceptait les attentions spéciales que lorsqu'elles étaient absolument nécessaires. Ayant eu besoin de prendre, pendant quelque temps, un potage, au goûter, elle avertit, un jour, l'infirmière que désormais, elle pouvait s'en passer. Le lendemain, le potage reparut : « Ma fille, dit notre Mère à la sœur trop heureuse de la soigner, aujourd'hui, c'est vous qui allez prendre ceci.. »

Econome de tout, elle l'était surtout du temps qu'elle employait jusqu'à la dernière minute.

Lorsqu'elle était directrice, nous nous étonnions qu'elle pût suffire à son travail : classe, soin du pensionnat, réunions, catéchismes, correspondances, leçons aux sœurs et aux élèves se préparant au brevet, elle se donnait, se prodiguait avec un dévouement sans mesure.

Elle regardait le temps comme la monnaie précieuse qui sert à acheter le ciel : « O mon Dieu, écrivait-elle, le temps est la distance entre vous et moi ; il est le seul et facile degré que votre créature doit avoir le mérite de franchir pour s'élever à vous, par un acte libre de choix et d'amour. »

Quand elle fut supérieure, le bon emploi de tous ses moments lui fit accomplir avec la même perfection ses nouveaux devoirs ; et lorsque les infirmités l'empêchèrent de sortir de sa chambre, elle nous disait : « Je regarde comme une grande grâce, de pouvoir encore travailler ! »

Pendant les semaines qui précédèrent sa dernière maladie, nous l'avons dit déjà, son occupation fut de composer un *Mois du Sacré-*

Cœur, et lorsqu'elle fut obligée de rendre les armes, ce fut dans le Cœur de Jésus qu'elle tomba épuisée de fatigues et de souffrances, pour jouir sans retard de l'éternel repos.

En son âme si belle, toutes les vertus formaient une chaîne dont l'humilité unissait les précieux anneaux. Elle pratiquait cette vertu en toutes rencontres, supportant sans jamais se plaindre tout ce qui peut froisser ou blesser, et ne disant jamais un mot de ce qui pouvait tourner à sa louange. Quand, dans l'occasion, nous lui exprimions notre reconnaissance pour son infatigable dévouement, elle nous répondait par quelques paroles qui montraient son profond mépris d'elle-même.

Un jour, après avoir reçu nos souhaits de fête, elle nous dit : « J'accepte, en les rapportant à Dieu, tous les bons sentiments que vous m'exprimez. Pour savoir ce que je suis, je n'ai qu'à me rappeler la comparaison du *buisson*. »

On venait, dans une retraite, de nous montrer que Dieu se sert des plus petits instruments pour imposer son autorité, et l'on nous avait donné comme exemple : Le Seigneur apparaissant à Moïse dans un buisson ardent.

Dans une de ses exhortations, elle donnait ce conseil :

« Lorsque vous éprouverez quelque contrariété, que votre amour-propre sera froissé, dites aussitôt : « Il est bon, Seigneur, que je sois humiliée. »

« Priez votre bon ange de vous souffler toujours cette parole ; je vous assure que si vous êtes fidèle à l'entendre, vous resterez dans la paix ! »

Une sœur l'ayant priée de demander à Dieu qu'il daignât lui obtenir la vertu d'humilité, notre Mère lui répondit par ces lignes :

« Ma chère enfant, je ferai de tout mon cœur ce que vous désirez ; de plus, pour vous faire avancer dans cette vertu qui est la base de toutes les autres, je viens vous donner un conseil :

« En esprit d'humilité et pour vous tenir vraiment la dernière parmi nos sœurs, appliquez-vous à leur parler très respectueusement avec un ton très doux, cédant toujours quand leur avis n'est pas le vôtre, et recevant avec reconnaissance les observations. Vous verrez, ma fille, que ce moyen extérieur vous aidera puissamment à rendre parfaits vos sentiments intérieurs, et qu'il vous attirera des grâces précieuses. »

En nous parlant des occasions ménagées par Dieu pour nous faire pratiquer l'humilité, elle nous disait encore :

« Sous quelque enveloppe que nous arrive ce trésor, apprécions-le comme un excellent moyen de payer nos dettes et d'avancer notre sanctification. L'âme humble voit tout aux clartés de la vérité divine. De perpétuels orages ont lieu dans les sombres nuages de l'orgueil, mais une sérénité céleste environne l'âme humble. »

La vertu qui, chez notre Révérende Mère, semblait être comme le principe et aussi le couronnement de toutes les autres, était l'esprit de foi. Elle voyait toutes choses à ces pures et célestes lumières qui prêtent un jour nouveau aux tristes ombres d'ici-bas, et cette vue lui faisait estimer à leur juste valeur ce qu'on est convenu d'appeler richesse, honneurs, avantages terrestres. Elle poursuivait sans relâche cette unique affaire dont parle l'Evangile, et ne cessait d'inculquer ces sentiments aux âmes qu'elle dirigeait :

« Quand je vous entends vous amuser, disait-elle un jour aux enfants, je me dis parfois: Qui sait si toutes ces paroles, ces pas, ces cris de joie tomberont dans l'Eternité, comme tombent les grains de sable du sablier? Quand vous êtes en étude, au travail, en classe, je me demande: Ces légères fatigues, cette activité de l'intelligence, de la mémoire ou des doigts, tout cela va-t-il droit vers le Ciel ? »

Elle leur citait encore cette parole de saint Bernard : « Dieu ne récompense pas le verbe, mais l'adverbe ! » Il ne suffit pas d'agir, mais il faut bien agir.

Un jour, elle leur faisait cette comparaison : « Je suppose, mes enfants, que l'une de vous gagne à une loterie un lot de cent mille francs, et qu'une autre ait le mérite d'une bonne action faite pour Dieu.

« Quelle est celle qui aurait vraiment le plus riche trésor ? Est-ce la première ? Oh ! non, car dans un siècle, par exemple, ces cent mille francs ne vaudront plus rien pour elle, tandis que la seconde a acquis un diamant qui a une valeur éternelle. »

Dans une circonstance où les enfants avaient fait beaucoup d'efforts pour mériter une journée passée à Notre Dame du Laus, elle leur disait :

« Que serait-ce si on vous avait promis une journée au Ciel ? Mais ce n'est pas une journée, c'est une éternité de félicité céleste que Jésus vous promet si vous êtes généreuses ! »

Elle écrivait à une ancienne élève :

« Qu'avons-nous à chercher autre chose sur cette pauvre terre, sinon ce qui nous sanctifie et nous mène aux biens éternels ? Voyez comme le temps passe vite et comme on le regrette quand on l'a mal employé ! »

Puis, comme souhait d'heureuse année, elle lui donnait cette maxime de sainte Catherine de Gênes :

« Que Dieu soit dans votre cœur, l'éternité dans votre esprit, le monde sous vos pieds, la volonté de Dieu dans toutes vos actions, et que son amour anime votre vie toute entière ! »

A une autre, obligée de s'éloigner de sa famille, elle envoyait cet adieu :

« A Dieu, ma chère fille, sous tous les cieux et dans tous les chemins par lesquels on traverse l'exil, soyons bien à Dieu, tout le reste est si rien !... »

Elle remerciait ainsi une sœur du Parc, de ses vœux de fête :

« En réponse à vos gracieux et affectueux souhaits, je forme pour vous celui d'une ambition toujours croissante à recueillir or et diamants. La journée de la vie est si courte en face de l'éternité dont elle doit préparer les merveilleux trésors ! Pensez beaucoup au ciel, ma fille, et burinez cette même préoccupation dans l'âme de vos élèves ; prenez de tout l'occasion de les affermir dans l'énergique : Je veux me sauver, quoiqu'il m'en coûte ! »

A une de nos bonnes sœurs converses, elle écrivait :

« Pour que les occupations extérieures vous

unissent à Dieu, au lieu de vous en détourner, rappelez-vous les sentiments des saints devant une fleur, un insecte, etc. Ils étaient ravis à la pensée que le Créateur avait fait ces choses. Le travail, Jésus s'y est livré. Et ce bon Maître veut que les personnes qui vous entourent soient comme des hosties sous lesquelles il se cache. »

Notre Mère saisissait toutes les occasions pour inspirer ces vues surnaturelles. A une élève qui lui ouvrait une porte, elle disait : « Chère enfant, je désire que par vos prières vous ouvriez la porte du ciel à beaucoup d'âmes. » Lorsque, dans sa classe, on allumait un bec de gaz, elle donnait ce petit conseil : « Mes enfants, quand vous passez des ténèbres à la lumière, priez le bon Dieu de faire luire aussi dans votre âme le céleste rayon de sa grâce ! » Devant un arbre chargé de fleurs : « Ah ! nous disait-elle, que nous serions heureuses si nous avions conservé le fruit de toutes nos bonnes résolutions ! »

Un jour que nous lui exprimions nos vœux de fête, elle nous dit :

« Pour moi, le vœu que je forme, c'est que, de tout absolument, nous allions à Dieu : travail, peines, consolations, que tout nous serve de degré pour monter au ciel ! »

Le ciel ! ah ! c'était bien là qu'elle vivait

d'avance. Elle aimait à nous parler de cette patrie céleste, objet de tous ses désirs. La pensée des divines récompenses la soutenait dans ses peines, l'encourageait dans ses fatigues.

Lorsqu'elle était à Entrevaux, pendant les grandes chaleurs, elle se livrait avec ses filles aux occupations les plus pénibles.

On lui disait quelquefois : « Ma Mère, reposez-vous un peu. » Elle répondait en regardant le ciel avec un sourire, et continuait son laborieux travail.

Une sœur, en lui parlant d'une personne aimée qui vivait dans l'isolement et se livrait à l'ennui, lui disait : « Quelle consolation pourrais-je lui envoyer ? » Elle leva la main vers le Ciel pour lui indiquer la source des vraies consolations.

Dans ce céleste milieu où son âme habitait, qu'est-ce qui aurait pu troubler sa paix ?

Le maxime de Bossuet : « Voir tout venir de Dieu, de tout aller à Lui, » était une de ses sentences préférées.

Lorsqu'en 1883, elle fit, avec Mère Marie de Chantal, son premier voyage à Entrevaux, elle nous disait, avant son départ :

« Je vous laisse le souhait de Notre-Seigneur à ses apôtres : « Que la paix soit avec vous ! » Oui, restez dans la paix, quoi qu'il arrive.

« Je suppose que vous appreniez que nous

sommes tombées dans un précipice, il ne faudrait pas en perdre la paix, puisque rien n'arrive sans la permission de Dieu. Pour nous, je crois que si cela arrivait, nous tomberions en disant toutes deux : *Benedicámus Domino !*

Elle répétait souvent à une sœur: « Ma fille, servez donc le Seigneur avec joie, c'est un si bon Maître ! »

« Que c'est beau, nous disait-elle, une âme qui agit en tout par amour !.. comme les événements s'illuminent ! Les créatures disparaissent, on se voit comme une petite fourmilière sous le regard divin, et c'est l'amour seul qui donne un prix aux choses. »

Lorsque, dans les épreuves de l'enseignement ou les difficultés d'un emploi, on venait lui confier quelque ennui : «Oh! ma fille, disait-elle, combien il faut vous réjouir! Le bon Dieu vous met, sous la main, de magnifiques pierres précieuses pour le Ciel ; prenez garde à ne pas les laisser tomber dans la poussière des imperfections humaines. »

Cet esprit de foi lui faisait conserver une admirable sérénité d'âme dans les inégalités de la vie. « J'allais souvent la trouver, nous disait une sœur converse, à une époque où elle avait eu toutes sortes d'ennuis ; les choses pour lesquelles je lui demandais conseil étaient de fort peu d'importance ; cependant, toujours, je la trouvais sereine et disposée à me répondre sur tout ce qui m'embarrassait. »

Qu'on nous permette de citer un petit trait :

Un jour, nous perdîmes, par accident, une vache magnifique ; quelques sœurs en témoignaient une vive peine. « Mais, leur dit notre Mère, si le bon Dieu nous en eût demandé une en sacrifice, nous lui aurions offert la plus belle ; il ne l'a pas demandée, il l'a prise, pourquoi en être troublées ? »

Elle cherchait uniquement Dieu et les âmes ; rien autre ne lui paraissait digne d'arrêter ses regards. Que n'aurait-elle pas donné pour procurer à Dieu un degré de gloire de plus, pour faire faire à une âme le plus petit acte vertu. C'était ce désir ardent de gagner des âmes à Dieu qui lui faisait tant apprécier l'évangélisation des pays infidèles.

Son vœu le plus cher eût été de fonder une maison de notre ordre dans les contrées lointaines ; elle-même serait partie de bon cœur pour cette œuvre chérie. Et, quand elle trouvait dans le cœur de ses filles, l'écho de ses propres désirs, son âme en surabondait de joie.

Elle nous disait quelquefois : « Que j'aime la prière du Père Olivaint : « O Jésus, je ne puis vous aimer comme je le voudrais, du moins je vais m'appliquer à vous faire aimer ! » Que de fois elle nous répétait : « Faisons-leur du bien à ces chères enfants; mettons tout notre zèle à les aider à bien sanctifier l'action présente, afin que, au jour de l'éternité, elles aient à nous remercier de chaque heure passée sous notre surveillance. » « L'amour des âmes, nous disait-elle encore, est au dévouement d'une maîtresse, ce que la vapeur est au vagon qu'elle entraîne avec une vitesse prodigieuse.»

Terminons cette faible esquisse des vertus de notre digne Mère, en citant quelques lignes écrites par une de ses filles :

« Notre Révérende Mère me paraissait comme un rayon toujours uni au Sacré-Cœur, et répandant sa douce lumière sur toutes les âmes qui l'approchaient. Quelle angélique sérénité sur son visage ! Quel maintien modeste et toujours digne ! Elle cherchait à s'effacer, ne désirant que le regard de Dieu seul. Et quand la souffrance l'eut visitée, quelle patience admirable, alors surtout qu'il plut au bon Maître d'en faire une victime de son choix ! Elle vivait sans cesse en présence de l'éternité, pour juger toutes choses aux divines clartés. Ah ! nous pouvons le dire, elle n'est pas allée seule au Ciel ! que d'âmes elle y a attirées par ses prières, ses paroles, ses écrits et son influence ! »

CHAPITRE XVI

Correspondance de notre Révérende Mère avec ses filles.

L'auteur de l'*Imitation* dit, quelque part, ces belles et touchantes paroles : « Si vous ouvrez un livre, pensez à cet homme juste, (le vieillard Siméon), prenant dans ses bras l'Enfant Jésus pour le baiser, et, quand vous aurez lu, fermez le livre, en rendant à Dieu des actions de grâces pour le trésor caché que vous avez trouvé dans son champ. »

Nous pourrions appliquer cela à la volumineuse correspondance de notre Mère avec ses filles ; nous en extrayons quelques passages, sûre que les âmes y trouveront une source de sanctification.

Elle écrivait à une jeune religieuse désirant ardemment une plus grande perfection, et

épanchant, dans le cœur maternel, ses misères, ses peines, ses difficultés :

Pâques.

« J'ai prié pour vous, ma fille, et tout en
compatissant à vos souffrances multiples,
j'ai remercié Dieu des occasions qu'il vous
donne de devenir sainte. Votre résolution doit
être de vous appliquer avec plus de fidélité
à ne laisser perdre aucune de ces précieuses
perles que l'on appelle : renoncement et sacrifice. Vivez au jour le jour. Vous savez, par
expérience, l'admirable bonté avec laquelle
notre bon maître pourvoit à tout. Ne vous
laissez plus saisir par l'inquiétude qui éteint
l'esprit de foi et la douce confiance. Glorifiez
et réjouissez le Cœur de Jésus en restant sereine, quand il vous présente un bon acte d'humilité et de patience. Puisque vous voulez
être une sainte, vous estimerez cela encore
plus que les aimables attentions de la douce
Providence. »

Dans une autre lettre, elle encourageait une
âme en lui parlant ainsi :

19 juillet 1890.

« Laissez bien les mauvaises plantes sous
le pied du divin Maître, ma chère fille, et cultivez la charité qu'Il aime tant. Faites-lui

produire en abondance les fleurs des saints
désirs, des généreux sentiments ; il le faut,
mon enfant, il le faut. Mais, qu'ensuite
viennent les fruits précieux de la patience, de
l'amabilité parmi les ennuis, et tant d'autres
actes qui coûtent.

« Voyez, dans la nature, comme les fruits
si beaux et si bons à leur maturité, ont été
d'abord petits, âpres, durs ; ils se sont formés
au milieu de la fleur qui séchait à la peine.
C'est un peu ainsi dans l'âme ; mais courage,
ma chère enfant ! après le labeur, viendra la
récolte. Notre-Seigneur et la douce Souveraine de votre cœur, pourvoiront au bon
soleil et à la rosée rafraîchissante. »

Comme elle savait relever les âmes, en léur
faisant entrevoir les divines espérances ! A
une jeune professe, désolée par la maladie
d'un frère chéri, elle écrivait d'Entrevaux :

« Pour votre propre consolation, ma fille,
il n'est pas de voix de la terre qui puisse parler efficacement. Mais, chère petite épouse
de Jésus, écoutez les leçons du ciel ; la voix
divine doit se faire entendre si nette et si
affectueuse dans l'apaisement produit en vous
par le *Fiat* ! Ne vous dit-elle pas que Jésus a
vu la sincérité de votre oblation, qu'il vous
prépare à l'holocauste, que la ferveur de votre
frère lui a mérité d'être victime avec Jésus !..

Que ce glaive perçant votre âme, c'est la main divine qui le tient. Seule elle peut le retirer et vous guérir ; si elle le laisse vous torturer, c'est par des desseins adorables et pleins d'amour auxquels vous vous confierez pleinement. N'avez-vous pas, bien chère enfant, la pieuse et consolante intuition des sentiments avec lesquels Jésus regarde le jeune et saint malade s'offrant à lui, la mère chrétienne dont la perfection se consomme dans l'épreuve, toute cette famille affligée, priant et souffrant avec résignation? Allons, courage, ma fille ! soyez digne du beau nom que vous portez, supportez l'épreuve selon les exemples que nous a donnés l'Immaculée Mère ; soignez votre santé, vous savez que je tiens particulièrement à ce point ; je prie votre Mère Maîtresse d'arrêter votre zèle lorsqu'il va trop loin, et de vous obliger à ménager votre poitrine. »

Ailleurs, voici comment elle savait exciter la ferveur dans les âmes :

« Chère enfant, le courage et la patience vous les puiserez de moment en moment dans le Cœur de Jésus, leur source ; vous les recevrez en abondance par le béni canal du Cœur de Marie, et vous arriverez à la vraie sainteté, au solide bonheur des âmes qui disent oui à tout, faisant même de grand cœur ce que, de grand cœur, elles ne voudraient pas faire. Regardez comme une étincelle jaillie du Cœur de Jésus dans le vôtre, les sentiments de zèle que vous éprouvez ; gardez-les précieusement et, en les alimentant, laissez-les devenir foyer.

« Vous aussi, soyez heureuse d'aimer, de prier, de pâtir, pour la conversion des pécheurs ; réveillez votre âme par ce cri de zèle généreux : Nos immolations, nos ardeurs, nos prières, les voilà !.. »

A une Mère Maîtresse, qui lui demandait un moyen pour avancer l'œuvre bénie de la sanctification parmi ses novices, elle écrivait ces lignes :

« Chère petite bergère, que l'on s'applique généreusement à s'humilier, à se priver dans les moindres détails, à se dire sincèrement : De quoi puis-je encore me passer ? en quoi puis-je m'immoler ?

« Faites bien comprendre que le Cœur de Jésus et celui de sa douce Mère seront là pour répandre la suavité sur ce qui paraît amer. »

Et un autre jour, que la Mère Maîtresse trouvait la tâche un peu rude, elle reçut ces lignes pour l'encourager :

« Le Cœur de Jésus demande à sa petite bergère d'aimer, de surveiller, de soigner ses agneaux encore mieux que par le passé. Le sûr moyen de réaliser ce mieux, c'est de se tenir affectueusement unie au divin Pasteur qui la dirigera et lui donnera de quoi donner. »

Une autre fois, elle exerçait les âmes religieuses à la lutte, en leur faisant entrevoir la récompense éternelle :

« Ma chère enfant, c'est l'heure du combat ! Il faut bien se résigner à le soutenir, si l'on aspire à la victoire. L'ennemi, vous le connaissez ; vous voudriez le ménager, et Notre-Seigneur veut l'écraser. Il y a trouble et tiraillement en vous, parce que vous n'êtes pas entièrement d'accord avec la grâce qui exige du généreux. Quoi qu'il vous en coûte, il faut être douce, patiente, aimable, humble enfin, la nature dira: *Mais !...* répondez-lui que la confiance en Dieu est plus sûre encore que la prudence humaine. Faites joyeusement et simplement tout le possible, et reposez-vous dans les cœurs de Jésus et de Marie qui vous rendront joie et énergie. »

Le 1ᵉʳ janvier 1891, elle écrivait encore :

« Chère enfant, j'aime vos deux résolutions : amour et abandon.

« Elles vous tiendront dans la paix et la joie malgré tout. Elles reposent, elles soutiennent dans les difficultés et les peines. De même, ma fille, que vous reconnaissez aujourd'hui, pour grâce précieuse, le don céleste que votre cœur repoussait, vous verrez plus tard que les détails pénibles, les ennuis de quelque nature qu'ils soient, sont les bénis coups de ciseau de la main divine qui vous travaille pour le Ciel.

« Appuyez-vous sur la Très sainte Vierge ; la douce Marie vous aime, comptez sur sa maternelle bonté, laissez-vous guider ; je la prie avec vous et pour vous, chère enfant !... »

Notre Mère aimait la gaieté en récréation ; elle répondait toujours à la note joyeuse et, lorsque l'expansion de certains caractères animait la Communauté et lui faisait passer de bons moments, notre Mère applaudissait de tout son cœur.

Elle écrivait, d'Entrevaux, à une jeune sœur :

« Vous avez réussi, au-delà sans doute de vos espérances, à égayer notre petit cercle. Si vous aviez été présente dans un petit coin de notre cellule, au moment où je lisais votre lettre, vous auriez ri de me voir rire ! Je l'ai remise gravement à Sœur M., pour qu'elle l'étudiât, et elle a dû, le soir, nous confesser son insurmontable dissipation, dont nous vous laissons la responsabilité.

« Jamais probablement, depuis 1720, les échos du Parc n'avaient résonné sous de tels éclats de rire. On écouta deux pages avec foi ; malheureusement, l'esprit montra le bout de l'oreille, et... l'on comprit. Tout s'acheva par le billet explicatif et, vraiment, l'on sut bon gré aux chers auteurs.

« Faites valoir votre talent de faire éclore la gaïeté, ma fille, il en vaut bien un autre, et restez toujours joyeuse dans les Cœurs de Jésus et de Marie. »

Elle disait encore, à la même, dans un petit billet que nous transcrivons :

« Pour être joyeuse, chère enfant, il vous faut faire un peu de bien. Il le faut pour réparer le passé, pour compenser ce qui manque à votre ferveur, pour offrir à Jésus un témoignage de votre amour qui veut grandir ; vous vous appliquerez donc au zèle, ma fille. » Elle terminait ainsi : « Ne craignez jamais de venir ou d'écrire, chère enfant ; Notre-Seigneur vous a donné mon temps et mon cœur !... »

Ne reconnaît-on pas la Mère, tendre et dévouée, répondant aux besoins de chacune, et s'oubliant elle-même pour faire plaisir aux autres ?

Nous aurions des volumes à copier dans cette chère et précieuse correspondance que nous avons là sous nos yeux ; tout y est si bon, si encourageant, et si saint ! Ses reli-

gieuses, elle les voulait parfaites ! elle travaillait sans relâche à sanctifier leur âme ; sa
plume traçait encore ces lignes :

« Rappelez-vous, ma fille, cette simple et
sûre direction : Quand vous sentez que vous
vous êtes éloignée de Dieu, rapprochez-vous
de Lui en remontant le même chemin par
lequel vous êtes descendue. Vous vous êtes
laissée abattre sous le poids de la croix, faites,
dès à présent, du sentiment de ces peines et
tentations, un *sursum corda* perpétuel... »

Une sœur lui ayant demandé quelques
conseils pour sa charge de maîtresse de classe,
notre Mère lui écrivit ce billet :

« Voici, ma chère fille, deux paroles de
saint François de Sales, que le bon Dieu a
fait tomber sous mes yeux, pour vous, pendant que je pensais à vous tracer ces lignes :

« 1° En la conduite de votre vie, marchez
invariablement en esprit de simplicité, abandonnant et remettant toute votre âme, vos
actions, vos succès, au bon plaisir de Dieu,
par un amour de parfaite confiance.

« 2° Ne permettez jamais à votre âme qu'elle
s'attriste ou vive en amertume, puisque Dieu
est si bon ! et que c'est notre délicieuse fin de
ne vivre qu'en Dieu, de travailler et de nous
réjouir en Lui ! »

« Il me semble que c'est, là, la disposition

qu'il vous faut, pour votre bien et celui de vos élèves. Tenez-vous simple, abandonnée et confiante entre les mains de Dieu, puisqu'Il demande seulement de nous que nous soyons ses instruments dociles.

« Vous resterez donc calme, ma fille, et toujours unie à Jésus par une entière confiance. »

Dans une autre circonstance, notre Mère engageait cette même sœur à cette constante union avec Notre-Seigneur, source de tout vrai bien :

« Ma chère fille, je vous conseille, ces jours-ci, d'aller quelquefois devant la fontaine ; vous y verrez l'image parfaite de ce que doit être votre âme pour faire le bien : placée sous le doux regard et la protection de Marie, intimement unie à la source de grâces dont elle recevra et portera les eaux salutaires. Ce que seraient ces tuyaux détachés de la fontaine, nous le serions livrées à nous-mêmes. Mais qu'importe que le tuyau soit vil pourvu qu'il soit bien vide et parfaitement soudé à sa place ? Il me semble que, pour vous, tout peut se borner là : être le pauvre petit et bienheureux canal de Jésus. »

A une de ses filles, qui lui avait fait part de ses pieuses dispositions pendant le carême, notre Mère écrivait :

MA CHÈRE ENFANT,

« J'ai entendu avec consolation l'écho de ce que notre bon maître dit à votre âme, et il me semble que mon rôle est de fondre en un seul mot, qui soit votre douce lumière, les sept mots qui vous sont autant de rayons célestes.

« Vous entendez la voix divine vous dire : humilité, conformité, patience , régularité, prière, charité et sérénité. Eh bien ! ma fille, tout cela produira la belle et précieuse union à Jésus. Relisez et méditez l'admirable discours de la Cène et, sans réserve, livrez-vous à Jésus pour être une âme qui demeure en lui et en qui il demeure. »

Quand une de ses filles se trouvait dans l'angoisse, notre Révérende Mère la consolait par des lignes comme celles-ci :

« Vous voulez un peu souffrir pendant ce carême, ma fille, et Notre-Seigneur y pourvoit.

« Vous m'aviez demandé d'un peu vous travailler ; j'ai prié le bon Maître de vouloir bien s'en charger à ma place. Il sait, Lui, donner juste les coups de ciseau pour avancer votre perfection. Voyez venir de Lui votre peine, unissez-la à celle qui l'a immolé toute sa vie, dans le plus intime de son Cœur. Pour lui plaire, répétez souvent : « Résignation parfaite du cœur de Jésus, je m'unis à vous ! »

Quand le calme était revenu, cette bonne Mère écrivait :

« Dieu soit béni, chère enfant, d'avoir un peu soulagé et dilaté votre âme. Quand je n'y touche pas, c'est qu'il faut la divine main pour la travailler et la remettre.

« La prière et le renoncement sont de sûrs antidotes et moyens ; employez-les généreusement, et soyez de plus en plus confiante aux Cœurs de Jésus et de Marie. »

A une autre sœur bien chère, qui venait de quitter notre monastère pour celui de la Côte-d'Or, elle disait :

« Que nos actes d'amour de Dieu se multiplient avec nos souvenirs, et en fassent autant d'échelons qui nous aident à monter. Ces temps-ci, ma prière favorite est celle de la neuvaine préparatoire au premier vendredi : « Adorations du Cœur de Jésus, je m'unis à vous ! »

Puis, elle lui laissait cet adieu:

« Réjouissez-vous dans la pensée que Jésus vous travaille, qu'il sait tout, qu'il vous chérit, qu'il vous veut toute sienne. »

Une bonne sœur converse lui avait demandé une petite direction par écrit. Notre Mère lui envoya cette réponse:

Ma Chère enfant,

« Vous voulez votre direction par écrit ; soit... Elle sera courte, mais elle vous tracera un bon chemin :

« 1° Dans votre emploi, recueillez avec bonheur les nombreux actes de charité, de patience, de soumission, que vous avez sous la main. Ce sera de l'or pur, si vous prenez garde que la nature ne les gâte pas.

« 2° Le Père Barelle disait aux âmes de bonne volonté : « Soyez comme des tapis. Laissez-vous bien fouler aux pieds et ne faites pas de bruit. »

« 3° Dans vos moments de silence, multipliez vos actes intérieurs d'amour, d'adoration, de prière ; ce sera le moyen d'être facilement bonne et humble toujours, car la grâce vous sera accordée en abondance. Je prie la sainte Vierge, ma fille, de vous aider, à vivre d'une vie d'union avec elle. »

Elle aimait à faire vibrer dans les âmes, la note bénie de l'action de grâces ; c'est ainsi qu'elle écrivait à une de ses filles :

« Il faut, à l'occasion de votre doux anniversaire, adopter une devise, et voici celle que le Sacré-Cœur m'inspire de vous proposer : *Magnificat anima mea Dominum !*

« Plongez-vous tout entière dans les dispositions qu'elle exprime. Que votre âme
glorifie le Seigneur par des actions de grâces
perpétuelles ; vous pouvez les résumer dans
le cri de reconnaissance et d'amour du Cœur
de Marie : *Magnificat anima mea Dominum !*

« Mais les actes seront conformes aux sentiments. Que votre âme glorifie le Seigneur
en ne cherchant en tout que sa gloire et son
bon plaisir.

« Soyez heureuse quand cette divine gloire
doit se procurer par votre immolation, et
mettez sur l'autel du sacrifice, vos goûts,
votre répugnance, votre volonté en répétant :
Magnificat anima mea Dominum !

« Je vous aiderai, ma fille, à être eucharistie ! c'est-à-dire victime d'action de grâces.
Quand l'occasion se présentera de vous donner un petit coup de glaive, je la saisirai, et
j'espère que toujours vous serez généreuse. »

Notre Mère savait faire apprécier aux
âmes le don de la souffrance. Dans une circonstance qui lui avait été pénible, elle écrivait
à une sœur qui avait partagé ses angoisses :

« Redisons d'abord à l'unisson l'*Ita Pater*.
Quand on veut pousser ce cri, il est d'abord
mêlé aux murmures de la nature. Mais,
à mesure qu'on le répète, l'âme monte tout
doucement, attirée par la bonté du Père cé-

lèste qui lui sourit, et l'on en vient à ne plus entendre dans le silence de la pleine résignation que le *Fiat voluntas tua*. Ne regardons guère, à droite et à gauche, qui tient le fil des événements. C'est vrai, d'après les apparences, on pourrait souvent rendre telle créature responsable, mais l'homme s'agite et Dieu le mène ! et le Seigneur assure au juste que tout est bien, car il se cache derrière les causes secondes et réalise ses desseins adorables. »

Voici les vœux de fête et les consolations que notre Mère envoyait à une de nos sœurs de la Bourgogne, qu'un mal d'yeux empêchait de remplir, auprès des élèves, une œuvre importante de dévouement et de zèle :

21 juillet 1883.

Ma chère Sœur M.,

« Bonne et heureuse fête ! C'est le sentiment bien sincère et bien vif que je vous offre, au nom de toutes nos Mères et sœurs des Alpes. Nous prierons pour vous et penserons à vous, avec toute l'affection et l'estime que nos cœurs vous donnent si largement.

« Ces bons yeux, que vous seriez prête à consacrer longtemps encore à notre maison bien-aimée, nous les souhaitons pour vous, avec ce vif élan qui part du plus profond du cœur et va se perdre dans le Cœur de Jésus, en se confondant avec le *Fiat.*

« Il faut bien que nous essayions aussi d'entrer dans les vues admirables qui faisaient écrire ces lignes à la comtesse Rostopchine, quand elle apprit que son petit-fils, Mgr de Ségur, était aveugle : « Heureux Gaston, d'être entré dans la voie des béatitudes, et d'être traité par Dieu comme un de ses élus ! »

« La lumière du Seigneur vous fait bien comprendre cela, chère Sœur. Enfoncez-vous toujours davantage dans ce ravissant esprit de foi, dont les idées et le langage sont si opposés à la nature. Vous en viendrez non seulement à la parfaite conformité, mais à l'action de grâces pour vos épreuves ; et, à la mort, ce sera la plus pure allégresse ! »

Après la mort d'une de nos sœurs, elle écrivait, du Parc, à notre Révérende Mère du Cœur.

« Je ne parlerai pas de consolations à votre cœur maternel. S'il est douloureusement blessé par le départ d'une fille chérie, il doit sentir délicieusement la joie d'avoir donné une sainte de plus au ciel. Encore une belle âme qui vous attend là-haut et qui vous bénira éternellement de ce que vous avez fait pour elle !...

« Le sentiment qui domine en nous, c'est le désir de partager son bonheur.

« Le triste tableau qu'offre la terre avec toutes ses calamités, ses misères, ses menaces, fait envier encore plus le sort de ceux qui l'ont quittée. Et pourtant, ma bonne Mère, il faut que vous-même vous fassiez comme ces mères généreuses qui, pendant la révolution, demandaient en grâce de survivre à leurs filles pour mourir ensuite en paix, après les avoir aidées à franchir saintement le grand passage. »

Elle donnait les conseils suivants à une sœur, sur la manière de s'occuper pendant l'oraison :

MA CHÈRE FILLE,

« Laissez votre cœur s'incliner, s'humilier, s'épancher dons le Cœur de Jésus. Commencez, si vous le voulez, par un coup d'œil sur le sujet donné, unissez-vous aux bons sentiments des âmes qui le méditent ; voyez le fruit que vous pouvez en retirer. Ensuite, adorez, priez, puisez dans le Cœur de Jésus ; après avoir durci la boue, il la consumera ».

Cette parole faisait allusion à un aveu plein d'humilité, dans lequel cette sœur comparait son âme à un terrain fangeux.

A une de ses filles, dont la générosité avait réjoui son cœur, notre Mère envoyait ce petit billet :

« Chère enfant, je bénis le bon Dieu de votre

bonne volonté. Ayez encore, demain, de ces actes généreux qui laissent le cœur content. Regardez le Tabernacle, mettez votre âme aux rayons du Sacré-Cœur, unissez-vous à Lui, invoquez la sainte Vierge. »

Elle écrivait à une jeune maîtresse :

« Votre voie, tracée par les doux rayons de la grâce, est celle de la prière et du renoncement. Marchez-y dans l'espérance et la générosité, elle est sûre, et vous y trouverez l'union aux Cœurs de Jésus et de Marie.

« Tournez tout en prière, et recueillez avec soin les nombreux petits actes dans lesquels vous avez à vous renoncer. Demandez avec confiance à la sainte Vierge le précieux talent de dominer les enfants pour les aider à être sages, et le savoir faire qui rend le travail attrayant. Et toujours, courage, chère enfant ! C'est peu à peu, par la correspondance à la grâce, que l'on devient parfaite maîtresse et religieuse, selon le Cœur de Dieu. »

Par les lignes suivantes, notre Mère excitait une âme à redoubler de ferveur et de générosité :

« Dieu soit béni de la récolte de cette semaine, bien qu'elle eût pu être plus riche encore.

« Pénétrez-vous de la pensée que nous

amassons pour le ciel. Que cette dernière semaine du mois soit pleine de mérites. Les petites choses sont la mine d'or à exploiter, les actes coûteux sont les diamants. Si quelque difficulté survient, invoquez la sainte Vierge et votre bon ange jusqu'à ce que vous l'ayez surmontée. Si vous faites quelque faute, imposez-vous un acte de mortification ou de charité pour la réparer, et puis avancez. »

Pour engager une âme à plus de confiance, elle lui disait :

« Ma fille, mettez votre âme à la note du *Lætatus sum*. Dans quelques années, vous ferez aussi votre fête le 1er novembre et, alors, c'est tout de bon que nous serons au large.

« En attendant, avancez avec énergie à travers les ombres, en invoquant Jésus, vraie lumière. »

Elle lui disait encore :

« Croyez-vous que Notre-Seigneur vous aime ? Eh bien !, écoutez saint Vincent de Paul vous assurant que ce divin Sauveur a un tel cœur, que, lorsqu'il prend une âme en affection, il est absolument comme ces pères qui sont en adoration devant leurs petits enfants, et leur passent mille choses impardonnables aux yeux des étrangers. Dans vos exercices de piété, ayez toujours la bonne volonté, ma fille, et faites à Notre-Seigneur le plaisir de revenir à Lui après vos distractions avec une confiance imperturbable, ajoutant à vos aspirations privilégiées : «Prières enflammées du Cœur de Jésus, je m'unis à vous ! » et demeurant persuadée qu'il vous enveloppe de ses divines oraisons. »

Notre Mère offrait ainsi ses vœux de fête à une de ses filles :

21 août.

« En écrivant la vie de votre illustre Patronne, je tombe sur ce couplet d'un cantique composé par elle-même :

> *Rien, ô mon Dieu, ne m'est si doux*
> *Que de m'appuyer toute en vous,*
> *Et ne trouver rien en moi-même*
> *Sur quoi établir mon bonheur ;*
> *Mais que votre bonté suprême*
> *Ait de mon salut tout l'honneur !*

« Voyez que c'est bien pour vous ! Sachez vous réjouir de votre néant. Maintenant que vous êtes sûre de ne rien trouver en vous-même sur quoi vous appuyer, n'y cherchez plus. Mais, tenant les yeux fixés sur le Cœur adorable qui met sa gloire à vous sauver, réjouissez-vous sans cesse dans la reconnaissance et la confiance. »

Une autre fois, ses souhaits de fête se traduisaient ainsi :

« Je cherchais une gravure pour votre fleur de fête, ma fille, et cet alphabet spirituel qui m'est tombé sous la main, m'a semblé valoir mieux encore. Il vous servira à passer votre examen devant le bon Dieu. Quel bonheur si vous aviez une heureuse réponse à faire à chaque lettre ! Vous y travaillerez, n'est-ce pas ? comme votre admirable Patronne, vous direz : « Tout pour la plus grande gloire de Dieu ! »

A une âme très éprouvée, notre Révérende Mère envoyait ces fortifiants conseils :

« Mourez complètement en bénissant Jésus qui vous immole. Accablée par les coups du divin ciseau, couchez-vous aux pieds de Jésus, dites-lui : Je m'abandonne ! Un jour, vour lui rendrez des actions de grâces pour ce qui vous torture à présent.

Dans une autre circonstance, elle lui disait :

« Encore un peu de temps ; puis, le *Nunc dimittis* ! Hâtons-nous d'offrir Jésus comme notre tout et de nous offrir avec lui, mais sincèrement ; alors on vit au jour le jour, on ne voit plus que la volonté divine. »

Quand de longs mois de souffrances retenaient une de ses filles sur un lit de douleur, notre Mère envoyait des lignes comme cellesci :

Le Parc.

MA CHÈRE FILLE,

« Bien heureuse serais-je, si je pouvais vous porter un rayon de cette joie intime qui est un si réel adoucissement à la souffrance. Le parfum des fleurs du Calvaire porte cette joie mystérieuse, vous le savez bien, vous l'éprouvez chaque jour Eh bien ! ma fille, reposons-nous un moment ensemble au pied de la croix. Regardons Jésus qui vous associe à ses douleurs et qui veut que vous les enduriez en parfaite conformité de sentiments et d'intentions avec Lui ! ».

Elle terminait ainsi : « A Dieu, chère petite hostie de Jésus qui veut vivre et souffrir en vous. Je supplie son divin Cœur de vous accorder la grâce de pouvoir dire en vérité : « Ce n'est plus moi qui vis, c'est Jésus-Christ qui vit en moi ! »

A une sœur qui s'étonnait des défauts persistants des enfants, cette mère indulgente écrivait :

« Vous oubliez un peu, ma fille, que la correction des défauts, l'acquisition des vertus est une longue et lente affaire pour tous, hélas ! et plus encore pour nos pauvres petits enfants qui n'ont pas l'idée du travail à

accomplir, des difficultés à surmonter. Vous
êtes là pour leur aider ; mais ayez du courage
et de la patience comme il faudrait en avoir
devant une terre à défricher, puis à ensemen-
cer. Avec le temps, ces chères âmes s'embelli-
ront, le bon grain que vous y jetez germera,
grandira et donnera des fruits. »

A une autre sœur, chargée du petit pensionnat, elle écrivait souvent des billets comme
ceux-ci :

27 septembre 1892.

« Le zèle des âmes est mon souhait pour
votre nouvelle année, ma fille. Ces chères petites âmes sont si précieuses. Gardez-les
comme un trésor incomparable. Ornez-les
comme le sanctuaire que Jésus préfère à tous
les autres. Apprenez-leur à prier, à sanctifier leurs actions, à pratiquer la vertu. Pensez avec bonheur que, par le bon emploi du
présent, qui est déjà un gain considérable,
vous préparez un avenir d'innocence et de
piété. »

Enfin, quelques mois avant sa mort, notre
Mère écrivait :

Mai 1896.

« Volontiers, ma fille, je vais vous dire le
petit mot que vous désirez pour chaque jour
de cette semaine.

« Je vous le dis, avec la conviction de vous indiquer les bons matériaux pour les temples chéris de Jésus. »

Venaient ensuite de délicieuses pratiques pour chaque jour de la retraite.

On le voit, cette Mère vénérée s'est préoccupée, jusqu'à la fin, du salut et de la perfection des âmes, et quand elle ne pouvait leur parler directement, des lettres allaient leur porter ces conseils si persuasifs, vrai langage du cœur, qui les élevaient vers Dieu et leur donnaient le désir de devenir meilleures. On peut dire de la correspondance de notre Révérende Mère ce que l'on a dit de celle de Madame Barat : « Le fond en était toujours Jésus !... »

CHAPITRE XVII

Dernières années.

Le 14 août 1892, eurent lieu les élections qui redonnèrent la charge de la supériorité à notre bonne Mère. Elle écrivait dans ses notes :

« Réélue !... Je me tiendrai unie à vous, ô mon Dieu, et votre droite me soutiendra ! »

Le 18, elle partit, accompagnée de Mère Marie-Ursule, pour visiter sa chère famille du Parc. Ce voyage fut une grande joie pour elle et pour nos chères Sœurs d'Entrevaux qui auraient voulu garder indéfiniment les deux bien-aimées voyageuses.

Les personnes qui avaient connu autrefois notre Révérende Mère furent heureuses de la visiter ; les bonnes gens l'appelaient : *la grande cheffe*. Quand on apprit son arrivée à l'ex-fermier, Marius, et à sa femme, la bonne

Euphrosine, ils ne se possédaient pas de joie.
« J'irai la voir demain, dit Euphrosine ; j'es-
père qu'elle me permettra de l'embrasser. —
Et moi, dit Marius, de lui toucher la main. »

Le lendemain, revêtus de leurs plus beaux
habits, ils vinrent tous deux voir notre digne
Mère, et furent enchantés de l'accueil plein
de bonté qu'ils en reçurent.

Le 24, nos Mères étaient de retour. On
avait espéré que ce voyage aurait une salutaire influence sur la santé de Mère Marie-
Ursule ; il n'en fut rien. Quelques jours
après, une bronchite se déclara, et en quelques
semaines, le mal fit de si rapides progrès qu'il
ne nous resta plus d'espérance. Le 9 novembre
nous avions la douleur de lui dire un dernier
adieu !

Cette parfaite religieuse avait exercé, d'a-
bord, les emplois de maîtresse de classe et de
surveillante générale ; longtemps, elle avait
été pour Mère Marie-Claire l'auxiliaire la
plus dévouée. Elle maintenait l'ordre, avec ce
mélange de fermeté et de douceur qui faisait
dire aux élèves : Madame Marie-Ursule est
sévère ; mais en même temps, elle est bonne
et très juste.

L'union à Dieu était le principe de sa bonté
et de sa fermeté. Plus tard, elle fut directrice
du pensionnat, maîtresse des novices et enfin

infirmière de notre Révérende Mère du Cœur
à qui elle prodigua ses soins, le jour et la nuit,
avec le plus filial dévouement. Ce qui était
plus admirable encore, c'était l'humilité avec
laquelle elle couvrait d'un voile de silence ses
fatigues et ses peines. Et toujours, malgré ses
nombreuses charges, elle disait à sa supérieure : « Ma Mère, me voici pour tout travail
qui pourrait vous embarrasser. »

Sa nièce chérie, Mlle Marie-Thérèse Cognon,
qui devait sitôt la rejoindre, eut la consolation
de l'assister à ses derniers moments.

Notre Révérende Mère Marie-Claire composa, elle-même, ce Memento pour notre
chère défunte :

Parmi vous, j'ai vécu, abeille diligente,
A travers tout, cueillant, des mérites, le miel ;
Dévouement précieux, abnégation constante,
Ont rempli, devant Dieu, ma ruche pour le ciel !...

Cette mort fut, pour notre Mère, une de ces
peines de cœur que Dieu seul peut consoler.
Elle pouvait, pour bien des choses, se reposer
sur l'expérience, de la bonne Mère Marie-
Ursule ; c'était donc un vide bien douloureux
ajouté à tant d'autres.

Au sujet de ce deuil, notre Mère écrivait
à une ancienne élève :

« Je savais bien que vous regretteriez avec

nous celle que l'on ne pouvait voir un instant
sans deviner les trésors de dévouement et de
vertu qu'elle portait dans son cœur. Notre
perte est immense. Seule, la pensée que Dieu
l'a voulu ainsi repose notre cœur. Et puis, ce
Dieu toujours bon, en nous éprouvant, a
adouci l'adieu suprême par une si belle mort ! »

L'année 1893 apporta à notre Mère une
bien douce consolation ; elle revit son amie
d'enfance, sa chère Nelly, que des affaires
rappelaient pour quelque temps de l'Algérie
en France. Le revoir, après la longue absence,
fut bien doux pour toutes deux. « Je ne suis
venue dans les Alpes que pour toi, lui répétait son amie. » Après quelques heures délicieuses où l'on parla du cher passé, si loin
déjà, on se donna le prochain rendez-vous au
Ciel, où la séparation ne sera plus possible.....

La retraite du mois d'août réunit de nouveau, autour de notre Révérende Mère, ses
chères anciennes élèves. Comme dans les retraites précédentes, elle chercha à les rapprocher de Dieu et du ciel. Nos enfants de Marie
retrouveront volontiers, dans ces pages,
quelques-uns des conseils qu'elle leur donnait
pendant une de ces haltes bénies.

Par un court examen, elle cherchait à les
renouveler dans les pratiques pieuses :

« Avez-vous conservé, chères enfants, les

habitudes chrétiennes que vous aviez prises au pensionnat ?

« Votre cœur donné à Dieu, quand une journée finit et quand une autre commence. Le signe de la croix fait souvent, et avec cette foi vive qui vous consacre à la Sainte Trinité et attire sur vous les mérites du Sauveur.

« Vos exercices de piété sont-ils dans votre vie comme de beaux arbres chargés de fruits agréables à Dieu, ou bien le démon les a-t-il arrachés l'un après l'autre ?

« O mes enfants, si vous aviez été fidèles aux pieuses pratiques du pensionnat, que vous seriez riches pour le Ciel et contentes en ce moment !

« Dès ce soir, reprenez l'habitude de ne plus penser qu'à Dieu et aux choses de l'Eternité, dès que vous allez prendre votre repos. C'est assez de la journée pour les soucis de la terre. Quand vient le soir, emblème si frappant du déclin de la vie, soyez tout entières au cœur à cœur avec Dieu, au filial entretien avec votre Immaculée Mère, au repentir de vos fautes et au désir du ciel. Ainsi, mes chères enfants, vous vous assurerez une heureuse fin, puisque la mort est l'écho de la vie. »

Le jour de la clôture, en recevant leurs adieux, elle leur dit :

« Voulez-vous, mes enfants, que je vous

laisse une petite fleur spirituelle, dont le parfum embaumera votre âme ? ce sera le petit mot : *Ainsi-soit-il*, qu'aimait tant notre Mère du Cœur. Quoi que ce soit qu'il vous arrive, dans vos peines, votre travail, vos difficultés, voyez toujours la main de Dieu qui vous éprouve et répétez avec amour : *Ainsi-soit-il* ! »

En septembre, notre Mère eut la joie de revoir la Supérieure et la directrice de la maison du Parc, qui allaient visiter notre monastère de la Bourgogne ; elles furent accompagnées par l'Assistante et la maîtresse des novices de la maison de Gap. La satisfaction aurait été plus grande encore, si notre Révérende Mère avait pu partir avec elles ; mais la difficulté qu'elle avait pour marcher, à cause de ses continuels rhumatismes, ne permettait pas ce déplacement. Nos Mères revinrent profondément édifiées des vertus et du bon esprit de nos sœurs de la Côte-d'Or, et charmées des délicates prévenances dont on les avait comblées. Les liens de notre religieuse union semblaient s'être resserrés encore.

Les années qui s'écoulaient paraissaient à notre Mère comme autant de pas, faits sur la route du ciel.

Le 3 février 1894, elle écrivait à une de ses plus anciennes élèves :

« Hier, j'ai fêté le 43ᵉ anniversaire de ma profession religieuse. Vous étiez là... quelle variété de sites nous avons rencontré, chacune dans notre différente et longue route ! C'est passé !....

« Que nous ayons foulé le gazon ou traversé les épines, subi l'orage ou joui d'un instant de sérénité, il ne nous en reste que les mérites recueillis à travers tout. Le chemin que nous avons encore à faire ne saurait être considérable ; mais assurément, il sera riche en occasion de vertus ; amassons ! et tenons-nous plus que jamais sous la protection de la Très sainte Vierge. Avançons, à travers les événements, en regardant le ciel, là seulement, ce sera fini avec les séparations et les anxiétés, souvent encore plus cruelles. Aimez bien le Jésus qui, à la mort, vous recevra ; laissez-le vous travailler à son gré ! »

Au mois de mai, notre Mère eut la douleur de fermer les yeux à une de ses chères filles, Sœur M., de l'Assomption, Mˡˡᵉ Eléonore Gastinel, qui avait eu le bonheur de recevoir, dès l'enfance, les grâces précieuses d'une tendre piété et d'une admirable innocence. Elle laissa au monde, en le quittant, le parfum d'une angélique modestie. Après s'être sanctifiée, pendant sa vie religieuse, par le travail, la régularité, l'amour du silence, elle dut subir,

durant les dernières années, l'épreuve de la
souffrance et des malaises qu'elle accepta
paisiblement et sans se plaindre. La sainte
Vierge vint la chercher au déclin de son beau
mois, après une maladie de quelques jours.

Cette même année, des deuils de famille
attristèrent douloureusement notre Révérende Mère ; elle perdit un de ses chers ne-
veux, à la fleur de l'âge ; puis, quelques mois
après, sa pieuse belle-sœur, Mme Anna Moynier, née Dépéry, dont la vie avait été admirablement édifiante. Elle mourut entourée
de son mari et de ses quatre filles. Pendant
qu'on la pleurait ici-bas, il dut y avoir une
grande joie au ciel, parmi les belles âmes des
familles Moynier et Dépéry.

Au mois de février, nous perdîmes Mère
Marie de Chantal (Davin), une des colonnes
de notre congrégation. Sa vie religieuse avait
été un admirable tissu dont l'abnégation, le
dévouement, la bonté formèrent la précieuse
trame. Sa profonde humilité lui dictait des
lignes telles que celles-ci : « Seigneur, me
voici devant vous comme une bête de charge,
destiné au travail et à la souffrance. Oui, mon
Dieu, que mes jours s'écoulent dans la privation de toute jouissance ou consolation ! »

Elle ne savait que s'oublier, s'effacer, penser aux autres. Longtemps, soit à Gap, soit à

Entrevaux, elle fut, dans sa charge d'Assistante, le bras droit de nos Mères à qui elle enlevait une bonne partie de leur sollicitude. Plusieurs maladies mirent sa vie en danger ; enfin, le 9 février, Dieu l'appela à Lui. Elle conserva jusqu'à la fin la douce sérénité qui lui était habituelle.

Elle avait 71 ans.

Après ce nouveau départ pour le ciel, notre Mère écrivait :

« Oui, c'est une grande joie pour l'élue et une profonde douleur pour moi qui vois le cher passé s'en aller. Mère Marie de Chantal était mon Assistante ; elle ne pouvait plus beaucoup agir ; mais l'expérience est un si précieux trésor ! les sages conseils, la sainte influence, le dévouement sans bornes étaient là ! »

En commençant l'année 1895 notre Révérende Mère écrivait : « Cœur de Jésus, bénissez cette année et la fin de ma vie ! Donnez-nous l'esprit de prière et de sacrifice, alors nous serons bien heureuses, même dans notre impuissante pauvreté. Que nous soyons de vraies filles du Cœur de Marie, toujours adorant, priant, se livrant au bon plaisir divin. »

Le 9 janvier, elle rappelait ainsi à sa chère Nelly, les deuils qui les avaient affligées l'une et l'autre :

« Que d'événements, que de douleurs et
d'angoisses dans cette année, maintenant devant Dieu, pour nous attendre et implorer
en notre faveur les éternels dédommagements.
Nos chers regrettés sont au ciel ! voilà le
baume de nos inguérissables blessures ! nous
marchons vers eux, voilà notre ineffable espérance ; quel jour que celui où nous arriverons !... »

Dans tout ce qui la crucifiait, notre Révérende Mère s'élevait à Dieu, par la confiance et l'abandon et, malgré les préoccupations de sa charge, elle continuait à faire tout
le bien possible à la chère famille du pensionnat. Elle présidait elle-même la réunion
de chaque dimanche, pour le résultat des
notes hebdomadaires, et la commençait toujours par quelques conseils qui se gravaient
en traits ineffaçables dans l'âme des enfants.

Un jour, en leur parlant du bonheur, elle
leur disait :

« Le bonheur, chères enfants, n'est pas où
l'on croit souvent le trouver. Il est dans la
paix de l'âme, dans une conscience tranquille.
Une âme est heureuse quand il n'y a rien
entre elle et Dieu, alors le bonheur rayonne
dans toute sa personne. Il y a même dans les
épreuves que Dieu lui envoie, quelque chose
de doux qui en tempère l'amertume. »

Avant leur départ pour les vacances, elle leur donna ces deux moyens de persévérance : être des âmes de prière, et éviter avec soin les occasions de péché.

Dans le courant de l'été, une de nos chères anciennes, Sœur M., Pierre (Jaussaud), nous quittait pour la patrie céleste. C'était une âme de prière et de dévouement, aimant à réunir dans sa vie religieuse les fonctions de Marthe et de Marie. Pendant plusieurs années, une maladie de cœur, avec les douloureux malaises qu'elle amène, lui fut un memento dont elle médita les leçons.

Son carnet portait cette pensée : « Notre corps est entre les mains de Dieu comme une grappe de raisin qu'il presse par la douleur, pour que la grâce fasse sortir de notre âme la résignation, la patience et l'amour ! »

Chacune de ces morts semblait rapprocher davantage notre Mère du bienheureux terme auquel elle aspirait de toute son âme.

Elle écrivait à une ancienne élève : « Hélas ! ma fille, me voilà la plus ancienne religieuse de chœur. Que de vides, que de brisements de chaîne, cela suppose ! Hier, nous causions du cher passé avec l'excellente Thérèse qui est venue me donner de vos nouvelles. Vous êtes donc souffrante, et le courage faiblit parfois ! Ah ! notre divin Maître savait bien pourquoi, entre tant d'autres angoisses, il fallait, dans le chemin de la croix, consacrer trois stations à honorer, à méditer ses mystérieuses chutes, souverain remède à nos abattements. Vous y penserez, n'est-ce pas ? et vous vous redirez doucement à vous-même : « Courage, mon âme, le temps passe et l'éternité approche ! marchons à la suite de Jésus, dans la voie douloureuse ! »

Cette année 1895 semblait choisie de Dieu pour appeler à lui nos sœurs les plus âgées.

Le 6 août, ce fut le tour d'une de nos bonnes sœurs converses, Sœur M., Julie (Eynaud). Depuis plus d'un an, elle était paralysée, à la suite d'une attaque. Si sa vie religieuse avait été marquée par l'amour du travail, un grand esprit d'ordre et d'économie, sa longue maladie lui donna l'occasion de pratiquer une admirable patience. Elle avait 76 ans, quand Dieu l'appela à l'éternelle récompense.

Quelques jours après, eut lieu la retraite des anciennes élèves, prêchée par le Révérend Père Chaulon, Jésuite. Ses paroles furent goûtées et appréciées de tout l'auditoire. Mgr Berthet daigna présider à la clôture des pieux exercices ; il fit ensuite une visite à la chère et nombreuse famille.

Jamais, peut-être, la joie et la piété n'avaient été débordantes comme en ces jours bénis. Le bonheur fut au comble quand, le soir, on se réunit à la salle de Communauté, transformée en un parterre de fleurs, pour y offrir les vœux de fête à notre Mère bien-aimée. Nos plus anciennes élèves, devenues mamans et grand'mamans, retrouvaient leur voix de jeune fille pour chanter leur filiale reconnaissance à leur Mère chérie. Elle répondit à ses enfants par des paroles de maternelle tendresse, les engagea à la persévérance, en leur montrant le Ciel comme le but de tous leurs efforts, le rendez-vous délicieux de toutes les affections.

Cette retraite devait, en effet, être la dernière où cette mère chérie leur prodiguait ses conseils si affectueux et si bons.

Avant le départ, l'une de nos chères enfants demanda, au nom de toutes, une Réunion des enfants de Marie chaque mois. Après un peu d'hésitation, motivée par le grand nombre d'Œuvres établies déjà dans la ville, la faveur fut accordée. La première réunion fut fixée au troisième vendredi de septembre. Elle eut lieu, en effet, avec grande joie pour les enfants de Marie, et grand bonheur aussi pour les maîtresses, heureuses de retrouver leurs chères anciennes, toujours animées du même esprit de simplicité, de droiture et de piété.

On lut le règlement de l'Association, rédigé

par notre Révérende Mère. Elle le commenta elle-même et proposa comme but principal et actuel : *le progrès dans la prière*. On travailla pour les églises et pour les pauvres, et la bénédiction du Saint-Sacrement vint clore cette douce soirée qui, depuis, devait se renouveler chaque mois, toujours avec le même charme.

Nos élections eurent lieu à l'issue de la retraite. Malgré toutes les raisons alléguées par notre Révérende Mère, raisons qu'elle nous présenta avec une éloquence qui ne parvint pas à nous convaincre, elle fut réélue à l'unanimité des suffrages. Mgr Berthet confirma cette élection. Hélas ! nous ne prévoyions pas qu'un an après cette bonne Mère irait se reposer au ciel de tous ses labeurs !

Pendant nos vacances, Dieu rappela à Lui notre bonne Sœur M., Baptiste, la doyenne de la Communauté ; elle était dans sa 84e année. Cette admirable petite sœur pratiquait, dans l'humilité la plus profonde, de très grandes vertus ; elle chérissait l'abjection. la pauvreté, la mortification. Maintes fois, ses supérieures durent la reprendre de ce qu'elle s'était nourrie d'aliments réservés à la basse-cour, ou de ce qu'elle s'était fait des plaies volontaires. Les élèves l'avaient en très grande vénération, et se recommandaient fréquemment à ses prières.

La mort de cette bonne sœur fut un doux sommeil. Quand notre Révérende Mère alla visiter sa dépouille mortelle, elle s'écria : « Qu'elle est heureuse !... »

Il y avait entre ces deux âmes, l'âme si noble et si élevée de notre Révérende Mère et l'âme si humble de sœur M., Baptiste, de touchantes sympathies ; d'une part, c'était une haute estime pour tant de vertu cachée ; de l'autre, c'était la vénération la plus profonde : « Jamais notre Révérende Mère ne m'a fait la moindre peine, depuis quarante ans que nous sommes ensemble », nous disait quelquefois Sœur M., Baptiste.

Notre Révérende Mère put assister encore deux fois aux réunions d'enfants de Marie qui suivirent la première. Continuant son plan d'instruction, elle donna à ses chères enfants, comme pratique du mois d'octobre : le *progrès dans la charité*, vertu si constamment recommandée par Notre-Seigneur, dans l'Evangile.

En novembre, elle les exhorta à chercher le progrès spirituel dans la devise même de l'Association : *Mon âme glorifie le Seigneur !...* et leur conseilla, non de faire plus, mais de faire mieux toutes choses, glorifiant Dieu par leurs prières, leurs sacrifices et chacune de leurs actions.

La fin de 1895 fut marquée pour notre Révérende Mère par un surcroît de souffrances.

Le 5 décembre, elle écrivait à son amie d'enfance :

« Tu veux le bulletin de ma santé, ma chère Nelly. Elle n'est pas mauvaise, pour ce qui est des organes essentiels ; mais je suis tout à fait infirme ; je ne puis marcher qu'appuyée sur deux bras charitables, deux bons bras enfin ; et quelle lenteur !... Je répète de ma famille religieuse, ce que tu dis de ton mari et de ta parfaite fille : on pousse les prévenances, les délicatesses jusqu'à l'excès.

« Quelle consolation pour toi et pour moi d'avoir ces secours du cœur ! Pour en mieux comprendre le prix, regardons tant de souffrants délaissés. Mais surtout, surtout regardons le Ciel ; nous y trouverons le fruit de nos peines, et nos chers secourables y seront magnifiquement récompensés de leur dévouement. »

Le 8 décembre, nos anciennes élèves de la ville vinrent, comme les années précédentes, passer au Saint-Cœur la douce fête de l'Immaculée Conception. Les dames, enfants de Marie, avaient demandé qu'il leur fût permis d'assister à la soirée. Notre Mère fut heureuse d'avoir une occasion pour accorder cette faveur. On célébrait le 50me anniversaire de sa réception d'enfant de Marie et de celle de sa chère Thérèse, une de ses compagnes d'enfance. Il fallait bien faire des noces d'or !...

La soirée fut charmante, le contentement des cœurs prêtait à tout un attrait inexprimable. Notre Révérende Mère put, avec des efforts surhumains, se traîner péniblement jusqu'à la salle où avait lieu une petite représentation ; mais, au prix de quelles souffrances donna-t-elle le bonheur de sa présence à ses chères enfants ? Le soir, elle disait confidentiellement : « Je sens que la destruction se fait en moi ; je suis brisée !... »

Ses forces baissaient de plus en plus, aussi ne négligeait-elle rien pour mettre les sœurs en charge, à même de la remplacer : « Ne vous effrayez pas, mes enfants, leur disait-elle ; je prends mes précautions, voilà tout ! » Et quand on la plaisantait agréablement, elle finissait par ajouter : « Ah ! ne m'enlevez pas mon désir du ciel ! »

Bientôt, cette bonne Mère se vit dans l'impossibilité de se rendre au réfectoire : quelques jours plus tard, elle ne pouvait plus descendre à l'église et, la veille de Noël, pour la messe de minuit, on dut la porter.

Dieu seul sait ce que cet assujettissement lui coûta ! Ce fut le bouquet de myrrhe demandé par l'Enfant Jésus à son épouse, immolée comme lui !

Au premier janvier, les quelques élèves qui n'étaient pas allées en vacances, lui offrirent leurs vœux : « Moi aussi, mes enfants, leur dit-elle, je vous souhaite, à vous et à vos compagnes, une heureuse année. Pour qu'elle le soit vraiment, deux choses sont nécessaires : prier et se vaincre. Il vous faut la prière du cœur ; dites souvent : « Seigneur, aidez-moi ; vous voyez ma faiblesse. »

« Puis, soyez généreuses, ne comptez pas avec les répugnances, allez droit au devoir. »

A nous, elle nous dit : « Je résume tous mes souhaits dans un mot : l'abandon !... abandonnons le passé à la douce miséricorde de Dieu, l'avenir à sa providence, et concentrons toute notre attention à bien sanctifier le court moment du présent. »

En s'occupant de sa petite famille, notre Révérende Mère n'oubliait pas les chères absentes. Les maisons de Beaune et d'Entrevaux recevaient souvent ses lignes maternelles et affectueuses.

Les anciennes élèves avaient toujours aussi leur bonne part dans ses souvenirs. Le 5 janvier, elle écrivait à l'une d'elles :

« Il me semble qu'à mesure que les années
s'en vont et nous vieillissent, j'aime de plus
en plus mes anciennes et mes jeunes élèves.
Surtout, je les voudrais parfaites ; car en ap-
prochant de l'éternité, on voit mieux le néant
de tout ce qui n'est pas vertu. Pour vous, ma
fille, j'ambitionne, non seulement la sainteté
personnelle, mais le zèle des âmes, le dévouement aux œuvres qui contribuent à la gloire
de Dieu ; offrez vos désirs à Notre-Seigneur,
ce sera son affaire. »

Le 2 février, à l'occasion de l'anniversaire
de sa profession, la communauté et le pensionnat lui renouvelèrent l'expression de leur
filial attachement ; elle répondit aux élèves :

« Mes enfants, j'étais bien heureuse, il y a
quarante-cinq ans, quand je fis mes vœux ;
mais je puis vous assurer qu'aujourd'hui
j'apprécie mieux encore la grâce de la vocation religieuse. Toutes, chères enfants, vous
n'êtes pas appelées à la même vocation ; mais
toutes, vous avez une riche mine à exploiter,
c'est votre cœur dont vous pouvez, par la
droiture de vos intentions, retirer un or très
pur. »

Le 18 février, elle écrivait à l'une de ses
enfants :

« Mon état d'infirmité est le même, on n'a
qu'à s'y résigner, car en vain a-t-on invoqué

tour à tour, saint Antoine, si prodigue en miracles, saint Joseph, la Vénérable Sœur Benoîte, etc., etc., aucun n'a voulu s'en mêler, preuve évidente que c'est *le bon don divin*. Ensemble, mon enfant, pour ce carême et pour toujours, renouvelons-nous dans la disposition de voir venir tout de Dieu, et d'accepter tout avec une confiance pleine d'amour. »

Quelques semaines après, elle écrivait à une âme très éprouvée :

22 avril 1896.

« Je voudrais vous voir arriver à ce calme céleste d'une belle âme dont nous lisons l'histoire, ces jours-ci. « Je ne puis rien faire et je souffre beaucoup, écrivait-elle, mais je suis heureuse de penser que je fais la volonté de Dieu ; les anges l'accomplissent avec délices, moi dans l'angoisse ; ma part n'est-elle pas la meilleure ? »

Puis, elle ajoutait sur sa santé le petit article toujours impatiemment attendu : « Je marche un peu moins mal, puisque j'ai pu, appuyée sur deux bons bras, aller au grand parloir, vendredi passé ; la bonne Thérèse n'y manquait pas. Mme N. s'y trouvait aussi, et je lui ai donné le bonjour qui lui avait manqué à son passage à Gap. »

Revenons quelques jours en arrière, pour parler des réunions d'enfants de Marie. Elles continuaient à se faire exactement. Notre Révérende Mère, ne pouvant y assister, visitait ses chères enfants par d'affectueux billets qu'on lisait à haute voix ; ils étaient ensuite tirés au sort et emportés avec bonheur par l'heureuse gagnante. Dans celui du mois de février, elle les exhortait à l'esprit de pénitence :

« Pratiquez-la, chères enfants, leur disait-elle, dans vos devoirs de piété et de position, dont elle est presque inséparable, dans les peines et les souffrances, qui sont le fond de toute existence. Il serait si peu sage d'augmenter le poids de nos croix par l'impatience, et d'en diminuer le mérite. Pratiquez-la encore dans les petites privations volontaires qui, sans nuire à la santé, entretiennent une affectueuse intimité entre l'âme et Jésus !... »

A la réunion de mars, qui suivit une retraite prêchée à la cathédrale, le petit billet portait ces lignes : « Aujourd'hui, chères enfants, au lieu de vous écrire des conseils, je veux que vous m'envoyiez un bouquet spirituel de cette retraite que l'on nous dit avoir été si bonne. Chacune de vous sera assez aimable pour donner une fleur. Et je vous promets de traiter ces fleurs en célestes bou-

CHAPITRE XIX

Ses écrits.

Un pieux auteur a dit : « Les écrits des saints sont les reliques de leur âme. »

Je les visite, ces chères reliques, elles sont là, formant de nombreux volumes ; chaque page nous dit une vertu de cette Mère aimée, chaque phrase échappée de sa plume, pénètre, réchauffe en même temps qu'elle éclaire ; chaque ligne est un rayon lumineux qui va droit à l'âme. Notre Mère vénérée cherche à faire du bien, à faire aimer Dieu, c'est là sa seule ambition. Et lorsque, sur son lit d'agonie, nous la regardions avec tristesse, elle nous disait en souriant : « Vous m'aurez dans mes écrits !.. »

J'ouvre d'abord un des précieux cahiers, intitulé : *Entretiens avec les maîtresses.*

La sage directrice avait pour elle l'expérience ; aussi, avec quel zèle elle prodigue
les conseils et les moyens pour former le
cœur et l'intelligence des enfants ! « Etu-
dions, dit-elle, étudions en détail les dif-
férents devoirs de nos élèves ; groupons-les
en trois classes : 1° Il faut que nous fassions
de nos jeunes filles des personnes d'ordre ;
2° des personnes de dévouement et de bon
sens ; le cœur et le jugement doivent se retrouver dans leur actes ; 3° il faut les rendre
solidement pieuses. » Puis, par d'heureuses
citations, toujours à propos, elle présentait le
devoir, d'abord sous son aspect sérieux et
obligatoire, et elle en montrait la facilité par
le recours à Dieu et à Marie, par l'abnégation de soi. Cette devise revient souvent sous
sa plume : « Tout sacrifier au devoir ; ne sacrifier le devoir à rien !... »

Il serait trop long de transcrire tous ces entretiens, dont nous faisons nos pieuses lectures
en Communauté : Prudence, douceur, fermeté, mener les âmes à Dieu ; justice, force, respect, soumission, voilà tout autant de sujets
que la pieuse directrice développait d'une
manière admirable et toujours pratique.

Son amour des âmes lui a fait écrire des
pages sublimes :

« 1° Il faut aimer les âmes, parce que c'est

le seul moyen d'arriver jusqu'à elles ; cet
amour est la clé des cœurs ; sans lui on peut
agir à l'extérieur, on peut dominer et main-
tenir dans l'ordre ; mais on n'aura pas l'accent qui arrive à la volonté, et lui fait libre-
ment accepter le devoir. « Si je n'ai pas la
charité, dit saint Paul, quand je parlerais le
langage des anges, je ne suis qu'un airain
sonnant. »

« 2° Comment il faut aimer les âmes d'un
amour surnaturel, qui ait son principe et
qui trouve son aliment dans l'amour que l'on
a pour Jésus lui-même. Le Père Lacordaire
disait : « Je ne puis plus aimer personne sans
que l'âme se glisse derrière le cœur, et que
Jésus soit entre nous ! « Voilà l'amour surnaturel. »

Et notre mère commentait ces paroles avec
une douce persuasion, qui enflammait nos
cœurs et excitait notre volonté.

Dans les exhortations du premier vendredi
de chaque mois, elle nous montrait, sous forme
de méditations, l'excellence de l'humilité, de
l'obéissance, de la charité ; le moyen de rendre
ses actions méritoires, le bonheur de l'oraison et de la prière ; puis, venaient les douces
vertus de simplicité, de douceur, de soumission à la volonté de Dieu, de patience. Je
copie dans ce dernier entretien :

« Cette vertu qui doit couronner l'œuvre de notre sanctification renferme, d'une manière exquise, la pratique de la foi, de l'espérance et de la charité.

« *C'est le Seigneur* ! voilà le cri de foi qui soutient l'âme patiente au milieu des douleurs et des afflictions.

« *Le Ciel en est le prix !* est l'acte d'espérance qui couvre de pures clartés les événements et les circonstances les plus sombres.

Mon Dieu, parce que je vous aime, j'adore et j'accepte votre bon plaisir ; n'est-ce pas la plus généreuse expression de l'amour ? »

J'ouvre un autre volume ; c'est aux novices que la tendre Mère donne ses lumières et ses conseils. Elle veillait à la formation de cette partie du troupeau avec un soin particulier ; elle ne négligeait rien, soit pour l'instruction, soit pour l'éducation ; les pieux exercices hebdomadaires qu'elle faisait à ces chères enfants, étaient regardés comme des faveurs célestes.

Avec quelle angélique piété elle leur parlait de l'oraison, de la sainte Communion ! Puis, c'était le bonheur de la vie religieuse qu'elle leur faisait goûter en leur en dévoilant les joies et les consolations. « Les peines et les difficultés sont des échelons pour nous élever, disait-elle ; pourquoi s'en effrayer ?

Jésus n'est-il pas au bout de cette contrariété, de cet ennui? Regardez, il vous attend, il vous sourit; courage! offrez-lui cette victoire. »

Un autre jour, elle leur faisait comprendre que la vie religieuse oblige à tendre à la perfection, et que la perfection se trouve dans les petites choses ; puis, elle leur prodiguait les citations que sa prodigieuse mémoire lui fournissait, et les chères novices, entourant leur Mère Maîtresse, lui disaient: « Notre Mère fait en action tout ce qu'elle nous dit. — Quand je pense, ajoutait naïvement l'une d'elles, qu'elle n'use que deux plumes par an ! et Dieu sait si sa plume s'arrête un seul jour ! » Avec un tel exemple, il était naturel à notre Mère de parler, avec abondance, du bonheur d'être pauvre et des mérites de la pauvreté.

Parmi ses nombreux cahiers, nous apprécions surtout celui des méditations sur le Cœur de Marie, pour les troisièmes vendredis du mois, et ses petites pages sur la charité, qui sont comme autant de mots de rappel, et font délicieusement résonner, avec un accent céleste, le mot si cher à notre filial souvenir : « N'ayez qu'un cœur et qu'une âme ! »

« Pour chacune de nous, disait notre Mère bien-aimée, ce sera l'éclair illuminant notre conscience, et nous montrant l'imperfection qui aurait pu s'y glisser. Ce sera le mot d'ordre, de progrès, le très sûr moyen d'acquérir l'esprit religieux. »

Parmi ses écrits, ne devrions-nous pas placer en première ligne de *Vie de notre vénérée Mère Marie du Cœur*? Quelle est l'âme qui n'a pas été délicieusement émue, touchée et saisie en lisant ces admirables pages?

Ces pages, notre digne Mère Marie-Claire les a écrites, plus avec son cœur qu'avec sa plume ; elle a retracé notre douce Fondatrice avec ses traits caractéristiques de gaieté et d'amabilité dans la sainteté...

Comme éloge de ce volume, je me plais à transcrire les paroles de l'éditeur : « Avec Mgr Berthet, évêque de Gap, disons, en toute conscience, que nous venons de parcourir, avec un véritable intérêt et une religieuse édification, la vie de la Révérende Mère du Cœur et le récit des origines du Saint-Cœur de Marie. » Puis, après avoir esquissé à grands traits les qualités éminentes de notre chère Fondatrice, il ajoute : « C'est, à tous égards, une bonne œuvre d'avoir composé ce livre pour reproduire et conserver des choses aussi fortifiantes. On aurait pu l'intituler : *Les Parfums du Cloître*, et ce titre eût été parfaitement justifié. Aux âmes religieuses, il présentera la piété en action ; mais, disons-le encore, la piété aimable, communicative, attrayante, persuasive. Aux gens du monde, il montrera ce que sont ces couvents que l'on prend assez volontiers pour des éteignoirs ou des prisons ; il montrera surtout, et sous un jour précieux, ce que sont ces écoles congréganistes qui ont le don d'offusquer les sectaires de notre fin de siècle !... »

Pour nous, ce qui fait surtout notre admiration dans ce livre, c'est l'humilité que notre bonne Mère Marie-Claire y montre. Elle sait cacher et son nom et ses actes, et passer habilement sous silence les épisodes où sa vertu pourrait se laisser deviner ; mais nos cœurs ne s'y trompent pas, et la vie de notre Révérende Mère du Cœur est, pour nous, un double memento nous parlant hautement de la sainteté de nos deux Mères.

Parmi les opuscules composés par notre Mère Marie-Claire, citons ceux que nous avons livrés à l'impression et qui, semence féconde, font germer dans les âmes la piété, la foi, l'oubli de soi et la confiance en Dieu.

C'est d'abord *l'Art des arts*, où précieux avis pour l'éducation des enfants. Combien de maîtresses y ont trouvé déjà d'utiles enseignements pour faire du bien aux jeunes âmes qui leur sont confiées !

Puis, l'opuscule : *Aux jeunes filles*, ou conseils donnés sous forme de retraite.

Un *Mois de Marie*, dernier travail de notre Mère. Alors que la souffrance usait son pauvre corps, ce cœur maternel et toujours vaillant pensait à ses chères élèves. L'œuvre des réunions des Enfants de Marie était fondée, cela ne suffisait pas ; le zèle de notre Mère ne peut s'arrêter, il ira plus loin, et des pages délicieusement suaves diront ce que peut et ce que doit faire une véritable enfant de la Très sainte Vierge. Le plus bel éloge que nous puissions faire de ce petit volume, où chaque jour du mois de mai donne une leçon de vertu et de sainteté, c'est de reproduire en partie la lettre délicate et paternelle de Mgr Berthet :

Sa Grandeur, avec sa bienveillance ordinaire, a donné son approbation, en ces termes :

Gap, le 2 juillet 1896.

Ma Révérende Mère,

« Toute une vie consacrée à l'éducation des jeunes filles, sous le regard et l'inspiration du saint Cœur de Marie, vous rendait plus apte que bien d'autres à parler de leur Mère, aux Enfants de Marie.

« Rien ne sera plus propre à entretenir en elles l'amour et la confiance en la Très sainte Vierge, que les considérations si touchantes que vous soumettez avec un vrai cœur de Mère, à leurs pieuses réflexions.

« Plus d'une vous bénira d'avoir trouvé, dans vos paroles, le chemin de la piété salutaire et féconde ; toutes vous rendront grâces de ce dévouement affectueux qui les suit partout, pour faciliter leur tâche en leur apprenant à la rendre méritoire.

« Je demande au saint Cœur de Marie, pour lequel vous avez vécu, d'adoucir des souffrances que vous voulez oublier, pour ne penser qu'à faire du bien aux âmes de ces enfants !

« Agréez, ma Révérende Mère, l'assurance de mon entier dévouement en Notre-Seigneur. »

Cette lettre, reçue avec reconnaissance, réjouit le cœur de notre Mère, et, se mettant en relation avec son éditeur, elle n'eut plus de repos, jusqu'au moment où elle sut son travail en bonne voie de réussite.

Faut-il passer sous silence les nombreux petits cahiers que nous conservons précieusement ? Non, ce serait priver les âmes d'un petit régal spirituel, et nous tenons à mentionner le titre de ces chers et suaves souvenirs ; notre Mère les composa, alors que, souffrante et infirme, elle ne pouvait plus sortir de sa chambre.

Voici d'abord un *Sursum corda* pour nos récréations. J'ouvre au hasard et je copie :

« Réjouissons-nous parce que nous irons dans la maison du Seigneur !

« Réjouissons-nous, parce que nous pouvons réjouir le Sacré-Cœur en désirant le ciel qu'il nous a mérité, où il nous garde une place, où éternellement nous chanterons son miséricordieux amour pour les âmes. Pendant qu'il en est temps, faisons quelque chose pour Lui, rien ne doit nous être plus doux. Les seuls trésors de cette terre sont les occasions de témoigner notre amour à Jésus, de travailler et de souffrir pour Jésus, de tout sacrifier pour Jésus !... »

C'est samedi ! fait tressaillir nos cœurs d'amour pour la sainte Vierge. Dans la préface de cette brochure, notre bonne Mère nous dit :

« En considérant mon rôle de servante inutile, je demandai à Notre-Seigneur la grâce de vous faire encore un peu de bien : le petit mot du samedi a été sa réponse !... »

Nous trouvons dans ces pages un élan pieux vers la Très sainte Vierge, pour chaque samedi de l'année. Citons un exemple :

« *Mois d'octobre... C'est samedi !* et pendant ce mois du rosaire, le samedi est encore plus doux à nos cœurs. Nous nous unissons avec joie, Mère chérie, aux incessants hommages montant vers vous de toutes parts. Nous vous remercions mille fois de nous avoir appris votre rosaire, et d'y avoir attaché tant de charme, de lumière et de grâces. Qu'il nous soit de plus en plus la leçon des vérités éternelles, l'itinéraire de la terre au ciel, le canal de vos miséricordes... »

Ici, se place, bien à propos, ce quatrain qu'elle avait composé et qu'elle aimait à redire :

O ma Mère chérie, j'aime votre rosaire
Plus que tous les joyaux des enfants de la terre ;
Je le baise et le presse avec un tendre amour,
Qu'il soit mon bouclier, au dernier de mes jours !

Puis, notre Mère, toujours avide de faire du bien, écrivait quelques bonnes pensées propres à soutenir les âmes au milieu des préoccupations matérielles et des travaux fatigants ; elle intitule son livre : *Pour les lessives !...* Nous y lisons :

« Bonjour, mes chères Sœurs ; nous nous entendons bien sur le sens de ce mot, n'est-ce pas ? Et puisque cela dépend de vous, il sera bon ce jour qui est devant vous comme une terre où vous allez semer pour la récolte éternelle, comme une page blanche où vous avez à écrire ce que l'ange de Dieu lira au grand jour.

« Semez dans la paix et dans l'obéissance, et vous récolterez dans la gloire et le bonheur,

Écrivez : reconnaissance et générosité ; l'ange qui lira ces mots, y ajoutera : Dettes payées, récompense méritée ! »

N'est-ce pas charmant, pieux et bon ?

Un *Mois du Sacré-Cœur*, jaillit encore de cette âme si dévouée aux intérêts de Jésus ; la maladie arrêta la plume de notre bien-aimée Mère.

Parfois, c'était en vers qu'elle traduisait ses sentiments.

Une de nos sœurs de Beaune, dans une lettre charmante, demandait où pourrait se trouver le bon plant de l'humilité.

Notre Mère prend sa plume et écrit spontanément :

Dans le Cœur de Jésus, l'âme se le procure,
Et la Vierge Marie en conduit la culture ;
Fleurs des bons sentiments, fruits d'actes précieux,
Font de ce béni plant, un trésor pour les Cieux !

Nous avons, sous forme de prière, des poésies qui nous révèlent son grand cœur. « Qu'une strophe de cantique fait souvent de bien ; nous disait-elle. On est là au pied de Notre-Seigneur ; des versets, comme ceux-ci, peuvent nous servir de méditation. » Et la bonne Mère retrouvait dans sa mémoire des lignes composées par elle dans le calme de la solitude. Les voici :

tures, et de les cultiver sous le regard de Dieu. Vous aurez large part au mérite. »

Ce désir fut réalisé ; une de ces dames, un crayon à la main, fit la cueillette des bonnes pensées, et le gracieux bouquet spirituel fut envoyé à notre Mère qui en fut réjouie et édifiée.

Au mois d'avril, se trouvant un peu mieux, elle put, appuyée sur deux bras, visiter ses chères enfants de Marie ; la joie fut réciproque. Après quelques moments d'entretien affectueux, elle leur demanda des nouvelles de leurs chères âmes. Puis, à propos des grandes fêtes de Pâques, elle leur dit : « Le fruit que nous devons en retirer, c'est de répéter toujours et de tout cœur l'alleluia ; le dire dans la joie, c'est bien ; mais le dire dans l'épreuve et l'amertume du cœur, c'est mille fois mieux !... »

Le 5 mai, nous eûmes la douleur de perdre une de nos plus chères anciennes élèves, Mlle Marie-Thérèse Cognon. Notre Révérende Mère fut très sensible à la triste nouvelle. Cette pieuse enfant de Marie avait eu deux tantes religieuses au Saint-Cœur : Sœur Marie-Aphrodisie et Sœur Marie-Ursule. Cette dernière avait remplacé la mère de Mlle Marie-Thérèse, enlevée prématurément, et avait formé sa chère nièce aux vertus et aux qualités qui font la femme forte, si bien qu'à sa sortie de pension, Mlle Marie-Thérèse, âgée de 17 ans, étonnait les hommes d'affaires par sa prudence et son énergie. Un moment, elle se crut appelée à rester dans le monde, elle disait alors : « Je veux être une sainte. »

Mais une vive lumière lui ayant montré la meilleure part, elle était résolue à se faire sœur de Charité, quand une courte maladie l'emporta.

Le prêtre qui l'assistait à son lit de mort disait : « Je n'ai jamais vu faire un acte de contrition avec tant de ferveur ! »

Le 15 mai, jour de notre adoration avec Montmartre, était aussi jour de réunion des enfants de Marie. Elles obtinrent de faire une courte halte dans l'enclos et de chanter un Magnificat à Notre-Dame de la Joie.

Notre Révérende Mère y avait été portée. Mais combien on la trouva changée, et que de tristes pressentiments dans tous les cœurs ! Elle laissa à ses chères enfants, comme *Sursum corda*, le nom même de Notre-Dame de la Joie, c'est-à-dire : dévotion toujours croissante à la Très sainte Vierge et piété aimable, telle que le Saint-Esprit la donne. Elles reçurent ensuite le baiser d'adieu qui était celui du revoir au Ciel !

Le 31 mai fut le jour de la première Communion ; notre Révérende Mère avait écrit à ces chères petites plusieurs lettres pour les exhorter à bien se préparer au grand jour. Elle leur offrit, comme souvenir de leur première Communion, de gracieuses cartes où leurs cœurs et leurs noms étaient entrelacés autour du Cœur de Jésus ; cette petite prière, composée par elle-même, complétait l'image :

Oh ! pour toujours, nos cœurs sont au vôtre, Jésus !
Gardez-y l'innocence, ornez-les de vertus !

Le 14 juin, Dieu accorda à notre Mère de revoir trois de ses nièces et ses deux petites-nièces. Elle caressa avec tendresse son cher petit Georges, bel enfant que lui amenait la plus jeune de ses nièces, et elle donna à toutes les témoignagnes de sa vive affection.

On aurait dit qu'elle pressentait que cette visite était la dernière qu'elle recevait de sa famille chérie.

Elle ne quittait sa chambre que pour être portée à la messe, sa délicatesse se refusait à recourir aux bras de ses filles pour être descendue au jardin.

De sa fenêtre, elle admirait la belle nature, les arbres feuillés, le gracieux enclos, la Vierge de la fontaine qui lui avait inspiré de si jolies pages ; puis, son regard s'élevait vers le Ciel qu'elle appelait de tous ses vœux.

Quelquefois, on lui amenait dans sa chambre les plus jeunes élèves ; elles les interrogeait, s'informait de leurs progrès, visitait leurs cahiers de devoirs ; puis, elle jetait dans ces jeunes âmes une pensée de foi, germe béni qui devait plus tard porter des fruits pour le ciel. Une distribution de bonbons ou de gâteaux terminait ces visites que les enfants aimaient beaucoup.

Plusieurs jours à l'avance, on les leur faisait envisager comme récompense ; quant aux petites paresseuses, elles étaient menacées d'être grondées. En sortant de la cellule, toutes s'écriaient : « Quand reviendrons-nous ? notre Mère est si bonne, elle ne gronde pas ! »

Les entretiens avec ces jeunes âmes, si près de Dieu et des anges, étaient pour notre digne Mère une douce distraction. Afin de lui en procurer d'autres, nos sœurs qui s'occupent de photographie, installaient parfois leur appareil sous ses fenêtres et le faisaient fonctionner ; notre Mère souriait à leur réussite et regardait avec le plus vif intérêt les paysages ou les portraits.

Mais c'était surtout dans le travail qu'elle trouvait son plus doux soulagement. Comme Mᵍʳ Gay, elle aurait pu dire: « Ma vie est à son automne ; j'ai hâte de récolter et de serrer ma moisson ! »

Oui, elle serrait sa moisson et, chaque jour, elle y ajoutait, par son travail et ses souffrances, des gerbes magnifiques.

Son âme nous paraissait comme un diamant précieux que Dieu se plaisait à tailler avec une délicatesse infinie ; nous admirions, sans la comprendre, l'action mystérieuse de la Providence sur cette âme privilégiée.

« La souffrance, a dit un auteur, a mille issues secrètes pour pénétrer dans les âmes. »

Mais plus les âmes sont délicates, plus ces issues sont nombreuses. Notre Mère sut porter toutes ses peines avec cette sérénité, ce silence qui ne voulait pas même qu'on s'occupât de ce qui la préoccupait directement. Tout souffrir et ne rien faire souffrir, semblait être sa devise.

Un fervent religieux, oblat de Marie, lui écrivait, d'Angleterre :

25 juin 1896.

« Je vous félicite du bonheur que vous éprouvez sur la croix que vous a cédée votre vénérée Mère du Cœur. Comme elle, vous êtes la digne fille de ce père (M⁶ʳ Arbaud) qui ne parlait à ses enfants que de mortifications. Veuillez, dans votre saint esclavage, vous souvenir de l'Angleterre. »

Le 1er juillet, notre Révérende Mère traçait ces lignes, à une ancienne élève :

« Mes jambes sont incorrigibles dans leur raideur. Patience ! Hélas ! les refus des visites sont une des vraies pénitences qu'elles m'imposent, quand il s'agit de chères enfants qu'on accueillerait si volontiers !.. »

En lui rappelant les deuils récents, elle lui disait :

« Vraiment, avec tous ces départs, ne devrait-on pas n'avoir plus que la pensée d'amasser des mérites éternels ? tout le reste n'est que sottise. A Dieu, ma fille... »

Le 29 juillet, veille du départ de nos élèves, malgré une augmentation de souffrances, elle voulut les réunir une dernière fois et leur donner le baiser d'adieu. Elle leur parla du ciel.

« Le soir, leur dit-elle, quand vous serez dans votre petite chambre, avant de prendre votre repos, pensez à cette demeure céleste où nous irons un jour ; cela vous fera du bien !... »

Le lendemain, premier jour de nos vacances, elle se sentit plus affaiblie encore ; elle demanda cependant à être portée à la salle de Communauté, ce devait être pour la dernière fois ! Là, d'une voix éteinte, elle nous engagea à nous renouveler dans la régularité, à bien sanctifier l'époque des vacances. Après quelques instants, on dut la remonter dans sa chambre. Tous nos cœurs étaient dans l'angoisse, ils pressentaient la douloureuse station que nous allions faire au pied de la croix.

CHAPITRE XVIII

Maladie et mort de notre Révérende Mère.

Sans doute, il tardait au Seigneur de placer
au ciel cette âme si belle ; il voulut cependant la perfectionner encore, en lui donnant
le coup de maître. Les huit semaines de maladie furent à la perfection de notre Révérende Mère, ce qu'est, à la récolte déjà très
avancée, le soleil vivifiant d'un brûlant jour
d'été, et comme Dieu fait tout avec sagesse et
mesure, il choisit l'époque des vacances, où
le travail est moins fatigant, pour façonner
nos âmes du côté de l'abandon au bon plaisir
divin.

Le 31 juillet, notre Mère se trouvant plus
souffrante encore que la veille, on fit appeler le médecin ; il constata une fluxion de
poitrine : « Suis-je bien malade ? » demanda-

t-elle après sa visite. Les Mères qui se trouvaient auprès d'elle ne purent lui répondre que par leur silence et leurs larmes. « Bien, dit-elle, pourquoi vous alarmer ainsi ? » Puis, avec son bon sourire, elle les consola, et ne voulut pas remettre au lendemain le soin de feuilleter quelques papiers d'affaires.

Les jours suivants, le mal suivit son cours ; des bulletins de cette chère et précieuse santé étaient envoyés très souvent à Beaune et à Entrevaux où, de tout cœur, on s'unissait à nos ferventes neuvaines.

Notre chère malade voulait bien s'y unir aussi ; elle buvait avec confiance de l'eau de Lourdes ; mais tant d'âmes chéries l'attiraient du ciel, que nos efforts furent impuissants à la retenir ici-bas.

De temps en temps, la communauté avait le bonheur de lui faire une petite visite ; son regard se reposait avec calme et douceur sur chacune de ses filles, quand elle éprouvait un léger mieux, elle se hâtait de nous l'apprendre ; un jour, elle s'aperçut que quelques sœurs paraissaient tristement préoccupées de son état. « J'aurais dû leur dire que j'allais mieux », répéta-t-elle à plusieurs reprises.

Son amour de la régularité se montrait dans les plus petits détails. Une sœur étant venue dans sa chambre pendant un exercice de piété, notre Mère en témoigna sa surprise ; elle ne fut rassurée que lorsqu'elle sut que la chose était indispensable.

Nous devions entrer en retraite le soir du 8 août. Dans l'après-midi, elle nous fit appeler.

« Voici, nous dit-elle, le vœu que je forme au sujet de votre retraite : Que la paix soit avec vous ! Elle peut être très profonde, même dans l'épreuve. Il en sera ainsi si vous prenez pour devise cette ligne d'un cantique que vous chantez quelquefois : *Ton divin Cœur m'est toutes choses* !.. Appuyez-vous de toutes vos forces sur le Cœur de Jésus ; il sera votre secours et votre conseil ! »

Elle permit à chacune de lui faire, pendant la retraite, une visite particulière : « Vous répondrez, nous dit-elle, à cette question que mon cœur, à défaut de ma voix, vous adressera : Comment allez-vous ? La réponse affirmative sera le signe que tout va bien dans votre âme ! »

Le Révérend Père Brunet, religieux Gardiste, qui nous prêchait la retraite, alla voir notre bonne Mère ; il fut frappé de la sérénité qui rayonnait sur sa physionomie et dans ses paroles : « Vous avez une sainte qui s'en va vers son éternité », nous dit-il.

Elle avait demandé, elle-même, les derniers sacrements ; on les lui porta le 10 août. Toute la Communauté était réunie. Après avoir renouvelé ses vœux, elle nous dit :

« Mes chères Sœurs, je vous demande pardon de toute la peine que j'ai pu vous faire, et des mauvais exemples que j'ai pu vous donner. Pour moi, je sens qu'il n'y a pas un atome entre votre cœur et le mien. La mort ne nous séparera pas ; nous resterons toujours unies dans les Cœurs de Jésus et de Marie ! »

Elle reçut le saint Viatique et l'Extrême-Onction ; puis elle nous dit encore :

« Merci, mes chères Sœurs, de vos prières et de vos bontés pour moi ; j'en suis profondément touchée. Je vous demande surtout des prières d'actions de grâces. Et puis, à chacune personnellement, je dirai de plus en plus : Aimez bien Notre-Seigneur d'un amour d'abandon qui le glorifie ; livrez-vous à son bon plaisir et laissez-le faire de vous tout ce qu'il voudra. Aimez-vous bien les unes les autres, d'un amour de miséricorde, il n'y a que celui-là de bon ; oubliez tout, pardonnez tout Aimez bien vos saintes Règles d'un amour de fidélité ; pratiquez-les dans les petits détails. »

Sa voix était claire et distincte, et quoiqu'ils fussent brisés, nos cœurs se livraient encore à l'espérance.

Le soir, M⁹ʳ Berthet nous fit une bien paternelle visite : « Mes enfants, nous dit-il, je vous savais dans la peine, et votre mère dans la souffrance, et je suis venu ! » Il témoigna le plus sympathique intérêt à notre chère malade : « Vos enfants qui vous aiment tant, lui dit-il, vont obtenir votre guérison, à l'occasion de votre fête. »

Le 11, veille de sainte Claire, nous étions de nouveau réunies autour du lit de notre bien-aimée malade, pour lui offrir nos vœux.

Elle nous engagea à conserver cette double disposition : la prière qui unit au cœur de Jésus, et l'abandon qui attend tout de sa bonté.

Nos chères élèves de la ville n'oublièrent pas cette douce date. De beaux vases de fleurs furent envoyés à notre Mère ; elle souriait en les admirant, et son regard disait combien elle était sensible à ces témoignages de tendresse. Ses enfants éloignées lui écrivaient des lettres qui exprimaient toute la part qu'elles prenaient à ses souffrances :

« Assurez-les, nous disait cette bonne Mère, que je pense à elles et que je prie pour elles. A cette heure, elles sont ma joie, car je les vois dans le chemin du ciel. »

Pour sa chère Nelly, elle dictait son petit mot : « Dites-lui que, désormais, toutes deux nous devons regarder le ciel et aimer le bon Dieu chaque jour davantage. »

L'une de ses anciennes élèves, retenue elle

aussi sur un lit de souffrance, lui envoyait,
pour fleur de fête, cette touchante poésie :

A ma bonne Mère Marie-Claire

11 août 1896.

J'oublierais que la vie est pour moi bien sévère,
    Si je pouvais, ce soir,
Faire une douce halte en mon triste calvaire,
    Et près de vous m'asseoir !

J'oublierais les rochers où mon âme se brise,
    Les ronces du chemin,
Et les heures d'angoisse où ma douleur s'attise,
    En pressant votre main !

J'oublierais les sueurs, l'effroi des agonies,
    Et ma coupe de fiel,
Si je pouvais cueillir, sur vos lèvres bénies,
    Le baiser maternel !

Ma Mère, comme moi, vous buvez le calice ;
    Comme moi, vous souffrez !
Mais, c'est en chérissant la voix du sacrifice,
    Qu'à Dieu vous vous offrez !...

Et je m'unis à vous ; et du sein de l'épreuve,
    Au flot de vos douleurs,
Comme un ruisseau se mêle à l'onde du grand fleuve
    Je veux mêler mes pleurs !

Et qu'importe l'écueil qui nous heurte, nous lasse,
Et qui nous trouble en vain ;
Nous courons, dédaignant la vanité qui passe,
A l'océan divin.

MARIA C.

Le jour de l'Assomption, elle aurait désiré entendre le cantique : *Brise, brise la chaîne, qui m'attache en ces lieux* : Nos cœurs s'y refusèrent. On lui chanta : *Vierge fidèle, ah ! prête-moi ton cœur !* « Quand on regarde le ciel, nous dit-elle, on trouve une bonne réponse à tout. » Son désir de la patrie céleste se révélait en toute occasion. Un jour, une sœur lui offrit une immortelle, elle la remercia par ce petit mot : « Cette fleur fait penser au ciel ! »

Son âme était constamment unie à Dieu, et elle nous portait sans cesse, par sa parole et son exemple, à cet admirable esprit d'union.

« Je vous engage, nous disait-elle, à choisir une aspiration qui soit comme le perpétuel refrain de votre âme. Quand on est malade, on s'y plonge, et cela fait du bien. Pour moi, j'ai choisi celle-ci : Jésus, soyez-moi Jésus, à la vie, à la mort ! »

Le 22 août, anniversaire de sa prise d'habit, on lui chanta un couplet du beau cantique : *Toujours, toujours, ravissante journée !* « Quarante-sept ans se sont écoulés, ajouta-t-elle.

depuis le jour de ma prise d'habit ; ils ont passé comme un songe, entre ces mêmes couplets chantés à la même heure et à peu près dans les mêmes dispositions. N'est-ce pas toujours le don de soi à Jésus et le bonheur d'être toute à lui ?...

« Je vous demande de répéter, aujourd'hui, 47 fois : *Bénissons le Seigneur !* pour le remercier des grâces dont il m'a comblée. »

Chaque jour, une sœur allait, d'après son désir, lui faire quelques prières à haute voix, elle s'y unissait de tout son cœur et remerciait parfois en disant : « Que vous me faites de bien ! »

Le 30 août, elle reçut l'indulgence de la bonne mort. Elle nous exhorta à nous renouveler dans la dévotion aux indulgences. «Gagnez-en beaucoup de petites, ajoutait-elle ; un jour, vous en serez si heureuses ! » Elle demanda à une de ses filles de venir lui réciter les prières de la préparation à la mort, qu'elle aimait tant à faire à la fin de chaque mois.

Quand on lui parlait des nombreuses neuvaines offertes pour sa guérison, elle en exprimait sa reconnaissance ; puis, elle disait : « Soyons persuadées que la sainte Vierge nous obtiendra ce qu'il y a de meilleur. »

Les jours se succédaient dans des alternatives de mieux et de plus mal. La fluxion de poitrine était guérie ; mais, pour arriver à se remettre, il aurait fallu à notre Mère une force de tempérament qu'elle n'avait plus, hélas ! Tout était usé en elle, et la faiblesse augmentait toujours. Rarement les visites particulières nous étaient accordées, à cause de la fatigue qui aurait pu en résulter. Parfois, cependant, une main filiale déposait un petit bouquet sur le lit de la malade qui le recevait avec un doux sourire.

Un jour, dans un court moment d'entretien, une sœur lui dit : « Ma Mère, je mets tout mon cœur dans un merci, un pardon, une prière. — Et moi, ma fille, répondit-elle, je mets aussi le mien dans un merci, une bénédiction, une prière !... »

Une bonne sœur converse vint la supplier de lui obtenir trois grâces, quand elle serait auprès du bon Dieu : la 1re de conserver toujours une grande dévotion à la sainte Vierge ; la 2e de persévérer dans sa vocation ; la 3e d'être délivrée d'une peine intime dont elle souffrait depuis quelque temps : « Je vous promets, ma fille, lui répondit notre Mère, que je m'occuperai de vos intentions. »

Le lendemain même de la mort de notre Mère, cette sœur fut délivrée de ses angoisses intérieures ; cette grâce fut sans doute le prélude des deux autres faveurs qu'elle espère obtenir.

Une joie fut encore accordée à notre bien-aimée malade, avant son départ pour la patrie ; ce fut la visite de l'excellent aumônier du Parc. Il lui parla longuement de cette chère famille d'Entrevaux qu'elle appelait sa Benjamine. Mais elle brisait peu à peu les liens, même les plus chers, qui la retenaient ici-bas, et l'on aurait pu dire d'elle aussi : « qu'elle se tenait orientée vers la mort, pour en méditer l'autre face, cette face lumineuse qui succède aux ténèbres de la vie. » Sa physionomie même avait pris un rayonnement tout céleste.

Cependant, elle pensait à tout, prévoyait tout. Elle fit appeler les deux sœurs à qui elle devait léguer la charge de la Communauté ; après les avoir bénies avec effusion, elle leur donna les conseils nécessaires à la direction de la petite famille. Puis, les encourageant, elle leur montra le Ciel, et appela sur elles l'Esprit de sagesse, de lumière et de force, cet Esprit-Saint qu'elle avait tant aimé et invoqué, et qui lui avait communiqué ses dons avec tant de plénitude. Elle bénit aussi le cahier où étaient renfermés les emplois pour l'année scolaire : « Que chacune y trouve bien sa sanctification », dit-elle.

« Ma Révérende Mère, lui demanda un jour, la Mère Assistante qui se rendait à un exercice de communauté, quel petit mot, puis-je dire à nos sœurs de votre part ? — Elle répondit : « Qu'elles s'habituent à supporter bien patiemment les petites souffrances de chaque jour, afin d'avoir la force d'en supporter de plus grandes, quand Dieu les leur enverra. »

Elle dicta, pour ses parents, les adieux les plus affectueux et les plus touchants ; ils commençaient par ces mots : « Famille bien-aimée, je vous vois tous par le cœur autour de moi, et je veux vous dire au revoir !... »

Le 18 septembre, vers une heure après midi, une crise terrible d'étouffement nous fit croire que la dernière heure était arrivée. Le lit n'étant plus supportable, notre bien-aimée malade fut placée sur un fauteuil ; des sueurs abondantes, une pénible oppression firent de cette soirée une véritable agonie. Notre Mère, cependant, restait sereine ; parfois son regard fixé sur l'image de la sainte Vierge, avait une expression angélique, et ses mains se joignaient avec ferveur comme pour une prière suprême.

A 7 heures, elle se trouva mieux ; elle nous dit alors, avec l'étonnement de celui qui se croyant déjà au port, se trouve rejeté en pleine mer : « La sainte Vierge se plaît à me faire des niches ! »

Le mieux continua ; le lendemain, qui était un samedi, la sainte Vierge envoya une gracieuse fleur à notre Révérende Mère ; une de ses chères enfants de Marie entra comme postulante et vint recevoir sa bénédiction. Déjà, quelques semaines plus tôt, elle avait obtenu la faveur de lui faire une petite visite. Notre Mère se trouvant alors moins souffrante, lui avait adressé ces quelques paroles : « Que votre cœur, chère enfant, soit toujours pour le Dieu saint, comme l'arche d'alliance. On y conservait, avec respect, trois choses : 1° Les Tables de la loi ; avec le même amour, vous garderez la fidélité aux saintes Règles. 2° La verge d'Aaron ; elle sera le symbole de votre générosité dans le sacrifice. 3° La manne ; pour votre cœur, ce sera l'union à Jésus par l'Eucharistie, et la dévotion envers la sainte Vierge. Faites cela, chère enfant, et à mesure que vous avancerez dans la vie religieuse, je me réjouirai là-haut. »

Le dimanche, 20 septembre, était la fête de Notre-Dame des Sept Douleurs. La Communauté, réunie auprès de son lit, lui chanta le cantique :

> *O Vierge que déchire*
> *Un glaive de douleurs,*
> *A votre long martyre,*
> *Nous unissons nos pleurs !*

Touchante coïncidence ! quatorze ans plus tôt, notre Mère venait d'être nommée à la charge de supérieure, à cette charge qu'elle a toujours regardée comme la plus lourde de ses croix. En ce même jour, M. le Chanoine Jame nous fit une magnifique exhortation sur le prix inestimable des souffrances. Et maintenant, après avoir parcouru ses quatorze douloureuses stations, notre Mère pouvait dire avec son divin Epoux : « Tout est consommé. » Cette visite fut la dernière avant celle du triste adieu ; le conseil qu'elle nous fit entendre fut celui-ci : « Aimez bien la sainte Vierge, consolez-la, soyez bien ses enfants ! »

Le lundi, 21, elle fut continuellement assoupie, ce qui nous jeta dans l'inquiétude. La crainte de donner de la peine la préoccupait encore ; une sœur voulait rester auprès d'elle, pendant que la Communauté était au jardin : « Ma fille, lui dit cette bonne Mère, si vous restez, je ne dormirai plus. »

Le soir, elle se fit réciter très lentement les sept paroles de Jésus en croix. La nuit fut assez bonne, et le mardi matin, elle put encore communier en viatique. Son action de grâces se prolongeait, quand, tout à coup, elle dit à l'infirmière : « Je n'y vois plus ! »

Hélas ! c'était la fin. En un clin d'œil, la Communauté fut réunie autour du lit de notre chère agonisante. Monsieur l'Aumônier lui fit les prières de la recommandation de l'âme : une pâleur mortelle couvrait son visage; les yeux étaient fermés, le pouls baissait sensiblement, nous croyions qu'elle n'avait plus sa connaissance. Mais quand une sœur lui dit : « Ma Mère, bénissez-nous! bénissez-nous encore une fois! » sa main se leva pour cette suprême et dernière bénédiction. Quelques instants après, notre Mère était allée continuer près de Dieu l'action de grâces commencée ici-bas!...

Les moments qui suivirent cette fin si douce et si paisible ne peuvent se décrire! Nous étions séparées de celle qui était toute notre joie : la douleur était immense ; seule la pensée qu'elle était avec Dieu, délivrée pour toujours des misères et des souffrances de cette vie, tempérait l'amertume de nos larmes. Alors, se trouvaient pleinement réalisées, ces paroles qu'elle écrivait quelques années plus tôt :

« A vous seul, ô mon Dieu, tous les instants de ma vie! A vous toutes les pensées, tous les sentiments, tous les actes que le temps emportera. Et, lorsque ce temps sera fini, je m'écrierai avec bonheur : O Dieu, je vous bénirai éternellement, car vous m'avez gardée dans le chemin de la vie, et mes délices sont en vous pour l'Éternité!... »

A 11 heures, la dépouille mortelle de notre Mère chérie fut descendue à l'église et exposée sur un lit de fleurs, parmi lesquelles dominaient les lis ; une palme était dans ses mains, une couronne de roses blanches sur sa tête. Elle semblait avoir recouvré toute la beauté de la jeunesse, sa vue reposait et faisait du bien. Nos anciennes élèves vinrent donner un dernier baiser à celle qui avait été leur ange, ici-bas.

L'une d'elles nous disait : « J'éprouvai, en la voyant pour la dernière fois, un trouble indéfinissable ; mais quand j'eus fait toucher mon chapelet à ses restes chéris, une paix céleste succéda à mon agitation. »

La nuit venue, la Communauté s'entendit pour veiller et prier jusqu'au matin.

A 8 heures, eurent lieu les obsèques ; elles furent solennelles ; un nombreux clergé et une foule compacte dirent assez combien notre Mère était aimée et estimée. Nos chères anciennes élèves se montrèrent, dans cette circonstance, plus que jamais nos enfants dévouées. « Ah ! nous disaient-elles, Dieu seul sait ce que nous perdons en cette mère vénérée ! » Elles déposèrent sur sa tombe une magnifique couronne avec cette inscription : *Les enfants de Marie reconnaissantes !....* Une chère ancienne élève de Marseille nous envoyait, comme filial hommage, une fort belle croix, ornée de lis et de roses en perles fines, avec ces mots entrelacés : *Elle a vécu sous ton ombre ; ton fruit est sa béatitude !*

Nos enfants éloignées nous disaient, dans leurs lettres, les édifiants et impérissables souvenirs qu'elles avaient conservés de cette mère chérie.

L'une d'elles écrivait : « Elle a été pour moi l'amie la plus sincère et la plus dévouée, une mère dont les conseils m'allaient droit au cœur. Dans les luttes continuelles qui ont agité ma vie, elle savait me rendre force et courage et m'apprenait à sanctifier toutes mes peines. »

Une autre nous disait : « Cette mère vénérée n'a vécu que pour son Époux céleste. On peut dire que sa passion était de donner Dieu aux âmes, et de donner les âmes à Dieu. Elle possédait toutes les vertus à un degré éminent ; et bien qu'elle fût soigneuse de les cacher sous le voile de l'humilité, ce même voile leur donnait un charme particulier ! »

Ces témoignages universels ont été pour nous une douce consolation ; mais la plus sensible est la pensée que, par la permission de Dieu, notre Mère vit toujours près de nous, quoique d'une manière invisible, nous aidant, nous encourageant, nous fortifiant. Que de

fois, nous avons senti son assistance maternelle !

Un mois après, jour pour jour et à la même
heure où elle s'envolait vers la Patrie, eurent
lieu nos élections.

N'était-ce pas elle encore qui les présidait
et qui nous donnait une autre Mère selon son
cœur ! Depuis lors, vivant du souvenir de
nos Mères aimées, nous voyons se réaliser de
plus en plus cette parole de nos Livres saints :
« La mémoire du juste est éternelle. Il a
paru mourir et il vit encore !.... »

JÉSUS AYEZ PITIÉ DE NOUS !

A votre autel, Jésus, je viens avec ivresse ;
Votre regard, sur nous, si plein d'accueil s'abaisse,
        Quand nous venons prier !
Et votre Cœur comprend ce que nos cœurs demandent,
Et, par torrents, sur nous, vos bienfaits se répandent
        Pour nous sanctifier !

Pitié pour moi, Jésus, pardonnez mes offenses ;
Effacez dans mes pleurs, couvrez de vos souffrances
        Mes infidélités.
Oubliez ma tiédeur et mes langueurs étranges ;
Faites-moi, par l'amour et la ferveur des anges,
        Expier mes péchés !

Que je vive de vous, que ma béatitude
Soit, devant vos autels et dans la solitude,
        D'adorer jour et nuit !
Qu'en louant votre nom, je passe sur la terre ;
Que je puisse remplir d'amour et de prière,
        Chaque heure qui s'enfuit !

Jésus, ayez pitié de votre auguste Eglise,
De votre épouse sainte, immuable, soumise
        Et chère à votre Cœur !
En votre seul appui, pour toujours elle espère,
Ne l'abandonnez pas durant l'épreuve amère
        De ces jours de douleur !

Pitié, Cœur de Jésus, pour votre fille aînée !
Oh ! ne permettez pas qu'à l'abîme entraînée,
　　Elle erre loin de vous !
Ecartez, écartez le funeste présage,
Pour la France, signal d'un effrayant orage,
　　Et de votre courroux !

Pitié, Seigneur Jésus, pour les riches du monde ;
Dans leurs sentiers fleuris, où le plaisir abonde,
　　Ils sont si loin des Cieux !
Qu'ils jettent, à vos pieds, leurs couronnes mortelles,
Et ne désirent plus que les joies éternelles
　　Du cœur humble et pieux.

Par pitié, doux Sauveur, oh ! donnez la victoire
A ces cœurs malheureux qui végètent, sans gloire
　　Dans la triste tiédeur.
Ils marchent après vous, et pourtant ils gémissent ;
Ils boivent votre sang et pourtant ils languissent ;
　　Donnez-leur la ferveur !

Pitié pour tous, Jésus ! pour tous, sont nos prières :
Ramenez l'égaré ; donnez à tous nos frères
　　Le pain de chaque jour ;
Au cœur qui vous ignore, oh ! faites-vous connaître ;
Pour tous, soyez Sauveur, doux Rédempteur et
　　　　　　　　　　　　　　　　　[Maître,]

　　Notre espoir, notre amour !

On devine les ardeurs de cette âme, sa
flamme d'apôtre, et on ne s'étonne plus de

ses longues heures passées au pied du Tabernacle.

Nous retrouvons encore dans son livre de
prières :

Je commence à cette heure, ô mon Maître céleste,
A vivre pour vous seul, à ne chercher que vous.
Je veux me mépriser, m'immoler devant vous !
Et, de vous seul connue, oublier tout le reste !

C'était tout naturellement que sa belle âme
s'élevait vers le Créateur, en contemplant
notre chère solitude ; tout lui parlait de Dieu
et devenait un *Sursum Corda* pour son âme.

En voyant notre gracieux enclos, ombragé
et verdoyant, la poésie jaillissait de son cœur :

O mon Père, ces fleurs, semées dans la nature,
Sont votre doux sourire à l'humble créature.
En les voyant, je veux vous louer, vous bénir ;
Leur parfum, leur beauté, je veux tout vous offrir !

Mais, il est temps de nous arrêter. Et cependant, il serait si doux de multiplier les citations ! Il y aurait tant à glaner encore dans ce
champ où abondent les bons et beaux épis !

Si nous l'osions, nous appliquerions à notre
Mère, avec toute la réserve convenable, ce
qui a été dit d'un grand génie : « Tous ses
écrits sont des actes !... »

Oui, la plume de cette Mère vénérée a été vraiment, comme nous l'écrivait la Supérieure de notre maison du Parc : « la plume d'or de notre Congrégation. »

Et maintenant, avant de clore ces pages, nous supplions notre Mère chérie de les bénir du haut du ciel. Nous lui demandons de bénir aussi toutes les âmes qui les liront, afin qu'elles y trouvent, chacune selon ses besoins, le goût délicieux que les Israélites trouvaient à la manne du désert, et qu'elles y puisent la force nécessaire pour arriver sûrement à l'heureuse Terre promise, où cette Mère bien-aimée nous attend !.....

TABLE DES MATIÈRES

DÉSIGNATION DES OBJETS.	DÉTAIL.	PRIX de chaque partie, façon comprise.		PRIX total par effet.	Observations.
		f c	f c	f c	
Mors de filet à clavette....	Deux anneaux....	0 30			
	Deux maillons de clavette....	0 40			
	Deux clavettes....	0 60	2 15	2 15	
	Deux côtés d'embouchure....	0 85			
	Mors de bridon...... { Deux côtés d'embouchure...	0 30			
	{ Deux anneaux à oreilles....	0 40	0 70		
Bridon d'abreuvoir en cuir de Hongrie......	Un grand montant....	0 75			
	Une chape de clavette....	0 02			
	Un petit montant....	0 60			
	Une chape de clavette....	0 02		4 00	
	Une boucle de 0m 012....	0 08	3 30		
	Un passant....	0 03			
	Un frontal....	0 20			
	Une paire de rênes....	1 50			
Licol d'écurie....	Deux olives....	0 19			
	Un dessus de tête....	0 55			
	Deux montants....	0 40			
	Deux boucles vernies de 0m 025....	0 12			
	Deux passants fixes....	0 06			
	Un dessus de nez....	0 60			
	Deux supports de dessus de nez....	0 24			
	Un dé demi-rond....	0 06	3 57		
	Deux dés latéraux....	0 12			
	Deux côtés de sous-barbe....	0 40			
	Un dé central de sous-barbe....	0 07			
	Une alliance....	0 40		4 50	
	Une sous-gorge....	0 55			
	Une boucle de 0m 028....	0 06			
	Un passant fixe....	0 03			
	Une alliance de dessus de tête....	0 25			
Boucleteaux....	Un boucleteau....	0 45			
	Une boucle de 0m 022....	0 03	0 93		
	Deux passants fixes....	0 06			
	Un anneau d'attache....	0 03			

Tarif n° 34.

RÉPARATIONS A L'ARMEMENT. (15 avril 1850, rectifié.)

1° ARMES A FEU.

INDICATION des pièces d'armes et des réparations.	FUSIL DE DRAGON		MOUSQUETONS DE GENDARMERIE		DE CAVALERIE	PISTOLETS DE CAVALERIE	DE GENDARMERIE		Observations.
	Modèle 1842.	Modèle 1822 transf.	Modèle 1842.	Modèle 1825 transf.	Modèle 1822 transf.	Modèle 1822 transf.	Modèle 1842.	Modèle 1822 transf.	
Canon (en fer). (a)	f c	f c	f c	f c	f c	f c	f c	f c	(a) la lettre M indique les réparations qui ne peuvent être faites qu'en manufacture.
En fournir un neuf....	11 65	11 65	10 37	10 37	8 20	5 23	3 71	3 71	
L'ajuster sur le bois....	0 20	0 20	0 15	0 15	0 15	0 10	0 10	0 10	
Relever un enfoncement....	0 25	0 25	0 20	0 20	0 20	0 15	0 15	0 15	
Réparer la bouche mutilée....	0 10	0 10	0 10	0 10	0 10	0 10	0 10	0 10	
Le redresser....	0 15	0 15	0 15	0 15	0 15	0 10	0 10	0 10	
Le redresser lorsqu'il a un court pli (M)....	0 35	0 35	0 35	0 35	0 35	0 25	0 25	0 25	
Refaire la vive arête de la tranche du tonnerre....	0 05	0 05	0 05	0 05	0 05	0 05	0 05	0 05	
Réparer les pans mutilés....	0 10	0 10	0 10	0 10	0 10	0 10	0 10	0 10	
Fournir et braser un tenon....	0 15	0 15	0 15	0 15	»	»	»	»	
Id. un guidon....	0 20	0 20	0 20	0 20	0 20	»	»	»	
Rafraîchir un guidon....	0 02	0 02	0 02	0 02	0 02	»	»	»	
Adoucir intérieurement le canon....	0 15	0 15	0 10	0 10	0 10	0 05	0 05	0 05	
Adoucir extérieurement....	0 15	0 15	0 10	0 10	0 10	0 05	0 05	0 05	
Adoucir extérieurement lorsqu'il est mutilé....	0 20	0 20	0 15	0 15	0 15	0 10	0 10	0 10	
Resserrer l'écrou de la cheminée et le refarauder (M).	0 30	0 30	0 30	0 30	0 30	0 30	»	»	

INDICATION des pièces d'armes et des réparations.	FUSIL DE DRAGON Modèle 1842	FUSIL DE DRAGON Modèle 1822 transf.	MOUSQUETONS DE GENDARMERIE Modèle 1842	MOUSQUETONS DE GENDARMERIE Modèle 1825 transf.	MOUSQUETONS DE CAVALERIE Modèle 1822 transf.	PISTOLETS DE CAVALERIE Modèle 1822 transf.	PISTOLETS DE GENDARMERIE Modèle 1842	PISTOLETS DE GENDARMERIE Modèle 1822 transf.	Observations.
	f c	f c	f c	f c	f c	f c	f c	f c	
Culasse (en fer).									
En fournir une neuve à bouton plein	0 85	0 85	0 75	0 75	0 75	0 45	0 45	0 45	
L'ajuster au canon	0 20	0 20	0 20	0 20	0 20	0 20	0 20	0 20	
En ajuster une sur le bois	0 15	0 15	0 15	0 15	0 15	0 15	0 15	0 15	
En réparer une mutilée	0 05	0 05	0 05	0 05	0 05	0 05	0 03	0 05	
En retirer une cassée dans son écrou	0 15	0 15	0 15	0 15	0 15	0 15	0 15	0 15	
Percer et fraiser la queue	0 05	0 05	0 05	0 05	0 05	0 05	0 05	0 05	
Prix total, fourniture et main-d'œuvre d'une culasse mise en place	1 25	1 25	1 15	1 15	1 15	0 85	0 85	0 85	
Cheminée (en acier).									
En fournir une neuve	0 20	0 20	0 20	0 20	0 20	0 20	0 20	0 20	
La mettre en place	0 02	0 02	0 02	0 02	0 02	0 02	0 02	0 02	
En réparer une mutilée	0 05	0 05	0 05	0 05	0 05	0 05	0 05	0 05	
En retirer une cassée dans son écrou	0 10	0 10	0 10	0 10	0 10	0 10	0 10	0 10	
Retremper l'extrémité du cône	0 03	0 03	0 03	0 03	0 03	0 03	0 03	0 03	
Hausse (en acier).									
En fournir une neuve	0 05	0 05	0 05	0 05	0 05	0 05	»	»	
La poser et l'achever (1)	0 25	0 10	0 25	0 10	0 10	0 10	»	»	(1) Quand la queue d'aronde est à faire dans la culasse, le prix est de 25 c. — Si la queue d'aronde est faite, le prix d'ajustage est de 10 c. seulement.
Baïonnette (lame en acier, douille en fer).									
En fournir une neuve	»	»	3 77	3 77	»	»	»	»	
L'ajuster au canon	»	»	0 10	0 10	»	»	»	»	
Relimer la douille et l'adoucir quand elle est mutilée	»	»	0 10	0 10	»	»	»	»	
L'adoucir seulement	»	»	0 05	0 05	»	»	»	»	
Refourbir la lame et adoucir la douille	»	»	0 20	0 20	»	»	»	»	
Refaire la pointe	»	»	0 05	0 05	»	»	»	»	
Fournir et mettre en place un étouteau	»	»	0 05	0 05	»	»	»	»	
Fournir une virole neuve	»	»	0 26	0 26	»	»	»	»	
L'ajuster	»	»	0 10	0 10	»	»	»	»	
Ajuster une virole en service	»	»	0 05	0 05	»	»	»	»	
Fournir une vis de virole	»	»	0 04	0 04	»	»	»	»	
L'ajuster	»	»	0 05	0 05	»	»	»	»	
Redresser une lame faussée et la passer au bleu	»	»	0 10	0 10	»	»	»	»	
Arrondir les angles de la lame	»	»	0 10	0 10	»	»	»	»	
Platine.									
Fournir une platine neuve complète (y compris la trempe)	6 04	5 47	5 31	5 47	5 00	5 00	4 66	4 10	
L'ajuster et la placer sur l'arme	0 25	0 25	0 25	0 25	0 25	0 25	0 25	0 25	
La faire joindre au canon (armes transformées)	»	0 10	»	0 10	0 10	0 10	»	0 10	
Corps de platine (en fer).									
En fournir un limé, percé et taraudé	0 71	0 79	0 54	0 79	0 72	0 72	0 44	0 60	
Ajuster toutes les pièces dessus (y compris la trempe)	0 75	1 00	0 75	1 00	0 95	0 95	0 70	0 90	
Le recuire, en ôter la rouille, l'adoucir et le retremper	0 20	0 20	0 20	0 20	0 20	0 20	0 20	0 20	
Le recuire, tarauder un trou et le retremper (pour chaque trou en sus de 05)	0 15	0 15	0 15	0 15	0 15	0 15	0 15	0 15	
Boucher un trou de vis (platines transformées)	»	0 05	»	0 05	0 05	0 05	»	0 05	
Pièce de Bassinet (en fer).									
En fournir une neuve	»	0 20	»	0 20	0 18	0 18	»	0 15	
L'ajuster	»	0 10	»	0 10	0 10	0 10	»	0 10	
Chien (en fer).									
En fournir un neuf	1 37	1 30	1 20	1 30	1 15	1 15	0 85	0 85	
L'ajuster, fraiser la tête et achever le chien (y compris la trempe)	0 65	0 65	0 63	0 65	0 60	0 60	0 55	0 55	
L'ajuster seulement (en service)	0 05	0 05	0 05	0 05	0 05	0 05	0 05	0 05	
Le recuire, en ôter la rouille, l'adoucir et le retremper	0 20	0 20	0 20	0 20	0 20	0 20	0 20	0 20	
Le recuire, le relimer quand il est mutilé et le retremper	0 20	0 20	0 20	0 20	0 20	0 20	0 20	0 20	
Rectifier la tombée du chien sur la cheminée	0 10	0 10	0 10	0 10	0 10	0 10	0 10	0 10	
Noix (en acier).									
En fournir une neuve	0 50	0 45	0 45	0 43	0 38	0 38	0 40	0 34	
L'achever et l'ajuster (y compris la trempe et l'ajustage de la chaînette)	0 45	0 40	0 43	0 40	0 40	0 40	0 45	0 40	

INDICATION des pièces d'armes et des réparations.	FUSIL DE DRAGON — Modèle 1842.	FUSIL DE DRAGON — Modèle 1822 transf.	MOUSQUETONS DE GENDARMERIE — Modèle 1842	MOUSQUETONS DE GENDARMERIE — Modèle 1825 transf.	MOUSQUETONS DE CAVALERIE — Modèle 1822 transf.	PISTOLETS DE CAVALERIE — Modèle 1822 transf.	PISTOLETS DE GENDARMERIE — Modèle 1842	PISTOLETS DE GENDARMERIE — Modèle 1822 transf.	Observations.
La recuire, la rajuster et la retremper (noix en fer).	»	0 15	»	0 15	0 15	0 15	»	0 15	
Tout ajustage d'une noix en acier en service	0 10	0 10	0 10	0 10	0 10	0 10	0 10	0 10	
La retailler	0 10	0 10	0 10	0 10	0 10	0 10	0 10	0 10	
Arrondir l'ancien cran de repos (armes transformées).	»	0 12	»	0 12	0 12	0 12	»	0 12	
Retarauder le trou de l'arbre (1)	0 05	0 05	0 05	0 05	0 05	0 05	0 05	0 05	
Gachette (en acier).									
En fournir une neuve	0 41	0 26	0 35	0 26	0 24	0 24	0 31	0 21	
L'achever, l'ajuster et la tremper	0 10	0 10	0 10	0 10	0 10	0 10	0 10	0 10	
La recuire, la rajuster et la retremper (gachette en fer)	»	0 10	»	0 10	0 10	0 10	»	0 10	
La retailler	0 05	0 05	0 05	0 05	0 05	0 05	0 05	0 05	
Tout ajustage d'une gachette en acier en service	0 05	0 05	0 05	0 05	0 05	0 05	0 05	0 05	
Bride (en acier).									
En fournir une neuve { Modèle 1847	0 50	»	»	»	»	»	»	»	
En fournir une neuve { (neuve)	»	0 33	0 34	0 33	0 30	0 30	0 32	0 24	
En fournir une neuve { Modèle 1840	0 40	»	»	»	»	»	»	»	
L'ajuster, l'achever et la tremper	0 10	0 10	0 10	0 10	0 10	0 10	0 10	0 10	
La recuire, la rajuster et la retremper (bride en fer)	0 10	0 10	0 10	0 10	0 10	0 10	0 10	0 10	
Tout ajustage d'une bride en acier en service	0 05	0 05	0 05	0 05	0 05	0 05	0 05	0 05	
Grand ressort (en acier).									
En fournir un neuf (y compris la trempe)	0 80	0 55	0 70	0 55	0 50	0 50	0 65	0 40	
L'ajuster et l'achever (Id.)	0 15	0 20	0 15	0 20	0 20	0 20	0 15	0 20	
L'ajuster (en service)	0 05	0 05	0 05	0 05	0 05	0 05	0 05	0 05	
L'adoucir quand il est rouillé ou mutilé	0 05	0 05	0 05	0 05	0 05	0 05	0 05	0 05	
Le retremper	0 10	0 10	0 10	0 10	0 10	0 10	0 10	0 10	
Ressort de gachette (en acier).									
En fournir un neuf (y compris la trempe)	»	0 25	»	0 25	0 22	0 22	»	0 20	
L'ajuster et l'achever (Id.)	»	0 05	»	0 05	0 05	0 05	»	0 05	
L'adoucir quand il est rouillé ou mutilé	»	0 05	»	0 05	0 05	0 05	»	0 05	
Le retremper	»	0 05	»	0 05	0 05	0 05	»	0 05	
Chaînette (en acier).									
En fournir une neuve	0 16	»	0 16	»	»	»	0 16	»	
L'ajuster (y compris la trempe)	0 05	»	0 05	»	»	»	0 05	»	
Vis (en acier).									
En fournir une neuve { de noix	0 08	0 08	0 07	0 07	0 07	0 07	0 06	0 06	
En fournir une neuve { de gachette	»	0 07	»	0 07	0 07	0 07	»	0 07	
En fournir une neuve { de bride, de grand ressort, de ressort de gachette, de pièce de bassinet.	0 06	0 06	0 06	0 06	0 06	0 06	0 06	0 06	
L'ajuster (y compris la trempe)	0 10	0 10	0 10	0 10	0 10	0 10	0 10	0 10	
En retirer une cassée dans son écrou	0 10	0 10	0 10	0 10	0 00	0 10	0 10	0 10	
Refaire la fente d'une vis mutilée	0 02	0 02	0 02	0 02	0 02	0 02	0 02	0 02	
GARNITURES.									
Baguette (en acier).									
En fournir une neuve	1 02	1 02	0 89	0 89	0 95	0 37	0 27	0 27	
L'ajuster	0 03	0 03	»	»	»	»	»	»	
Retarauder le bout	0 05	0 05	0 05	0 05	0 05	0 05	0 05	0 05	
Remplacer le bout taraudé, usé ou cassé, en soudant un morceau	0 20	0 20	0 20	0 20	»	»	»	»	
Redresser la baguette quand elle est faussée et la passer au bleu	0 15	0 15	0 15	0 15	0 10	0 05	0 05	0 05	
L'adoucir ou la polir	0 07	0 07	0 06	0 06	0 06	0 04	0 04	0 04	
La faire jouer dans son canal	0 05	0 05	0 05	0 05	»	0 05	0 05	0 05	
Embouchoir (en fer ou en laiton).									
En fournir un neuf	0 85	0 85	0 78	0 78	»	0 70 (1)	»	0 55 (1)	(1) Modèle an IX.
L'ajuster	0 05	0 05	0 05	0 05	»	0 05	»	0 05	
Le remandriner	0 05	0 05	0 05	0 05	»	0 05	»	0 05	
En réparer un mutilé	0 05	0 05	0 05	0 05	»	0 05	»	0 05	
Grenadière (en fer ou en laiton).									
En fournir une neuve complète	0 57	0 57	0 61	0 61	»	»	»	»	

INDICATION des pièces d'armes et des réparations.	Fusil de dragon Modèle 1812.	Fusil de dragon Modèle 1822 transf.	Mousquetons de gendarmerie Modèle 1812.	Mousquetons de gendarmerie Modèle 1825 transf.	Mousqueton de cavalerie Modèle 1822 transf.	Pistolets de cavalerie Modèle 1822 transf.	Pistolets de gendarmerie Modèle 1842.	Pistolets de gendarmerie Modèle 1822 transf.	Observations.
	f c	f c	f c	f c	f c	f c	f c	f c	
L'ajuster sur le bois et l'achever	0 05	0 05	0 05	0 05	»	»	»	»	
La remandriner	0 03	0 03	0 03	0 03	»	»	»	»	
En réparer une mutilée	0 05	0 05	0 05	0 05	»	»	»	»	
Fournir un anneau de battant et son rivet	0 15	0 15	0 15	0 15	»	»	»	»	
L'ajuster	0 05	0 05	0 05	0 05	»	»	»	»	
Fournir et ajuster un rivet seulement	0 05	0 05	0 05	0 05	»	»	»	»	
Remandriner l'anneau	0 03	0 03	0 03	0 03	»	»	»	»	
Capucine (en fer ou en laiton).									
En fournir une neuve	0 35	0 35	»	»	0 56	0 50	0 42	0 42	
L'ajuster sur le bois et l'achever	0 05	0 05	»	»	0 05	0 08	0 08	0 08	
La remandriner	0 05	0 05	»	»	0 05	0 05	0 05	0 05	
En réparer une mutilée	0 05	0 05	»	»	0 05	0 07	0 07	0 07	
En fournir une avec tringle et vis ajustées	»	»	»	»	1 65	»	»	»	
Fournir une vis de capucine	»	»	»	»	0 07	»	»	»	
L'ajuster	»	»	»	»	0 05	»	»	»	
Braser une bride criquée	»	»	»	»	»	0 15	»	»	
Sous-garde complète.									
En fournir une neuve	2 52	2 36	2 10	2 30	1 73	1 75	1 50	1 85	
En fournir une pour les modèles an IX	»	»	»	»	»	1 50	1 05	»	
L'ajuster sur le bois et régler la détente	0 25	0 25	0 25	0 25	0 25	0 25	0 25	0 25	
La relimer	0 15	0 15	0 15	0 15	0 10	0 10	0 10	0 10	
Écusson (en fer).									
En fournir un neuf	1 00	0 97	1 20 (1)	1 20 (1)	0 80	0 80	0 60	0 60	(1) Modèle an IX.
En fournir un pour les modèles an IX	»	»	»	»	»	0 65	0 12	»	
Ajuster toutes les pièces dessus	0 15	0 15	0 15	0 15	0 15	0 15	0 15	0 15	
Resserrer la bouterolle et retarauder le trou	0 20	0 20	0 20	0 20	0 20	0 20	0 20	0 20	
Le relimer (n'y pas toucher sur les côtés)	0 06	0 06	0 06	0 06	0 06	0 06	0 05	0 05	
Fournir un anneau de battant et son rivet	»	»	0 15	0 15	»	»	»	»	
L'ajuster	»	»	0 05	0 05	»	»	»	»	
Retarauder la bouterolle seulement	0 05	0 05	0 05	0 05	0 05	0 05	0 05	0 05	
Détente (en acier).									
En fournir une neuve	0 32	0 20	0 30	0 20	0 18	0 18	0 22	0 15	
L'ajuster	0 10	0 10	0 10	0 10	0 10	0 10	0 10	0 10	
Mettre un support de goupille (Pistolets modèle an IX)	»	»	»	»	»	0 40	»	0 36	
Régler la détente (seulement quand elle n'a pas assez de jeu)	0 07	0 07	0 07	0 07	0 07	0 07	0 07	0 07	
Vis de détente (en acier).									
En fournir une neuve (y compris la trempe)	0 04	0 04	0 04	0 04	0 04	0 04	0 04	0 04	
L'ajuster (y compris la trempe)	0 05	0 05	0 05	0 05	0 05	0 05	0 05	0 05	
Rafraîchir la fente	0 02	0 02	0 02	0 02	0 02	0 02	0 02	0 02	
Pontet (en laiton ou en fer).									
En fournir un neuf	0 67	0 63	0 58	0 58	0 50	0 50	0 40	0 40	
En fournir un neuf, modèle an IX	»	»	»	»	»	»	»	0 70	
L'ajuster	0 10	0 10	0 10	0 10	0 10	0 10	0 10	0 10	
L'ajuster (en service)	0 05	0 05	0 05	0 05	0 05	0 05	0 03	0 05	
Braser un crochet à un pontet en laiton	0 20	0 20	0 20	0 20	0 20	0 20	»	»	
Relimer un pontet mutilé	0 06	0 06	0 06	0 06	0 06	0 06	0 06	0 06	
Fournir une vis de pontet (y compris la trempe)	»	»	0 07	0 07	0 07	0 07	0 05	0 05	
L'ajuster (y compris la trempe)	»	»	0 02	0 02	0 02	0 02	0 02	0 02	
Rafraîchir la fente	»	»	0 02	0 02	0 02	0 02	0 02	0 02	
Battant de sous-garde (en fer).									
En fournir un neuf complet	0 28	0 28	»	»	»	»	»	»	
L'ajuster et le mettre en place	0 10	0 10	»	»	»	»	»	»	
Fournir un pivot et le rivet	0 10	0 10	»	»	»	»	»	»	
L'ajuster	0 05	0 05	»	»	»	»	»	»	
Fournir un anneau de battant et son rivet	0 15	0 15	»	»	»	»	»	»	
L'ajuster	0 05	0 05	»	»	»	»	»	»	
Remandriner l'anneau	0 03	0 03	»	»	»	»	»	»	
Fournir et ajuster un rivet seulement	0 05	0 05	0 05	0 05	»	»	»	»	

Suite du Tarif n° 51.

INDICATION des pièces d'armes et des réparations.	FUSIL DE DRAGON Modèle 1842.	FUSIL DE DRAGON Modèle 1822 transf.	MOUSQUETONS DE GENDARMERIE Modèle 1842.	MOUSQUETONS DE GENDARMERIE Modèle 1825 transf.	MOUSQUETONS DE CAVALERIE Modèle 1822 transf.	PISTOLETS DE CAVALERIE Modèle 1822 transf.	PISTOLETS DE GENDARMERIE Modèle 1842.	PISTOLETS DE GENDARMERIE Modèle 1822 transf.	Observations.
	f c	f c	f c	f c	f c	f c	f c	f c	
Goupille de battant de sous-garde (en acier).									
Fournir et ajuster une goupille	0 06	0 06	»	»	»	»	»	»	
La retremper	0 03	0 03	»	»	»	»	»	»	
Porte-vis (en fer ou en laiton).									
En fournir un neuf	»	0 20	»	0 20	0 17	0 17	»	0 19	
L'ajuster	»	0 05	»	0 05	0 05	0 05	»	0 05	
Le relimer (n'y pas toucher sur les côtés)	»	0 04	»	0 04	0 04	0 04	»	0 04	
Rosette (en fer).									
En fournir une neuve	0 15	»	0 15	»	»	»	0 11	»	
L'ajuster (y compris la trempe)	0 05	»	0 05	»	»	»	0 05	»	
La recuire, la retarauder et la retremper	0 07	»	0 07	»	»	»	0 07	»	
Crochet de ceinture (en acier).									
En fournir un neuf	»	»	»	»	»	0 63 [1]	»	»	[1] Pistolet de marine, modèle 1822.
L'ajuster	»	»	»	»	»	0 10	»	»	
Le relimer	»	»	»	»	»	0 05	»	»	
Le retremper et l'adoucir	»	»	»	»	»	0 10	»	»	
Plaque de couche (en fer ou en laiton).									
En fournir une neuve	1 05	1 05	1 00	1 00	0 69	»	»	»	
En fournir une pour fusil de dragon, modèle 1847	1 35	»	»	»	»	»	»	»	
L'ajuster	0 10	0 10	0 10	0 10	0 10	»	»	»	
La relimer (n'y pas toucher sur les côtés)	0 07	0 07	0 06	0 06	0 06	»	»	»	
Vis et ressorts de garniture.									
Fournir une grande vis de platine ou de culasse en acier (y compris la trempe)	0 13	0 13	0 11	0 11	0 11	0 11	0 08	0 08	
La mettre en place (y compris la trempe)	0 06	0 06	0 06	0 06	0 06	0 06	0 05	0 05	
Fournir une vis crochet de platine en acier (y compris la trempe)	0 09	»	0 08	»	»	»	»	»	
La mettre en place (y compris la trempe)	0 06	»	0 06	»	»	»	»	»	
Fournir une vis de plaque ou de sous-garde en fer (y compris la trempe)	0 07	0 07	0 06	0 06	0 06	»	»	»	
La mettre en place (y compris la trempe)	0 06	0 06	0 06	0 06	0 06	»	»	»	
Rafraîchir la fente d'une vis	0 02	0 02	0 02	0 02	0 02	»	»	»	
Fournir un ressort de capucine, de grenadière ou d'embouchoir (y compris la trempe)	0 07	0 07	0 07	0 07	»	»	»	»	
Fournir un ressort d'embouchoir de pistolet, Modèle an IX (y compris la trempe)	»	»	»	»	»	0 07	»	0 07	
Le mettre en place (y compris la trempe)	0 05	0 05	0 05	0 05	»	0 05	»	0 05	
Fournir un ressort de baguette (y compris la trempe)	0 12	0 12	0 12	0 12	»	»	»	»	
Le mettre en place (y compris la trempe)	0 05	0 05	0 05	0 05	»	»	»	»	
Fournir une goupille de ressort de baguette en acier et la mettre en place	0 05	0 05	0 05	0 05	»	»	»	»	
Retremper un ressort ou une goupille de ressort de baguette	0 03	0 03	0 03	0 03	»	»	»	»	
Taquet (en fer).									
En fournir un neuf et le mettre en place	»	»	0 05	0 05	»	»	»	»	
Tringle (en fer).									
En fournir une neuve	»	»	»	»	0 90	»	»	»	
L'ajuster	»	»	»	»	0 10	»	»	»	
La redresser et la relimer	»	»	»	»	0 05	»	»	»	
Fournir une vis (y compris la trempe)	»	»	»	»	0 08	»	»	»	
L'ajuster (y compris la trempe)	»	»	»	»	0 05	»	»	»	
Fournir un anneau	»	»	»	»	0 10	»	»	»	
Le remandriner et le relimer	»	»	»	»	0 05	»	»	»	
Fournir une rosette de vis de tringle	»	»	»	»	0 12	»	»	»	
L'ajuster	»	»	»	»	0 05	»	»	»	
Bride de poignée (en fer).									
En fournir une neuve	»	»	»	»	»	0 30	»	»	
L'ajuster	»	»	»	»	»	0 20	»	»	
La relimer (n'y pas toucher sur les côtés)	»	»	»	»	»	0 05	»	»	
Fournir une vis de poignée (y compris la trempe)	»	»	»	»	»	0 10	0 08	0 08	
L'ajuster (y compris la trempe)	»	»	»	»	»	0 05	0 05	0 05	
Rafraîchir la fente	»	»	»	»	»	0 02	0 02	0 02	

INDICATION des pièces d'armes et des réparations.	FUSIL DE DRAGON — Modèle 1842.	FUSIL DE DRAGON — Modèle 1822 transf.	MOUSQUETONS DE GENDARMERIE — Modèle 1842.	MOUSQUETONS DE GENDARMERIE — Modèle 1825 transf.	MOUSQUETONS DE CAVALERIE — Modèle 1822 transf.	PISTOLETS DE CAVALERIE — Modèle 1822 transf.	PISTOLETS DE GENDARMERIE — Modèle 1842.	PISTOLETS DE GENDARMERIE — Modèle 1822 transf.	Observations.
	f c	f c	f c	f c	f	f c	f c	f c	
Calotte (en fer ou en laiton).									
En fournir une neuve	»	»	»	»	»	0 50	0 35	0 35	
L'ajuster	»	»	»	»	»	»	0 10	0 10	
En relimer une mutilée (n'y pas toucher sur les côtés)	»	»	»	»	»	0 0	06	0 06	
Vis de calotte (en fer).									
En fournir une neuve avec anneau	»	»	»	»	»	0 30 [1]	»	»	(1) Pistolet de marine, modèle 1822.
En fournir une neuve sans anneau (y compris la trempe)	»	»	»	»	»	0 05	0 05	0 05	
L'ajuster (y compris la trempe)	»	»	»	»	»	0 05	0 05	0 05	
Remandriner l'anneau	»	»	»	»	»	0 05	»	»	
MONTURES.									
Fournir un bois dressé et ébauché	2 10	2 10	1 20	1 20	0 95	0 35	0 30	0 30	
Monter et ajuster toutes les pièces sur le bois, et achever le bois	2 75	2 75	2 60	2 60	2 30	2 30	2 10	2 10	
Fournir une enture — Grande	0 35	0 35	»	»	»	»	»	»	
Fournir une enture — Petite	0 25	0 25	0 25	0 25	»	»	»	»	
Mettre en place une enture — Grande	0 75	0 75	»	»	»	»	»	»	
Mettre en place une enture — Petite	0 45	0 45	0 45	0 45	»	»	»	»	
Gratter et polir le bois entier (en service)	0 20	0 20	0 20	0 20	0 20	0 12	0 12	0 12	
Gratter et polir une partie de la monture	0 05	0 05	0 05	0 05	0 05	0 05	0 05	0 05	
Mettre une cheville dans le trou d'une goupille ou d'une vis à bois, et rajuster la pièce qui s'y rapporte	0 20	0 20	0 20	0 20	0 20	0 20	0 20	0 20	
Support d'oreille en fer — Fournir et mettre en place un support	0 25	0 25	0 25	0 25	0 25	0 25	»	»	
Support d'oreille en fer — Fournir et mettre la rosette seulement	0 13	0 13	0 13	0 13	0 13	0 13	»	»	
Support d'oreille en fer — Fournir et mettre la vis seulemt	0 12	0 12	0 12	0 12	0 12	0 12	»	»	
Oter du bois dans le logement de la platine, lorsque le jeu des pièces est gêné	0 06	0 06	0 06	0 06	0 06	0 06	0 06	0 06	
Resserrer le fût sur le canon, quelle que soit la longueur du jour	0 20	0 20	0 20	0 20	0 30	»	»	»	
Nettoyage de l'arme ou des principales parties de l'arme.									
Nettoyage de toute l'arme, y compris la baïonnette — Grand, quand les pièces sont à relimer	0 80	0 80	0 80	0 80	0 65	0 50	0 50	0 50	
Nettoyage de toute l'arme, y compris la baïonnette — Moyen, sans relimer les pièces	0 45	0 45	0 45	0 45	0 35	0 30	0 30	0 30	
Nettoyage de toute l'arme, y compris la baïonnette — Léger	0 25	0 25	0 25	0 25	0 20	0 15	0 15	0 15	
Platine — Grand, quand les pièces sont à relimer	0 40	0 40	0 38	0 38	0 38	0 33	0 35	0 35	
Platine — Moyen, sans relimer les pièces	0 18	0 18	0 17	0 17	0 17	0 17	0 15	0 15	
Platine — Léger	0 12	0 12	0 11	0 11	0 11	0 11	0 10	0 10	
Canon — Quand il faut le limer à la lime douce	0 25	0 25	0 15	0 15	0 15	0 10	0 10	0 10	
Canon — Sans se servir de la lime	0 10	0 10	0 08	0 08	0 08	0 05	0 05	0 05	
ACCESSOIRES.									
Tire-balle (en acier).									
En fournir un complet	1 43	1 43	1 43	1 43	1 43	1 43	1 43	1 43	
Boîte — En fournir une neuve avec l'huilier	1 02	1 02	1 02	1 02	1 02	1 02	1 02	1 02	
Boîte — En fournir une sans l'huilier	0 62	0 62	0 62	0 62	0 62	0 62	0 62	0 62	
Boîte — Fournir le fond en acier, l'ajuster et le braser	0 25	0 25	0 25	0 25	0 25	0 25	0 25	0 25	
Boîte — Braser le fond seulement	0 05	0 05	0 05	0 05	0 05	0 05	0 05	0 05	
Boîte — Redresser et mandriner la boîte mutilée ou bossuée, qu'il y ait ou non à la rebraser	0 05	0 05	0 05	0 05	0 05	0 05	0 05	0 05	
Boîte — Remplacer et fixer le tampon en bois	0 05	0 05	0 05	0 05	0 05	0 05	0 05	0 05	
Huilier — En fournir un complet	0 40	0 40	0 40	0 40	0 40	0 40	0 40	0 40	
Huilier — Fournir et braser le fond en fer	0 25	0 25	0 25	0 25	0 25	0 25	0 25	0 25	
Huilier — Fournir une vis-bouchon	0 06	0 06	0 06	0 06	0 06	0 06	0 06	0 06	
Huilier — Fournir une rondelle en cuir	0 01	0 01	0 01	0 01	0 01	0 01	0 01	0 01	

INDICATION des pièces d'armes et des réparations.	FUSIL DE DRAGON		MOUSQUETONS				PISTOLETS		Observations.
	DE DRAGON		DE GENDARMERIE		DE CAVALERIE	DE CAVALERIE	DE GENDARMERIE		
	Modèle 1842.	Modèle 1822 transf.	Modèle 1842.	Modèle 1825 transf.	Modèle 1822 transf.	Modèle 1822 transf.	Modèle 1842.	Modèle 1822 transf.	
	f c	f c	f c	f c	f c	f c	f c	f c	
Pièces du nécessaire d'armes — Fournir une lame de tourne-vis ajustée en acier	0 20	0 20	0 20	0 20	0 20	0 20	0 20	0 20	(¹) L'armurier doit réparer sans rétribution le bourre-noix et le chasse-noix.
Réparer (¹) ses extrémités ébréchées ou faussées y compris l'ajustage	0 05	0 05	0 05	0 05	0 05	0 05	0 05	0 05	
La retremper	0 05	0 05	0 05	0 05	0 05	0 05	0 05	0 05	
Fournir un bourre-noix	0 10	0 10	0 10	0 10	0 10	0 10	0 10	0 10	
Fournir un chasse-noix	0 07	0 07	0 07	0 07	0 07	0 07	0 07	0 07	
Fournir une trousse en drap	0 04	0 04	0 04	0 04	0 04	0 04	0 04	0 04	
Ajuster une lame de tourne-vis des deux côtés dans la fente du nécessaire	0 05	0 05	0 05	0 05	0 05	0 05	0 05	0 05	
Clef de cheminée (en fer, avec mise d'acier).									
En fournir une neuve complète	0 90	0 90	0 90	0 90	0 90	0 90	0 90	0 90	
Retremper le carré et river la clé sur le manche	0 10	0 10	0 10	0 10	0 10	0 10	0 10	0 10	
Refaire les arêtes et les angles du carré	0 10	0 10	0 10	0 10	0 10	0 10	0 10	0 10	
Fournir et mettre un manche	0 10	0 10	0 10	0 10	0 10	0 10	0 10	0 10	
Fournir et mettre en place une virole	0 15	0 15	0 15	0 15	0 15	0 15	0 15	0 15	
Monte-ressort (en fer, petite vis en acier).									
En fournir un complet, modèle 1844	1 90	1 75	1 75	1 75	1 75	1 75	1 70	1 70	
Fournir une griffe (y compris la trempe et l'ajustage)	0 90	0 80	0 85	0 80	0 80	0 80	0 80	0 75	
Fournir une barette (Id.)	0 50	0 45	0 45	0 45	0 45	0 45	0 40	0 40	
Fournir une grande vis (Id.)	0 45	0 45	0 45	0 45	0 45	0 45	0 45	0 45	
Fournir une petite vis en acier (Id.)	0 10	0 10	0 10	0 10	0 10	0 10	0 10	0 10	
Recuire, retremper et rétablir la griffe ou la barette	0 15	0 15	0 15	0 15	0 15	0 15	0 15	0 15	
Tampon (en nerf de bœuf).									
En fournir un neuf, avec la ficelle	0 15	0 15	0 15	0 15	0 15	0 15	0 15	0 15	

2° ARMES BLANCHES.

INDICATION des pièces d'armes et des réparations.	SABRES DE CAVALERIE DE LIGNE			SABRES DE CAVALERIE LÉGÈRE			LANCES		CUIRASSES	HACHE de campement	Observations.
	Modèle an XI et an XII	Modèle 1816.	Modèle 1822.	Modèle an XI et an XII	Modèle 1816	Modèle 1822.	Modèle 1816.	Modèle 1823.	Modèle 1825.	modèle 1816.	
	f c	f c	f c	f c	f c	f c	f c	f c	f c	f c	
SABRES.											
Lame (en acier).											
En fournir une neuve	6 70	6 70	6 75	5 20	6 15	6 73	»	»	»	»	
La monter	0 25	0 25	0 25	0 25	0 25	0 25	»	»	»	»	
La redresser et la passer au bleu	0 50	0 50	0 50	0 50	0 50	0 50	»	»	»	»	
La refourbir { à la meule de pierre	0 20	0 20	0 20	0 20	0 20	0 20	»	»	»	»	
à l'émeri et à la meule de bois seulement	0 25	0 25	0 25	0 25	0 25	0 25	»	»	»	»	(¹) Y compris le démontage et le remontage de la lame.
Refaire la pointe et le biseau	0 10	0 10	0 10	0 10	0 10	0 10	»	»	»	»	
Refaire le tranchant	0 15	0 15	0 15	0 15	0 15	0 15	»	»	»	»	
Rallonger la soie (¹)	0 20	0 20	0 20	0 20	0 20	0 20	»	»	»	»	
Fournir une cravate ou pièce en buffle	0 01	0 01	0 01	0 01	0 01	0 01	»	»	»	»	
Fourreau (en tôle d'acier).											
En fournir un complet	9 00	8 88	8 33	10 20	9 70	8 42	»	»	»	»	
Le remandriner (²)	0 25	0 25	0 25	0 25	0 25	0 25	»	»	»	»	(²) Y compris ôter et remettre la cuvette ou le ressort.
Le redresser quand il n'est que légèrement faussé	0 10	0 10	0 10	0 10	0 10	0 10	»	»	»	»	
Le dérouiller à la lime douce	0 60	0 60	0 60	0 60	0 60	0 60	»	»	»	»	
Nettoyer un fourreau non rouillé	0 15	0 15	0 15	0 15	0 15	0 15	»	»	»	»	
Rebraser une partie du fourreau	0 20	0 20	0 20	0 20	0 20	0 2 0	»	»	»	»	
Remplacer un bracelet (³)	1 30	1 30	1 30	1 30	1 30	1 30	»	»	»	»	(³) Y compris débraser le dard, le bracelet et les rebraser.
Mettre un manchon dans le trou agrandi du piton d'un bracelet	0 20	0 20	0 20	0 20	0 20	0 20	»	»	»	»	

INDICATION des pièces d'armes et des réparations.	SABRES DE CAVALERIE DE LIGNE — Modèle an XI et an XII	Modèle 1816.	Modèle 1822.	SABRES DE CAVALERIE LÉGÈRE — Modèle an XI et an XII	Modèle 1816.	Modèle 1822.	LANCES — Modèle 1816.	Modèle 1823	CUIRASSES modèle 1825.	HACHE de campement modèle 1816.	Observations.
Cuvette et ressort de fourreau (en acier, fond et cuvette en fer).											
Fournir une cuvette neuve (à battes), avec ses rivets	0 91	0 91	0 72	0 72	0 72	0 72	»	»	»	»	
L'ajuster et la mettre en place	0 10	0 10	0 10	0 10	0 10	0 10	»	»	»	»	
Retremper les battes ou le ressort, y compris les rivets	0 20	0 20	0 20	0 20	0 20	0 20	»	»	»	»	
Fournir et braser un fond de cuvette	0 15	0 15	0 15	0 15	0 15	0 15	»	»	»	»	
Anneau.											
Fournir un anneau neuf	0 05	0 05	0 05	0 05	0 05	0 05	»	»	»	»	
Le souder	0 15	0 15	0 13	0 15	0 15	0 15	»	»	»	»	
Fût (en bois). (¹)											(¹) Anciens fourreaux en tôle de fer des modèles an XI et an XIII.
En fournir un neuf	0 35	»	»	0 55	»	»	»	»	»	»	
L'ajuster	0 15	»	»	0 15	»	»	»	»	»	»	
Monture (en laiton).											(²) Y compris dériver et allonger la soie.
En fournir une neuve complète pour sabre Modèle 1831	7 60	7 60	7 60	»	»	»	»	»	»	»	
En fournir une neuve complète	5 70	6 60	6 05	4 65	5 25	5 32	»	»	»	»	
L'ajuster et remonter la lame (²)	0 35	0 35	0 35	0 35	0 35	0 35	»	»	»	»	
Garde (en laiton).											
En fournir une pour sabre modèle 1854	4 99	4 99	4 99	»	»	»	»	»	»	»	
En fournir une neuve	4 10	4 70	4 20	3 10	3 50	3 48	»	»	»	»	
L'ajuster (y compris le démontage et le remontage)	0 30	0 30	0 30	0 30	0 30	0 30	»	»	»	»	
Braser une branche cassée (y compris le démontage et le remontage)	0 30	0 30	0 30	0 30	0 30	0 30	»	»	»	»	
Redresser une branche faussée ou la coquille	0 05	0 05	0 05	0 05	0 05	0 05	»	»	»	»	
Fournir un piton à crochet pour branche principale	0 05	0 05	0 05	0 05	0 05	0 05	»	»	»	»	
Le braser et l'achever (y compris le démontage et le remontage)	0 40	0 40	0 40	0 40	0 40	0 40	»	»	»	»	
Fournir et mettre en place un bouton demi-olive	»	»	»	0 10	»	»	»	»	»	»	
Poignée (en bois ou en laiton).											
En fournir une neuve pour sabre modèle 1854	1 08	1 08	1 08	»	»	»	»	»	»	»	
En fournir une garnie	0 71	1 08	1 08	0 56	0 96	0 95	»	»	»	»	
L'ajuster (y compris le démontage et le remontage)	0 30	0 30	0 30	0 30	0 30	0 80	»	»	»	»	
Fournir et coller un cuir de poignée en veau (y compris le démontage et le remontage)	0 60	0 60	0 60	0 55	0 55	0 55	»	»	»	»	
Fournir le filigrane et l'ajuster (y compris le démontage et le remontage)	0 35	0 35	0 35	»	0 35	0 35	»	»	»	»	
Fournir et ajuster un bois de poignée (y compris le démontage et le remontage)	0 70	0 70	0 70	0 70	0 70	0 70	»	»	»	»	
Pommeau ou calotte (en laiton).											
En fournir un pour sabre modèle 1854	1 01	1 01	1 01	»	»	»	»	»	»	»	
En fournir un neuf ou une calotte	0 72	0 93	0 93	1 12	0 89	0 80	»	»	»	»	
L'ajuster (y compris le démontage et le remontage)	0 30	0 30	0 30	0 30	0 30	0 30	»	»	»	»	
Virole (en laiton).											
En fournir une supérieure	0 14	»	»	»	»	»	»	»	»	»	
En fournir une inférieure	0 14	»	»	»	»	»	»	»	»	»	
L'ajuster (y compris le montage et le démontage)	0 25	»	»	»	»	»	»	»	»	»	
Réparations diverses.											
Nettoyer à la lime une monture mutilée	0 20	0 20	0 20	0 15	0 15	0 15	»	»	»	»	
Démonter une lame	0 05	0 05	0 05	0 05	0 05	0 05	»	»	»	»	
Remonter une lame	0 10	0 10	0 10	0 10	0 10	0 10	»	»	»	»	
Monter un sabre formé de diverses pièces provenant d'autres sabres, et nettoyer toutes les pièces	0 75	0 75	0 75	0 75	0 75	0 75	»	»	»	»	
Donner le fil (polissage compris)	0 15	0 15	0 15	0 13	0 15	0 15	»	»	»	»	
Ôter le fil (Id.)	0 05	0 05	0 05	0 05	0 05	0 05	»	»	»	»	

INDICATION des pièces d'armes et des réparations.	SABRES DE CAVALERIE DE LIGNE Modèle an XI et an XII	Modèle 1816.	Modèle 1822.	SABRES DE CAVALERIE LÉGÈRE Modèle an XI et an XII	Modèle 1816.	Modèle 1822.	LANCES Modèle 1816.	Modèle 1823.	CUIRASSES Modèle 1825.	HACHE de campement Modèle 1816.	Observations.
	f c	f c	f c	f c	f c	f c	f c	f c	f c	f c	
LANCES.											
Lame (en acier, douille en fer).											
En fournir une neuve	»	»	»	»	»	»	2 96	2 76	»	»	
L'ajuster sur la hampe	»	»	»	»	»	»	0 30	0 50	»	»	
La refourbir	»	»	»	»	»	»	0 15	0 15	»	»	
La réparer quand elle est mutilée	»	»	»	»	»	»	0 10	0 10	»	»	
Refaire la pointe	»	»	»	»	»	»	0 10	0 10	»	»	
Braser une branche cassée (y compris le démontage et le remontage)	»	»	»	»	»	»	0 20	0 20	»	»	
Redresser la lame	»	»	»	»	»	»	0 20	0 20	»	»	
Noircir les branches	»	»	»	»	»	»	»	0 10	»	»	
Sabot (en fer).											
En fournir un neuf	»	»	»	»	»	»	2 41	2 41	»	»	
L'ajuster sur la hampe	»	»	»	»	»	»	0 30	0 30	»	»	
Le relimer	»	»	»	»	»	»	0 10	0 10	»	»	
L'adoucir seulement	»	»	»	»	»	»	0 10	0 10	»	»	
En réparer un mutilé	»	»	»	»	»	»	0 10	0 10	»	»	
Noircir les branches	»	»	»	»	»	»	»	0 10	»	»	
Vis (en fer).											
Fournir une vis porte-étendard à boucle	»	»	»	»	»	»	0 18	0 22	»	»	
Rafraîchir la fente d'une vis	»	»	»	»	»	»	0 02	0 02	»	»	
Mettre une vis en place	»	»	»	»	»	»	0 05	0 05	»	»	
Fournir et mettre en place une vis à bois	»	»	»	»	»	»	0 05	0 05	»	»	
Hampe (en frêne).											
En fournir une neuve	»	»	»	»	»	»	2 18	2 18	»	»	
La noircir	»	»	»	»	»	»	0 15	0 15	»	»	
La redresser au feu	»	»	»	»	»	»	0 20	0 20	»	»	
Hache de campement.											
Fournir un fer neuf (y compris l'ajustage du manche)	»	»	»	»	»	»	»	»	»	2 70	
Remplacer un manche et l'ajuster	»	»	»	»	»	»	»	»	»	0 50	
Nettoyer la hache	»	»	»	»	»	»	»	»	»	0 40	
Refaire le tranchant à la meule	»	»	»	»	»	»	»	»	»	0 05	
CUIRASSES.											
Plastron (en étoffe d'acier et de fer).											
En fournir un nu — Cuirassiers	»	»	»	»	»	»	»	»	38 56	»	
En fournir un nu — Carabiniers	»	»	»	»	»	»	»	»	48 89	»	
En fournir un complet — Cuirassiers	»	»	»	»	»	»	»	»	39 77	»	
En fournir un complet — Carabiniers	»	»	»	»	»	»	»	»	54 42	»	
Fournir un écusson complet, avec ses écrous (carabiniers)	»	»	»	»	»	»	»	»	4 32	»	
L'ajuster	»	»	»	»	»	»	»	»	0 10	»	
Fournir un soleil d'écusson seulement	»	»	»	»	»	»	»	»	3 06	»	
Fournir un coq d'écusson, avec vis et écrous	»	»	»	»	»	»	»	»	1 30	»	
Ajuster le soleil ou le coq	»	»	»	»	»	»	»	»	0 05	»	
Fournir une vis	»	»	»	»	»	»	»	»	0 06	»	
La braser	»	»	»	»	»	»	»	»	0 20	»	
Fournir un écrou	»	»	»	»	»	»	»	»	0 20	»	
Fournir un bouton de bretelle	»	»	»	»	»	»	»	»	0 10	»	
Le river	»	»	»	»	»	»	»	»	0 05	»	
Nettoyer et polir le plastron — fortement rouillé	»	»	»	»	»	»	»	»	1 30	»	
Nettoyer et polir le plastron — légèrement rouillé	»	»	»	»	»	»	»	»	0 50	»	
Dos (en étoffe d'acier et de fer).											
En fournir un nu — Cuirassiers	»	»	»	»	»	»	»	»	16 82	»	
En fournir un nu — Carabiniers	»	»	»	»	»	»	»	»	27 39	»	
En fournir un complet avec bretelles et courroies — Cuirassiers	»	»	»	»	»	»	»	»	23 66[1]	»	
En fournir un complet avec bretelles et courroies — Carabiniers	»	»	»	»	»	»	»	»	34 33[2]	»	
Réparer un dos criqué aux entournures ou sur les bords	»	»	»	»	»	»	»	»	0 20	»	
Fournir une bretelle complète	»	»	»	»	»	»	»	»	2 20	»	
La mettre en place (y compris les clous rivés)	»	»	»	»	»	»	»	»	0 20	»	
Fournir un porte-chaînette de bretelle	»	»	»	»	»	»	»	»	0 18	»	

[1] 18 fr. 17 c. sans bretelles ni courroies.
[2] 28 fr. 64 c. id.

INDICATION des pièces d'armes et des réparations.	SABRES DE CAVALERIE DE LIGNE						SABRES DE CAVALERIE LÉGÈRE						LANCES				CUIRASSES		HACHE de campement		Observations.
	Modèle AN XI et an XII		Modèle 1816.		Modèle 1822.		Modèle AN XI et an XII		Modèle 1816.		Modèle 1822.		Modèle 1816.		Modèle 1823.		Modèle 1825.		Modèle 1816.		
	f	c	f	c	f	c	f	c	f	c	f	c	f	c	f	c	f	c	f	c	
Le mettre en place (y compris les clous rivés).	»		»		»		»		»		»		»		»		0	20	»		
Fournir une chainette de bretelle	»		»		»		»		»		»		»		»		0	90	»		
La mettre en place (y compris les clous rivés).	»		»		»		»		»		»		»		»		0	30	»		
Braser un anneau de chainette et remonter la chainette	»		»		»		»		»		»		»		»		0	25	»		
Fournir une plaque à boutonnière, garnie de son bout de cuir	»		»		»		»		»		»		»		»		0	38	»		
La mettre en place (y compris les clous rivés).	»		»		»		»		»		»		»		»		0	20	»		
Fournir un cuir de bretelle et le mettre en place (y compris les clous rivés)	»		»		»		»		»		»		»		»		0	85	»		
Fournir un cœur en cuir pour bout de bretelles, et le mettre en place (y compris les clous rivés)	»		»		»		»		»		»		»		»		0	20	»		
Fournir les courroies de ceinture (y compris la boucle)	»		»		»		»		»		»		»		»		1	30	»		
Les mettre en place (y compris les clous rivés).	»		»		»		»		»		»		»		»		0	30	»		
Fournir une boucle neuve à rouleau	»		»		»		»		»		»		»		»		0	50	»		
La mettre en place	»		»		»		»		»		»		»		»		0	05	»		
Fournir une grande courroie	»		»		»		»		»		»		»		»		0	40	»		
Fournir une petite courroie, avec coulant, sans boucle	»		»		»		»		»		»		»		»		0	40	»		
Nettoyer et polir le dos. { fortement rouillé.	»		»		»		»		»		»		»		»		1	30	»		
{ légèrement rouillé.	»		»		»		»		»		»		»		»		0	60	»		
Agrafes.																					
En fournir une neuve	»		»		»		»		»		»		»		»		0	06	»		
La mettre en place (y compris le clou rivé)	»		»		»		»		»		»		»		»		0	10	»		
Clous rivés.																					
En fournir un neuf	»		»		»		»		»		»		»		»		0	05	»		
Le river	»		»		»		»		»		»		»		»		0	05	»		
Fournir un clou de placage (carabiniers)	»		»		»		»		»		»		»		»		0	03	»		
Le river	»		»		»		»		»		»		»		»		0	05	»		
Rosettes ou contre-rivures.																					
En fournir une neuve	»		»		»		»		»		»		»		»		0	01	»		
Feuille de cuivre.																					
En replacer une (carabiniers) M. { sur le plastron	»		»		»		»		»		»		»		»		8	75	»		
{ sur le dos	»		»		»		»		»		»		»		»		8	62	»		
Vernissage																					
Vernir au copal le plastron	»		»		»		»		»		»		»		»		0	03	»		
Vernir au copal le dos	»		»		»		»		»		»		»		»		0	03	»		

Tarif n° 32.

PRIX et NOMENCLATURE des effets de petit équipement.

DÉSIGNATION DES EFFETS.	PRIX DES EFFETS. (A)																Observations.
	à		à		à		à		à		à		à		à		
	f	c	f	c	f	c	f	c	f	c	f	c	f	c	f	c	
Chemises																	(a) Le prix des effets, variant dans chaque corps, a été laissé en blanc.
Bottes éperonnées (paires de)																	
Bottines éperonnées (paires de)																	
Cols noirs																	
Caleçons																	
Calotte de coton																	
Mouchoirs																	
Gants en peau (paire de)																	
Bretelles de pantalons (paire de)																	
Bretelles de sabre																	

DÉSIGNATION DES EFFETS.	PRIX DES EFFETS.							Obserservations.
	à	à	à	à	à	à	à	
	f c	f c	f c	f c	f c	f c	f c	
Cache-éperons								
Pantalons de treillis								
Petite besace								
Courroie de manteau								
Brosse à habit								
— à lustrer								
— à bottes								
— à boutons								
Boîte à graisse								
Boîte d'armes								
Fioles à tripoli								
Martinet								
Patience								
Épinglette								
Trousse garnie								
Trousse non garnie								
Peignes à décrasser								
Gamelle								
Livret								
Sac de petite monture								
Brosse à cheval								
Brosse en chiendent								
Étrille								
Époussette								
Éponge								
Peigne à cheval								
Paire de ciseaux								
Corde à fourrage								
Musette								
Sac à avoine								
Sabots (paires de)								

CHANGEMENTS SURVENUS PENDANT L'IMPRESSION.

Page 63. — Rengagements.

Le premier engagement de sept ans donne droit, d'après les fixations arrêtées le 8 avril 1861 :

1° A une somme de *deux mille deux cents francs*, dont 1,000 fr. au moment du rengagement ou de l'incorporation, et 1,200 fr. à la libération définitive du service;

2° A la haute paie de rengagement de *dix centimes* par jour.

Tout rengagement contracté pour moins de sept ans donne droit, jusqu'à *quatorze ans de service* :

1° A une somme de *trois cent dix francs* par chaque année de rengagement, dont 140 fr. payables au moment du rengagement ou de l'incorporation, et 170 fr. à la libération définitive;

2° A la haute paie de rengagement de *dix centimes* par jour.

Après quatorze ans de service, le rengagé n'a droit qu'à la haute paie journalière de vingt centimes.

Page 66. — Exonération.

Le taux de l'exonération que les militaires sous les drapeaux auront à verser pour être admis, s'il y a lieu, à l'exonération du service militaire, a été fixé le 8 avril 1861 à *cinq cent cinquante francs* pour chaque année de service à accomplir.

Page 67. — Remplacement par voie administrative.

Les remplacements par voie administrative donnent droit, d'après les fixations arrêtées le 8 avril 1861, savoir :

1° Ceux de sept ans, à une prime de *deux mille deux cents francs*, dont 1,000 fr. payables au moment du remplacement, et 1,200 fr. à la libération définitive du service;

2° Ceux de trois à six ans, à *trois cents dix francs* par chaque année de remplacement, dont 140 fr. payables au moment du remplacement, et 170 fr. à la libération du service.

TABLE DES MATIÈRES.

TABLEAUX.

MODÈLES.

TARIFS.

Bordeaux. — Imprimerie G. Gounouilhou,
rue Guiraude, 11.